Soziale Arbeit
als Wohlfahrtsproduktion
Band 9

Herausgegeben von
K. Böllert, Münster, Deutschland

Soziale Arbeit als Wohlfahrtsproduktion ist der Name und das Arbeitsprogramm einer Forschungsgruppe, die sich vor einiger Zeit im Arbeitsbereich Sozialpädagogik an der Westfälischen Wilhelms-Universität Münster gegründet hat. Thematisch lässt sich das Programm der Forschungsgruppe wie folgt skizzieren.

Mit Blick auf die öffentlich verantwortete Wohlfahrtsproduktion werden analytisch personenunabhängige und personenbezogene Formen unterschieden. Während sich personenunabhängige Formen der Wohlfahrtsproduktion vor allem auf die Organisation des Sozialen richten – und damit auf kollektive Risiken und Bedarfe -, ist das Wohlergehen einzelner Adressatinnen – bzw. individuelle Risiken, Bedarfe und Bedürfnisse – ein wesentlicher normativer Fluchtpunkt der personenbezogenen Wohlfahrtsproduktion.

Die Prozesse einer Sozialen Arbeit als Wohlfahrtsproduktion werden als spannungsreiche Figuration der Interessen, Vorstellungen, Orientierungen und Potentiale der AdressatInnen, der Institutionen und der Profession erforscht. In ihrer Gesamtheit geht es den Arbeiten der Forschungsgruppe damit um eine systematische Analyse der durch die institutionellen Regulierungen eröffneten (oder verschlossenen) Lebenschancen, durch die von Professionellen und Adressatinnen je realisierten (Ko-)Produktionen einer personenbezogenen Wohlfahrt sowie deren kulturell, sozial, ökonomisch und politisch strukturierte Bedingungsmöglichkeiten.

Herausgegeben von
Karin Böllert
Institut für Erziehungswissenschaft
Westfälische Wilhelms-Universität M
Münster, Deutschland

Mark Humme

Eine Diskursanalytik sozialpädagogischer Praxis

 Springer VS

Mark Humme
Münster, Deutschland

Dissertation Universität Münster, 2015

Soziale Arbeit als Wohlfahrtsproduktion
ISBN 978-3-658-11369-8   ISBN 978-3-658-11370-4 (eBook)
DOI 10.1007/978-3-658-11370-4

Die Deutsche Nationalbibliothek verzeichnet diese Publikation in der Deutschen Nationalbi-
bliografie; detaillierte bibliografische Daten sind im Internet über http://dnb.d-nb.de abrufbar.

Springer VS

Gedruckt auf säurefreiem und chlorfrei gebleichtem Papier

Springer Fachmedien Wiesbaden ist Teil der Fachverlagsgruppe Springer Science+Business Media
(www.springer.com)

Inhaltsverzeichnis

Einleitung

1

„Ich bin ein Experimentator und kein Theoretiker. Als Theoretiker bezeichne ich jemanden, der ein allgemeines System errichtet [...] und es in immer gleicher Weise auf unterschiedliche Bereiche anwendet. Das ist nicht mein Fall. Ich bin Experimentator in dem Sinne, daß ich schreibe, um mich selbst zu verändern und nicht mehr dasselbe zu denken wie zuvor."

Foucault 1996, S. 24.

„Ich glaube, daß eine Theorie viel eher fähig ist, kraft ihrer eigenen Objektivität praktisch zu wirken, als wenn sie sich von vornherein der Praxis unterwirft. Das Unglück im Verhältnis von Theorie und Praxis besteht heute gerade darin, daß die Theorie einer praktischen Vorzensur unterworfen wird. [...] Auf die Frage ‚Was soll man tun' kann ich wirklich meist nur antworten ‚Ich weiß es nicht'. Ich kann nur versuchen, rücksichtslos zu analysieren, was ist. Dabei wird mir vorgeworfen: Wenn du schon Kritik übst, dann bist du auch verpflichtet zu sagen, wie man's besser machen soll. Und das allerdings halte ich für ein bürgerliches Vorurteil"

Adorno 1986, S. 403ff.

„Du kannst dich frei entscheiden, unter der Bedingung dass du die richtige Wahl triffst"

Zizek 2014, S. 13.

Was sollen diese Zitate von drei vermeintlich so unterschiedlichen Philosophen wie Foucault, Adorno und Zizek der Leserin bzw. dem Leser mitteilen? Sollen sie sagen, dass der Verfasser dieses Textes viel gelesen hat? Sind sie eine Form der (symbolischen) Distinktion, um zu zeigen, welchen theoretisch-kritischen Perspektiven angehört? Oder haben diese Zitate gar die Funktion, den Leser/die Leserin in gewisser Weise abzuschrecken, indem sie ein überaus hohes Maß an Intellektualität ankündigen?

Es ist nichts davon. Die Zitate spiegeln in der Lesart des Verfassers dieser Zeilen vielmehr wieder, worum es sich in dieser Forschungsarbeit handelt. Das erste Zitat von Foucault verweist auf das Forschungsverständnis, welches dieser Arbeit zu Grunde liegt. Statt sich einer einzigen, festgelegten Werkzeugkiste zu bedienen, werden hier theoretische und empirische Annahmen verschiedener Wissenschaftler_innen aufgegriffen und auf den Untersuchungsgegenstand angewendet. In anderen Worten: Es geht es nicht um die Anwendung eines stringenten Aussagensystems, wie zum Beispiel der Systemtheorie nach Luhmann oder der Psychoanalyse nach Freud, auf den Forschungsgegenstand, sondern darum, den Forschungsgegenstand im Rahmen unterschiedlicher Ideen zu befragen und abzustecken.

Das Zitat von Adorno spricht eine fundamentale Debatte in der Erziehungswissenschaft an: das Verhältnis von Theorie und Praxis. Insbesondere wenn es um die Diskussion sozialpädagogischer Handlungspraxis geht, steht die Frage nach der Relation von Theorie und Praxis auf der Agenda. Auch diese Arbeit bemüht sich Antworten auf die entscheidenden Fragen zu geben: Gehören Theorie und Praxis unterschiedlichen Sphären der Erziehungswissenschaft an oder haben wir es mit einem Wechselverhältnis zu tun? Was kann die erziehungswissenschaftliche Theorie für die sozialpädagogische Praxis leisten?

Immer wenn von Praxis – welcher Form auch immer – gesprochen wird, geht es auch um Subjekte, welche sich in dieser Praxis bewegen. Das Zitat von Zizek symbolisiert das dieser Arbeit zu Grunde liegende Verständnis von Subjekten in der Praxis. Oder genauer: von professionellen Subjekten in ihrer sozialpädagogischen Praxis. Das Verständnis beruht auf gewissen Dimensionen zu denen Subjekte in Wechselverhältnis stehen, wenn sie ihre Praxis gestalten. Diese Dimensionen sind das Reale, das Symbolische und das Imaginäre.

Wie vielleicht bereits angeklungen ist und wie es auch der Titel der Arbeit ankündigt, ist der Gegenstand dieser Forschungsarbeit die sozialpädagogische Praxis. Auf Grundlage dieser Perspektive, welche im weiteren Verlauf expliziert wird, ist es Ziel dieser Forschungsarbeit eine Analysemöglichkeit sozialpädagogischer Praxis darzustellen, welche die Gleichzeitig von der Eingebundenheit professioneller Subjekte in historisch-spezifischen Regelmäßigkeitsmustern sowie die Freiheitsbedingungen bei der Ausübung ihrer Praxis zu thematisieren. Die eingenommene forscherische Perspektive wird in einer Beispielanalyse im konkreten Handlungsfeld der Übergangsgestaltung von der Schule in die Ausbildung erprobt.

Somit werden über die Fragestellungen im konkreten Handlungsfeld der Übergangsgestaltung

1. Wie wird die Praxis zur Übergangsgestaltung von der Schule in die Ausbildung von Fachkräften der Sozialpädagogik gedacht? und
2. Welche politischen Steuerungsrationalitäten lassen sich im Übergangsprozess von der Schule in die Ausbildung analysieren

die Verhältnisweisen von sozialpolitischen Programmatiken und sozialpädagogischer Praxis im Feld der Übergangsgestaltung ausgeleuchtet. Hierbei soll offen nach Affirmationen, Widersprüchen oder Transformationen gefragt werden, um so eine potenzielle performative Kraft sozialpädagogischer Praxis im Hinblick auf Problematisierungsweisen und Adressierungsprozesse zu extrahieren.

Nach Neckel und Sutterlüty (2005, S. 410f.) erfahren öffentlich-politische Thematisierungsweisen in der beruflichen Praxis sozialpädagogischer Fachkräfte stets spezifische Interpretationen und folgen daher eigenen Konfliktlinien. Daher ist davon auszugehen, dass die sozialpädagogische Praxis eigene Sphären durch diese performativ wirkenden Problematisierungen schafft und die Möglichkeitsbedingungen der Adressat_innen im Bereich Soziale Arbeit aktiv mitgestaltet. Diese Sphäre aktiver Beteiligung der sozialpädagogischen Praxis an der Konstitution von Möglichkeitsräumen für Adressat_innen gilt es auszuloten. Hierbei stehen vor allem ontologische, verstanden als allgemeine Theorie welche Realitäten erst aufdecken, Fragen und Bezugnahmen im Vordergrund. Es wird also keine Gegenstandstheorie sozialpädagogischer Praxis angeboten. Vielmehr werden über ontologische Festsetzungen aus einer diskursforscherischen Perspektive die Konsequenzen für die Betrachtung sozialpädagogischer Praxis diskutiert.

Die Forschungsperspektive wird über den Weg einer Dekonstruktion[1] der *reflexiven Sozialpädagogik* (vgl. Dewe/Otto 1996, 2002, 2011, Dollinger 2008, Dewe 2009) entfaltet. Die Wahl fällt auf diese Form der Diskussion sozialpädagogischer Praxis, da in Einklang mit den Konstrukteuren *reflexiver Sozialpädagogik* davon ausgegangen wird, dass die theoretische Diskussion um Sozialpädagogik auf das zu beziehen ist, was die Realität des Handlungsfeldes ausmacht (vgl. Dewe/Otto 1996, S. 37). *Reflexive Sozialpädagogik* „thematisiert [...] die Binnenstrukturen bzw. die Strukturlogiken sozialpädagogischen Handelns" (Dewe/Otto 2002, S. 186). Dabei wird kein technologisches Modell professionellen Handelns verfolgt, welches „rezeptologisch orientierte Handlungskonzepte" (Dewe/Otto 1996, 35) anbietet. Die Aufgabe sozialpädagogischer Forschung wird darin gesehen, von der sozialpädagogischen Handlungspraxis zu lernen und diese nicht zu korrigieren oder anzuleiten. Da die Dekonstruktion eine intensive Relektüre erfordert, wird hier nicht wie sonst üblich ein Forschungsstand zur sozialpädagogischen Handlungsforschung angeboten. Vielmehr werden dekonstruktive Denkbewegungen am Modell *reflexiver Sozialpädagogik* angewandt, um erstens zu anderen theoretischen Betrachtungsweisen sozialpädagogischer Handlungspraxis zu gelangen und zweitens, um einen anderen analytischen Blick anzubieten. Die Dekonstruktion und die gleichzeitige Offenlegung einer diskursforscherischen Perspektive hat außerdem zum Ziel, den weiteren Forschungsprozess darzustellen und damit insbesondere die empirischen Ausarbeitungen transparent und nachvollziehbar zu gestalten.

Bevor aber die dekonstruktiven Schritte erfolgen, wird zunächst das dieser Arbeit zu Grunde liegende Verhältnis von Theorie und Empirie verdeutlicht. Dazu erfolgt eine Darstellung des zirkulären Forschungsdesigns, das sich durch eine bestimmte Umgangsweise mit theoretischen Begriffen und empirischen Befunden auszeichnet. Daran anschließend wird die Forschungsarbeit innerhalb des Begrün-

---

[1] Derrida verwendet den Begriff der Dekonstruktion nicht alleinstehend und für alles, was er macht. Vielmehr wurde dieser Begriff von den Rezipienten geprägt.

dungszusammenhangs von theoretischen Darstellungen zur Plausibilisierung als Abgrenzung zur Prüfung von (richtigen oder falschen) Aussagen positioniert.

Im zweiten Kapitel erfolgt die Dekonstruktion *reflexiver Sozialpädagogik*. Dabei wird zunächst dargestellt, was in dieser Arbeit unter Dekonstruktion zu verstehen ist. Es gilt zu zeigen, wie die Dekonstruktion *reflexiver Sozialpädagogik* vollzogen wird, also welche konkreten Denkbewegungen bei der Relektüre vollzogen werden. Darauf folgen dann die dekonstruktiven Denkbewegungen zur reflexiven Sozialpädagogik selbst. Innerhalb dieser Denkbewegungen werden Fragen vor dem Hintergrund der hier eingenommenen diskursforscherischen Perspektive am Modell *reflexiver Sozialpädagogik* formuliert und Antworten bzw. andere ontologische Sichtweisen fragend angedeutet.

Nach der Dekonstruktion expliziert das dritte Kapitel ausführlich die ontologischen Festsetzungen der diskursforscherischen Perspektive. Der Fokus liegt dabei – in primärer Anlehnung an Zizek – auf der Realitätskonstitution in den Registern des Realen, des Symbolischen und des Imaginären (RSI). Diese diskursforscherische Perspektive kann in Anlehnung an Marchart (2010, 2013) als postfundamentalistisch bezeichnet werden, da sie kein Zentrum in der Realität postuliert, weil sie keinen letzten Grund zur Realitätskonstitution benennt und die Kontingenz eben dieser hervorhebt.

Im vierten Kapitel wird besprochen, was in Anlehnung an die im dritten Kapitel ausgeführten ontologischen Festsetzungen unter „Diskurs" zu verstehen ist. Dabei wird „Diskurs" als temporäre Bedeutungsfixierung im Verhältnis zwischen Symbolik und Materialität bestimmt.

Nach diesen theoretischen Ausführungen wird im fünften Kapitel das Handlungsfeld der Übergangsgestaltung sowie die Rolle der Jugendsozialarbeit vorgestellt. Dabei werden Entwicklungen der Übergangsgestaltung bundesweit und im Bundesland Nordrhein-Westfalen chronologisch dargestellt. Die ontologischen Festsetzungen, welche sich insbesondere um die Verständnisweise von Subjekten in historisch-spezifischen Regelmäßigkeitsmustern drehen, haben Konsequenzen für den weiteren Forschungsverlauf. Im sechsten Kapitel werden diese Konsequenzen vor allem in der Auswertungsmethodik angesprochen. Vorher werden aber auch die Erhebungsmethoden, das Gruppendiskussionsverfahren und die Vignette dargestellt. Nach der Klarstellung der methodischen Vorgehensweise erfolgt im siebten Kapitel die Darstellung der Forschungsergebnisse. Daran schließt in Kapitel acht statt eines Fazits zunächst die Diskussion der Forschungsergebnisse im Horizont der ontologisch formulierten Perspektive an. Im zweiten Teil des Kapitels erfolgt eine Bewertung der diskursforscherischen Perspektive im Konzert sozialpädagogischer Forschung. Wozu kann diese Form der Diskursforschung beitragen und was kann sie leisten? Abschließend werden im neunten Kapitel noch analytische Desiderata, welche im Forschungsprozess aufgetreten sind, explizit benannt.

Die Arbeitsgliederung begründet sich darin, dass es in der Diskursforschung vor allem um die Reflexion der Möglichkeiten der angewandten Forschungspraxis und um die Problematisierung der Methodologie geht, wenn diese als Zusammenhang von theoretischem Zugang, empirischem Gegenstand und methodischem Vorgehen verstanden wird (vgl. Wedl/Wrana 2014, S. 479).

Die im diskurstheoretischen Teil vollzogenen Festsetzungen bzw. Positionierungen tragen dazu bei, dass die Diskurstheorie und Diskursanalyse eine Nähe zu epistemologischen Erkenntnispraktiken haben, welche die Forschungspraxis selbst zum Thema machen.

„DiskursforscherInnen ‚haben' daher nicht eine Methode oder Methodologie. Vielmehr gilt es in der Diskursforschung, wissenschaftliche Erkenntnispraktiken kritisch zu hinterfragen, die Annahmen und das Vorgehen des Forschungsprozesses transparent zu machen und plausibel zu artikulieren sowie Erkenntnismöglichkeiten und -grenzen zu reflektieren" (ebd., S. 480).

Theorie – Empirie?

Empirie – Theorie?

Das Verhältnis zwischen Theorie und empirischer Forschung wird seit jeher kontrovers diskutiert. Die einen Wissenschafter_innen nehmen an, dass erst die intensive empirische Arbeit den Weg zu einer (erziehungswissenschaftlichen) Theorie ebnet. Andere behaupten, dass empirische Forschung ohne vorhergehende, umfassende theoretische Reflexion nicht möglich ist. Joas et al. (2004) bezeichnen dies als eine „äußerst schädliche Trennung zwischen Theorie und Empirie" (ebd., S. 15). Es hat sich teilweise eine Art Arbeitsteilung ergeben zwischen denjenigen, die sich als Theoretiker verstehen und denjenigen, die sich als Empiriker begreifen. Nach Joas (ebd., S. 16) nehmen sich diese Gruppierungen aufgrund ihrer strikten Arbeitsteilung kaum noch gegenseitig wahr.

> „Doch sind Theorie und Empirie nicht wirklich voneinander zu trennen" (ebd.)

Das vorliegende Kapitel stellt das Forschungsdesign vor und zeigt die Begründungszusammenhänge von theoretischen Annahmen und empirischen Vorgehen bzw. Ergebnissen auf. Zudem erfolgt dabei auch (implizit) eine Positionierung der Arbeit zwischen dem Verhältnis von Theorie und empirischer Forschung.

2.1   Zirkuläres Forschungsdesign

Die Organisation des Forschungsprozesses ist von großer Relevanz, da jede forschungspraktische Entscheidung entscheidende Konsequenzen für den Ablauf
des Forschungsprozesses mit sich bringt. Diese Entscheidungen müssen im Forschungsprozess reflexiv eingeholt werden. Während lineare Forschungsprozesse
von einer „kaskadenhafte Pfadabhängigkeit" (Herschinger 2014, S. 628) bestimmt
sind, neue Entscheidungen also zumeist vor dem Hintergrund der bereits vorherrschenden Entscheidungen getroffen werden, bestehen zirkuläre Forschungsdesigns in einer „allmählichen Saturierung und Vertiefung der gewonnen Ergebnisse"[2] (ebd., S. 630). Wie Herschinger (ebd.,S. 629) weiter ausführt, lassen sich
lineare Forschungsprozesse stark verallgemeinert als ein aufeinanderfolgendes
Verhältnis von Theorie, Methode und Empirie verstehen. So begreift zum Beispiel der klassische Positivismus das Forschungsdesign ausgehend von den empirischen Gegebenheiten als zunehmende Abstraktion der Gegenstandstheorie.
Der kritische Rationalismus (Popper) hingegen kehrt das logische Verhältnis von
Empirie und Theorie in einem deduktiven Prozess um: Die Theorie geht also der
Empirie voraus. Allerdings ist hier eine Gegenstandstheorie gemeint, welche auf
operationalisierbare und falsifizierbare Basissätze bezogen werden kann, d.h. auf
Hypothesen, die empirisch geprüft werden können. Das induktive Verfahren des
klassischen Positivismus, welches die Umkehrung der Schritte als Theoriegene-
rierung vollzieht, ist im deduktiven Verfahren zwar denkbar, wird aber nicht als
valides Vorgehen anerkannt.

Beim zirkulären Forschungsdesign soll demgegenüber durch ein Hin und Her
und ein allmähliches Anpassen zwischen Materialsammlung, Analyse und Theorie sichergestellt werden, dass die erreichten theoretischen Erkenntnisse im Material begründet sind. Dabei ist mit Zirkularität kein sich im Kreis drehen gemeint,
bei dem der Forschungsprozess wieder zum gleichen Ausgangspunkt zurückkehrt;
das wäre dem linearen Vorgehen ähnlich. Vielmehr vollzieht sich der Forschungsprozess über „Rekursion" (ebd., S. 630). Der Begriff stammt aus der Linguistik
und bezeichnet „die formalen Eigenschaften von Grammatiken […], mit einem
endlichen Inventar von Elementen und einer endlichen Menge von Regeln eine unendliche Menge von Sätzen zu erzeugen" (Bußmann zit. nach Herschinger 2014, S.
630). Durch die Kombination von endlichen Inventarien und Mengen von Regeln
schraubt sich der Forschungsprozess von einem initiierenden Kreis spiralförmig
fort. Dabei kann es unterschiedliche Schwerpunkte geben.

---

2   Das Prinzip der Saturiertheit deutet auf die Fertigstellung einer Analyse hin. Ausführlicher wird dieses Prinzip im Fazit erörtert.

In dieser Arbeit steht eine diskurstheoretische Perspektive, welche in Anlehnung an Marchart (2010, 2013) als postfundamentalistisch bezeichnet wird, am Beginn. Die ersten Begegnungen mit dem empirischen Material zum Gegenstand sozialpädagogische Praxis sollen zeigen, ob diese Perspektive funktioniert bzw. angemessen ist. Somit werden weitere Kreise im Verhältnis von Theorie und Empirie gezogen sowie weitere Aspekte und Dimensionen eröffnet. Gleichzeitig wird nach weiteren theoretischen Modellen gesucht, die bezogen auf das empirische Material funktionieren könnten. Demnach ist die Theorie hier nicht automatisch der Empirie vorgeordnet, so wie es im linearen Forschungsprozess der Fall ist. Vielmehr ist das Forschungsdesign durch eine „retroduktive Logik" (Herschinger 2014, S. 630) gekennzeichnet, die eine Trennung von Theorie und Empirie als künstlich und obsolet betrachtet. Die beiden Dimensionen sind demnach nicht zu trennen und greifen in allen Phasen des Forschungsprozesses ineinander und bereichern sich gegenseitig. Aufgrund dessen wird auch von einer diskursforscherischen Perspektive gesprochen; denn der Begriff der Diskursforschung beinhaltet das wechselseitige Verhältnis von Diskurstheorie und Diskursanalyse. Wie Angermüller (2014c, S. 21f.) ausführt, sind Diskurstheorie und Diskursanalyse untrennbar miteinander verbunden. Ihre Unterscheidung hat den rein heuristischen Zweck, besondere Zusammenhänge hinsichtlich der theoretischen und methodischen Herausforderungen des Forschungsprozess zu akzentuieren.

„Diskurstheorie bezieht sich auf Arbeiten, die zur sozialen, politischen und kulturellen Theoriebildung beitragen, wohingegen Diskursanalyse stärker empirische, gegenstandsbezogen und analytische Arbeiten am sprachlichen Material und die empirische Untersuchung von sozialen Praxiszusammenhängen umfasst" (ebd., S. 21).

Dabei kann empirische Forschung ihren Gegenstand niemals ohne ein Vorverständnis begegnen. Dieses Vorverständnis leitet den Eintritt in den empirischen Forschungsprozess. Der andauernde Wechsel von Empirie und Theorie und von der Theorie zurück zur Analyse steigert dabei das Problembewusstsein und präzisiert die Möglichkeiten und Grenzen sowie die Ergebnisse und Erkenntnisse der diskursforscherischen Perspektive. Für die verständlichere Beschreibung dieses Forschungsprozesses wird in dieser Arbeit allerdings der Begründungszusammenhang vor dem Entdeckungszusammenhang dargestellt.

Während induktive Verfahren eine Theorie erarbeiten, die dann der empirischen Anwendung zur Verfügung steht und deduktive Verfahren ausgehend von einer Theorie einen empirischen Gegenstand untersuchen, wird hier anhand des empirischen Gegenstands sozialpädagogischer Praxis eine Analytik ausgearbeitet. Das bedeutet, dass die folgenden Ausführungen in einem iterativen Prozess von Begriffsarbeit und empirischer Analyse immer wieder neu aufeinander bezogen worden sind. Dies erfolgt, da davon ausgegangen wird, dass der oft beklagte Mangel des Diskursbegriffs, welcher nach wie vor unklar und unterschiedlich gebraucht wird, als „methodologische Notwendigkeit" (Wrana 2014, S. 532) betrachtet wird. Der theoretische Pluralismus zwingt dabei zur Präzisierung (vgl. Kapitel 4). Wissenschaft funktioniert nur, wenn die Begriffsarbeit ebenso konsequent geführt wird wie die an den empirischen Gegenständen. Dadurch soll eine gegenseitige Irritation von Theorie und Empirie ermöglicht werden.

2.2   Plausibilisierungsstrategien

In den *Widersprüchen* (Heft 108) wurde eine Debatte geführt, in der Forscher_ innen Sozialer Arbeit selbst in den Blick genommen wurden, um sie wiederum mit einer kritischen Perspektive zu konfrontieren. In diesem Heft wurde wissenschaftstheoretisch diskutiert, „inwieweit die Theoriebildung in der Sozialen Arbeit ihre Ermöglichungsbedingungen und Voraussetzungen im Vollzug des eigenen Beobachtungsprozesses reflektiert bzw. reflektieren sollte und welche Konsequenzen daraus für ihre wissenschaftstheoretischen, methodologischen, epistemologischen und gegenstandtheoretischen Begründung und Begründbarkeit resultieren" (ebd., S. 6). Dabei ging es weniger um die Prüfung der Aussagen von Theorien Sozialer Arbeit, sondern vielmehr um die „Plausibilitätsbedingungen und Plausibilisierungsstrategien, in deren Horizont Theorien der Sozialen Arbeit sich als Theorien der Sozialen Arbeit repräsentieren" (ebd.). Wie werden aber Plausibilitätsbedingungen und Plausibilisierungsstrategien sichtbar gemacht?

Dazu sind Fragen an den Forschungsprozess notwendig, die darlegen aus welcher Perspektive der Forschungsgegenstand empirisch beleuchtet wurde. Es geht also nicht um wissenschaftstheoretische Voraussetzungen für die Disziplin Soziale Arbeit, sondern um eine wissenschaftstheoretische Einbettung der gewählten Erhebungsmethoden sowie Auswertungsstrategien durch die präformativen Annahmen über die Formierung von Realitäten, der Zielstellungen von Forschung und den Erklärungs- bzw. Beschreibungsmustern von Ergebnissen. Die Darstellung von Plausibilitätsbedingungen gelingt nur, wenn offen gelegt wird, was den Forschungsprozess anleitet. Und angeleitet werden Forschungsprozesse von diversen Implikationen.

Die konventionelle Aufgabe der Wissenschaftstheorie wird darin gesehen, „dass sie Kriterien liefert und überprüft, wie Aussagen beschaffen sein müssen, um das Prädikat ‚wissenschaftlich' zu bekommen" (Dewe/Otto 2011, S. 1737). Dabei gibt es nicht die eine Wissenschaftstheorie, sondern viele sich widersprechende Perspektiven. Die Unterschiede betreffen vor allem den Spielraum der Gültigkeit von Aussagen. So hat die kritisch-rationalistische Position andere Merkmale als die hermeneutische-phänomenologische oder als die kritische Theorie der Frankfurter Schule. Hier geht es – wie bereits dargestellt – nicht um die Aussagen zu denen die unterschiedlichen Theorieperspektiven gelangen, sondern darum, die Plausibilitätsbedingungen der hier eingenommenen diskursanalytischen Perspektive darzustellen. Die Kriterien der forscherischen Perspektive können zwar die Richtigkeit der Perspektive nicht beweisen, aber sie können diese mit Plausibilität ausstatten. Es geht somit nicht darum die eingenommene Perspektive als die einzig gültige Sichtweise zu begründen, wohl aber darum ihre Plausibilität nachzuweisen. Wie eine solche Plausibilisierung aussehen könnte, beschreibt Machart (2013) am Bild des Mobile:

> „Stellt man sich [...] Theorie als Mobile vor, dann benötigt sie kein Fundament. Es reicht völlig, wenn ihre Elemente auf plausible Weise verhängt werden und ausbalanciert sind und sie ein hinreichendes Maß an Stabilität bei gleichzeitiger Flexibilität garantieren kann" (ebd., S. 340).

Dabei ist zu bedenken, dass Plausibilität abhängig von Positionierungen ist. Plausibilität gewinnt Überzeugungskraft immer nur vor dem Hintergrund einer bestimmten Denktradition bzw. Perspektive (vgl. ebd.). Dies ist ein postfundamentalistischer Ansatz (vgl. Machart 2010, 2013), der die Umstellung von Notwendigkeit auf Kontingenz, von Identität auf Differenz und von Substanz auf Relationen vollzieht. „Unter Postfundamentalismus wollen wir einen Prozess unabschließbarer Infragestellung metaphysischer Figuren der Fundierung und Letztbegründung verstehen" (Machart 2010, S. 16). Deshalb ist es notwendig die sozialontologischen Grundannahmen, welche die Empirie und damit die Produktion der Forschungsergebnisse einfärben, darzulegen.

Die Schwierigkeit von theoretischen Begriffen ist das zentrale Problem der Verhältnisbestimmung von Theorie und Empirie. Die Frage ist nämlich, wie theoretische Begriffe mit der Beobachtung zusammenhängen, da sie auf der einen Seite etwas Nicht-Beobachtbares bezeichnen, sich aber andererseits auf die empirische Realität beziehen. So hat schon Hume den Einwand vorgebracht, dass wir noch nie eine Kraft gesehen haben, stets nur deren Wirkung. Die Gesellschaft als Substanz wurde noch nie gesehen, trotzdem soll in ihrem Namen gehandelt werden (vgl. Poser 2012, S. 85).

Poser (ebd., S. 79ff.) verweist in diesem Zusammenhang weiter darauf, dass auch in analytischen Ansätzen der Naturwissenschaften jede Beobachtung eine

Beobachtung im „Lichte" (ebd., S. 79) einer Theorie ist. Vielmehr noch: dass jede Beobachtung in eine Hierarchie von Theorien eingebunden ist. Im Verhältnis von Theorie und Empirie wird grundsätzlich unterstellt, dass etwas, wenn es beobachtbar ist, nicht-theoretisch sei und dass etwas, wenn es nicht-beobachtbar ist, theoretisch sei. Eine solche Identifizierung ist allerdings sehr ungenau, da in einer angeblich direkten Beobachtung immer Messtheorien eingebaut sind, die wiederum Messvorschriften formulieren.

> „So hat es durchaus Sinn, im Zusammenhang mit einer elektrischen Schaltung zu sagen: ‚Ich kann einen Strom von 3,4 A direkt messen', also zu behaupten, ein Strom sei unmittelbar zu beobachten, obwohl ich doch in Wahrheit den ‚Strom' nicht ‚fließen' sehe, sondern nichts anderes tue, als auf einer Skala oder auf die Zifferanzeige eines Messgerätes zu blicken!" (ebd., S. 108).

Hier wird das Netz der Mathematik zur Strukturierung des Gegenstandbereichs der Realität über die Begriffsstrukturen hineingetragen. „Das bedeutet nicht, dass damit die Natur eigentlich mathematisch ist, sondern dass diese Mathematisierung eine Form des erkennenden Zugriffs und Umgangs mit ihr ist" (ebd., S. 89f.). Demnach ist die Mathematisierung eine Strukturleistung des Denkens. Daher ist es notwendig zu beschreiben „im Lichte welcher Theorie eine Beobachtung gemacht wird" (ebd., S 109). Dabei muss bei die theoretischen Vorstellungen differenziert werden zwischen ontologischen Vorstellungen, die die Konstitution von Realität formulieren, und messtheoretischen Vorstellungen, die die Analysestrategien offenlegen, um Prozesse der Realitätsherstellung zu erklären.

Die Darstellung der forscherischen Perspektive ist aus mehreren Gründen relevant: Zum einen bestimmen die Bedingungen und Voraussetzungen, mit denen wissenschaftliches Wissen generiert wird, das Erkenntnisinteresse, die Kriterien von Wissenschaftlichkeit, die Herangehensweise an den Forschungsgegenstand und die dabei angewandten Methoden. Zum anderen grenzen die Maßstäbe zur Anerkennung vom wissenschaftlich hergestellten Wissen, also die Wissenschaftskriterien, die Vorgehensweise und Kreativität beim forscherischen Vorgehen ein. Diese „für das wissenschaftliche Feld charakteristische Zensur" (Bourdieu/Wacquant 1996, S. 242) gilt es in Bezug auf deren Beeinflussung auf den Forschungsprozess zu reflektieren. Eine vollständige Befreiung von dieser „Gewalt" durch das Spiel der Wissenschaft(skriterien) erscheint nicht möglich, da man als Forscher_in gleichzeitig diesem System der Wissenschaft unterworfen ist und die Handlungsfähigkeit sich aus Machtverhältnissen innerhalb dieses Systems konstituiert. Dennoch sollten die daraus entstehenden Konsequenzen für den Forschungsprozess mitgedacht werden.

Weiterhin beeinflussen wissenschaftstheoretische Voraussetzungen die erzielten Forschungsergebnisse mit (vgl. Niedermair 2010, S. 32). Nur über die (Selbst-) Reflexion wissenschaftstheoretischer Annahmen zum Forschungsprozess ist es möglich, Aussagen über die Grenzen und Möglichkeiten der entwickelten und angewandten Forschungsperspektive und der erlangten Forschungsergebnisse zu leisten. Die Offenlegung sozialontologischer Vorannahmen lässt eine (selbst)kritische Betrachtung der Forschungsarbeit zu. Daher liegt es aus forschungsqualitativer und forschungsethischer Sicht in der Verantwortlichkeit der Forscherin bzw. des Forschers darzulegen, wie die Forschungsergebnisse generiert wurden.

Unter dem Gesichtspunkt gegenwärtiger Forschungskriterien ist die Anwendung einer diskursanalytischen Vorgehensweise im Verständnis einer postfundamentalistischen Perspektive[3] insbesondere bei einer Qualifizierungsarbeit prekär. Die Wissenschaftskriterien formulieren ein strenges Korsett, welches es zu erfüllen gilt, um Anerkennung im wissenschaftlichen Feld zu erlangen. So war z.B. Foucault als Philosophiestudent in einer anderen Position, als es (Nachwuchs-) Wissenschaftler_innen beim Schreiben von Qualifikationsarbeiten sind. Die sozialpädagogische Forschung will eine sozialwissenschaftliche Wende vollziehen und setzt dadurch strenge Maßstäbe für die Anerkennung dessen, was Forschung ist. Diese Wende soll vollzogen werden, um im Kampf der Wissenschaften zu bestehen und als Disziplin anerkannt zu werden. Diesen Kampfbedingungen sind vor allem Nachwuchswissenschaftler_innen ausgesetzt. So war es Foucault noch möglich über sich selber zu sagen, er sei ein „blinder Empirist" (Foucault 2009, S. 359), der ein „unbekanntes Objekt mit einer nicht definierten Methode" (ebd., S. 360)

---

3   Mit dem Begriff des Postfundamentalismus soll an den gemeinsamen theoretischen Raum erinnert werden, den poststrukturalistische Traditionen nicht nur in Abwandlung zum Strukturalismus bilden. Das problematische am Begriff des Poststrukturalismus ist nicht, dass dieser in Frankreich so nicht verwendet wird (vgl. Angermüller 2007), sondern vielmehr, dass er die Theorien, welche er umfasst, zu Abkömmlingen des Strukturalismus macht. Nicht alle poststrukturalistischen Theorien sind aus dem Strukturalismus entstanden. Es sind z.B. auch Anlehnungen an sprachpragmatische Motive zu verzeichnen (vgl. Machart 2013, S. 49f.). Des Weiteren gibt es bereits im Strukturalismus zahlreiche poststrukturalistische Momente. So schreibt Derrida (1972) in seiner Abhandlung „Die Struktur, das Zeichen und das Spiel im Diskurs der Wissenschaften vom Menschen", dass bereits bei Levi-Strauss poststrukturalistische Momente zu finden sind und diese lediglich radikalisiert und fortgeschrieben wurden. Somit ist eine Differenzierung von Strukturalismus und Poststrukturalismus nicht haltbar. Daher liegt die Betonung beim Begriff des Postfundamentalismus mehr auf Familienähnlichkeiten als auf einem konsistenten Theoriegebäude; auch wenn er im deutschsprachigen Raum bereits unter dem Titel „poststrukturalistische Sozialwissenschaft" (vgl. Moebius/Reckwitz 2008) eingeführt wurde.

untersucht. Dies ist schier undenkbar bei dem gegenwärtigen Standardisierungsgrad von Forschung und der allgemeinen Dominanz von (harten) empirisch sozialwissenschaftlichen Vorgehensweisen in Forschungsprozessen über alle Gebiete.[4]
Um die Plausibilitätsbegründungen der hier eingenommenen forscherischen Perspektive leisten zu können, ist es notwendig darzulegen, welche Annahmen über die Herstellung von Realitäten, über den Zugriff zu eben diesen Realitäten (durch Forschung), über die Zielsetzung von Forschung (Beschreiben, Erklären, Verstehen, Normativität) und die Wahl der den Forschungsprozess leitenden Methoden der Arbeit zugrunde liegen. Diese einzelnen Ebenen bedingen sich gegenseitig. Jede angewandte Auswertungsmethode, mit der Forschungsmaterial analysiert wird, impliziert Verständnisweisen über soziale Realitäten. Wenn Wissenschaft bzw. Forschung

> „nicht durch logische Analyse ihrer propositional und systemhaft gefaßten Ergebnisse bzw. durch einheitliche methodologische Standards bestimm[t] [wird], sondern als ein historische[r] Prozeß, der nicht nur durch innerwissenschaftliche Entwicklungsdeterminanten, sondern auch durch soziale und kulturelle Einflüsse, vor allem aber durch übergreifende, weder logisch noch methodologisch fixierbare theoretische Orientierungen (Denkstile, Themata, Ideale, der Naturordnung, Paradigmen usw.)" (Pulte 2004, S. 946).

verstanden wird, dann müssen genau diese oft nur impliziten Orientierungen zu Tage gefördert werden. Das Ziel ist es daher, diese Theorien über die Entstehung von sozialen Realitäten darzulegen. So kann der Dualismus zwischen Theorie und Empirie als eine künstliche – unter historisch-spezifischen Konstellationen entstandene – Trennung betrachtet werden. Das, was analysiert und sichtbar gemacht werden kann, ist von ontologischen Bezügen, die Perspektiven bzw. Verständnisweisen von Realitäten formulieren, nicht zu trennen. Sozialwissenschaftlich empirische Beobachtungen und die daraus folgenden Ergebnisse sind nicht theoriefrei; ebenso wenig sind sozialwissenschaftliche Theorien frei von empirischen Beobachtungen (vgl. Hirschauer 2008, S. 184).
In den Kapiteln 2 bis 4 wird der Begründungszusammenhang für das methodische Vorgehen und der Ergebnisinterpretationen dargestellt. Dabei wird allerdings nicht von einem konventionellen Theoriebegriff ausgegangen, der ein System von Aussagen aufstellt, die verifiziert oder falsifiziert werden können. Vielmehr soll durch die hier angewandte Sozialontologie deutlich gemacht werden, wie ontologische Perspektiven über die Formierungsprozesse von Realitäten als Heuristik der

---

4   Wie im Kapitel 8.2 dargestellt wird, ist die Situation innerhalb der sozialpädagogischen Forschung anders gelagert. Hier dominieren qualitative Vorgehensweisen.

Theoriebildung systematisch in den Analyseprozess einbezogen werden (vgl. Kelle 2008, S. 334). Als Forscher_in ist es nicht möglich, ohne Vorerfahrung und ohne Bezug auf bereits vorhandene Forschungen in den Forschungsprozess einzutreten, um Konstruktionsprozesse ausschließlich empirisch zu bewerten.

Forschung schafft keine absoluten und letztgültigen Wahrheiten, sondern kontingente Sichtweisen auf Phänomene, die andere Forscher_innen und anderen disziplinären Perspektiven unterschiedlich beurteilen (können). In dieser Forschungsarbeit kann es sich nur um die Darstellung einer bisher entwickelten forscherischen Perspektive handeln. *Bisher* deshalb, da die Entwicklung einer solchen Perspektive immer einen Prozess darstellt, der nicht abschließbar und endgültig sein kann. Wird die Kontingenz der Entstehung nicht berücksichtigt, so degradiert das die Forschungsperspektive zu einer reinen Notwendigkeit der empirischen Analyse. In diesem Fall würde jede wissenschaftliche Analyse des Gegenstands aus derselben Perspektive erfolgen und Veränderungen sowie Konflikte im Forschungsfeld blieben aus.

Zum besseren Verständnis, im Sinne des Wissenschaftskriteriums der intersubjektiven Nachvollziehbarkeit[5], wird der Begründungszusammenhang der forscherischen Analyse vor der angewandten Methodik sowie den generierten Ergebnissen dargestellt und in einer (vermeintlich) logischen Folge aufgezeigt. Das soll aber nicht bedeuten, dass die eingenommene Perspektive vor oder nach der Analyse des Forschungsgegenstandes entwickelt wurde. Vielmehr entstand die Perspektive in einem wechselseitigen Prozess während und mit der empirischen Analyse.

Es in keineswegs das Ziel dieser Arbeit eine Gesamtübersicht über wissenschaftstheoretische Diskussionen darzubieten. Vielmehr ist es ihr Anliegen die forscherische Arbeit mitsamt der eingenommenen Perspektive mit zentralen Herausforderungen der Wissenschaftstheorie zu konfrontieren. Dies soll im Laufe der Arbeit anhand von drei Fragestellung geschehen:

---

5   Die intersubjektive Nachvollziehbarkeit ist sicherlich ein wichtiges Kriterium zur Diskussion von wissenschaftlich produziertem Wissen. Denn was nützt es, wenn Forschungsergebnisse nicht verstanden werden. So wären Diskussionen und Anschlüsse ausgeschlossen. Aber dieses Kriterium kann auf derselben Seite der Medaille einen hohen Anpassungsdruck hervorrufen, da es dazu verleiten kann, sich vom Korsett des wissenschaftlichen common sense einschnüren zu lassen. Das Wissenschaftskriterium der intersubjektiven Nachvollziehbarkeit ist aus der Diskussion über die Grundbeziehung zwischen dem forschenden Subjekt und dem Forschungsobjekt entstanden (vgl. Tschamler 1996, S. 23f.). Bourdieu bietet mit seinem Konzept der „Objektivierung des objektivierenden Subjekts" eine solche Verhältnisbeschreibung an.

1. Was ist die Aufgabe bzw. die Zielstellung einer Diskursanalyse?
2. Wie entstehen aus einer diskursanalytischen Perspektive Realitäten?
3. Wie kann aus einer diskursanalytischen Perspektive auf diese Realitäten zugegriffen werden?

Die Fragestellungen werden dabei nicht chronologisch abgearbeitet, sondern begleiten den gesamten Darstellungsprozess. Die Formulierung dieser Fragestellungen soll verdeutlichen, welche Überlegungen den Forschungsprozess implizit be-
gleitet haben.

Dekonstruktive Denkbewegungen zur *reflexiven Sozialpädagogik*   **3**

Die Prozesse der Dekonstruktion und die Diskussionen der diskursforscherischen Perspektive sind nicht getrennt zu behandeln, da sie in einem konstituierenden Wechselverhältnis stehen. Die übliche wissenschaftliche Praxis besteht darin, ein Terrain durch Abgrenzungen zu umreißen und die Differenzen zu markieren (vgl. Wedl 2014, S. 507). Im Sinne einer intensiven Auseinandersetzung über Unterschiede und Erkenntniswege sind solche Abgrenzungen in der Wissenschaft durchaus notwendig, auch um Positionen zu präzisieren und die Begriffsarbeit zu präzisieren (vgl. Wrana 2014, S. 511ff.). Die Darstellung der Forschungsperspektive soll verdeutlichen, dass die entwickelte diskursforscherische Perspektive auf den Gegenstand sozialpädagogische Praxis nicht aus sich allein heraus entstanden ist, sondern in der Beschäftigung mit den leitenden Ausführungen der gegenwärtigen disziplinären Auseinandersetzung zum Gegenstand. Daher soll die *reflexive Sozialpädagogik* als hegemoniale Professionalisierungsdebatte innerhalb der Sozialpädagogik dekonstruktiv bearbeitet werden.

3.1   Eine angewandte Dekonstruktion

Die Dekonstruktion soll hier nicht als „allgemeine Methode"[6] (vgl. Engelmann 1987, S. 105, Kimmerle 2000, S. 131) verstanden werden, sondern vielmehr als eine Denkbewegung (vgl. Derrida 1983, S. 170). Dekonstruktion meint also keine Technik (Derrida 1995, S. 144), die das Gelesene nach klaren Regeln bearbeitet und die auf Inhalte angewendet werden kann. Vielmehr wird die Dekonstruktion als Gegen-Lesen bzw. gegen den Strich lesen angewandt, was selbst wieder ein Inhalt ist. Bei der Lektüre geht es um die Aufdeckung impliziter theoretische Annahmen bei gleichzeitiger Öffnung einer anderen Perspektive.

Derrida bestand schließlich darauf, dass jeder das Wort Dekonstruktion verwenden kann, wie er will. Allerdings soll die Dekonstruktion stets für eine Öffnung stehen (vgl. Bischof 2004, S. 78). Diese Öffnung wird hier vollzogen, indem die Debatte über *reflexive Sozialpädagogik* auf ihre impliziten ontologisch-analytischen Annahmen gegengelesen wird und gleichzeitig die postfundamentalistisch-diskursforscherischen Perspektive als Öffnung zur radikal-relationalen Betrachtungsweise sozialpädagogischer Praxis eingenommen wird. Dabei wird nicht der Anspruch erhoben eine diskursanalytische Theoriesystematik anzubieten. Stattdessen soll versucht werden, die Elemente einer solchen Perspektive zu sammeln und die Konsequenzen für eine analytische Betrachtung sozialpädagogischer Handlungsvollzüge zu bennen.

Der Ansatzpunkt einer Dekonstruktion ist nicht etwa ein Subjekt, eine bewusste Willensentscheidung oder gar ein absoluter Ursprung. Die Dekonstruktion setzt vielmehr bei den Kräften und Kräftelinien der Brüche innerhalb eines zu dekonstruierenden Systems an (vgl. Derrida 2009, S 81ff.). Diese Kräfte und Kräftelinien finden sich vor allem implizit, aber teilweise auch explizit in den ontologischen Voraussetzungen des forscherischen Blickwinkels (hier hinsichtlich der sozialpädagogischen Praxis). Denn jede methodologische Entscheidung und die daraus resultierende methodische Anwendung beinhaltet explizite Entscheidungen in Bezug auf die Ontologie (vgl. Derrida 2001, S. 133). Diese ontologischen Voraussetzungen sollen hier in einer dekonstruktiven Denkbewegung freigelegt werden; sowohl in der Relektüre *reflexiver Sozialpädagogik* als auch in der Öffnung zur postfundamentalistischen Diskursforschung. Untersucht werden dabei die Entste-

---

6   Nach Derrida sollte auch der Methodenbegriff dekonstruktiv befragt werden, da dieser kontextuell und historisch bedingt ist. „Denn auch der traditionelle Begriff der Methode gehört zum System der Metaphysik, da die Methode allgemeine Regeln über die Besonderheiten der Gegenstände setzt." (Derrida 2009, S. 18)

hungsbedingungen und die Grenzen der ontologischen Voraussetzungen der forscherischen Perspektiven auf die sozialpädagogische Handlungspraxis.

> „[W]as mir in einer geschichtlichen Situation wie der unseren notwendig und dringlich erschien, ist eine allgemeine Festlegung der Entstehungsbedingungen und der Grenzen der Philosophie, der Metaphysik und all dessen, wovon sie getragen wird, und was sie trägt. Das ist es, was ich […] in der Grammatologie gemeinsam mit dem Vorhaben der Dekonstruktion unter dem Titel des Logozentrismus zusammengefasst habe" (Derrida 2009, S. 77).

Es geht hier nicht um eine formale Kritik im herkömmlichen Sinne, die letztlich teleologisch überfrachtet ist. Die Dekonstruktion hat vielmehr das Ziel, unreflektierte Implikationen aufdecken und damit die Öffnung für andere Perspektiven[7] zu ermöglichen. Diese Arbeit setzt sich also nicht nur kritisch mit der Perspektive der *reflexiven Sozialpädagogik* auf die sozialpädagogische Handlungspraxis auseinander, sie bietet zugleich andere Sichtweisen an.

Weiterhin dient die Dekonstruktion hier nicht einer Analyse von Begriffen und Bedeutungen, sondern von Hierarchien, bestehenden Kriterienkatalogen und Klassifikationen (z. B. von dichotomen Realitätsbildern). Das schließt eine Dekonstruktion der Werkzeuge der hier angewandten Denkbewegung der Dekonstruktion mit ein. Indem hier die forscherischen Implikationen *reflexiver Sozialpädagogik* ausgeleuchtet werden und gleichzeitig eine diskursforscherische Perspektive auf den Gegenstand *sozialpädagogische Handlungspraxis* angeboten wird, werden andere Implikationen, Voraussetzungen und Grenzen konstituiert. Allerdings rekonstituiert die Dekonstruktion nicht einen anderen Begründungszusammenhang nach der „Zerstörung" der forscherischen Implikationen auf sozialpädagogisches Handeln, sondern analysiert was noch hinzukommen muss oder zu tun bleibt. „Nach Derrida nimmt das dé- der déconstruction Distanz zu den herkömmlichen Schemen von fundamentalistisch/anti-fundamentalistisch und konstruktivistisch/ontologisch" (Bischof 2004, S. 90f.). Damit bleibt die Dekonstruktion an das Kommende verwiesen. Dies verpflichtet zum einen zur Veränderung der Werkzeuge sowie der kritischen und methodologischen Instrumente; zum anderen zur Infragestellung von Hierarchien und Klassifikationen. Das Kommende muss aber ungewiss und offen bleiben. Es kann nicht teleologisch antizipiert werden.

---

7 Dabei ist bewusst nicht die Rede von einer neuen Perspektive. Denn die hier eingenommene diskursanalytische Perspektive stellt keine neue Forschungshaltung da, sondern vielmehr wurde sie so bisher im Forschungsfeld der sozialpädagogischen Praxis noch nicht übertragen bzw. angewandt.

„Ein solches Denken kann nicht arbeiten, ohne das Prinzip einer radikalen und un-
abschließbaren [...], unendlichen Kritik zu rechtfertigen. Diese Kritik gehört der
Bewegung einer Erfahrung an, die für die absolute Zukunft dessen, was kommen
wird, offen ist, das heißt der Bewegung einer notwendig unbestimmten, abstrakten,
wüstenhaften, ausgelieferten, exponierten Erfahrung, die ihrer Erwartung des anderen und des Ereignisses ausgesetzt bleibt" (Derrida 1995, S. 146).

Wie Bischof (2004, S. 93ff.) ausführt, geht es der Dekonstruktion um den Versuch die konventionellen Dichotomien zu überwinden. Dabei sollten aber nicht
einfach Gegensätze umgekehrt werden. Denn dies würde das Risiko beinhalten,
dass dasjenige wiederkehrt, was eigentlich dekonstruiert werden soll und dass so
die Differenz und die damit einhergehende Hierarchisierung bestätigt oder sogar
verstärkt wird. Die Dekonstruktion stellt jedoch ein Vorgehen dar, das die Überwindung logozentrischer Dichotomien zum Ziel hat und eine nachträgliche Rückkehr in die überwindende Differenz und Hierarchie zu verhindern versucht. Die
Dekonstruktion fördert stattdessen die Grenzen der différance8 zu Tage, „die nie
gegensätzliche oder ausschließende Grenzen sein können" (ebd., S. 94).

„Die Aktivität oder Produktivität, die in dem a der différance mitschwingen, verweisen auf die generative Bewegung innerhalb des Spiels der Differenzen. Diese sind
weder vom Himmel gefallen noch ein für alle Mal in ein geschlossenes System, in
eine statistische Struktur eingeschrieben, die von einem synchronen und taxonomi-
schen Verfahren ausgeschöpft werden könnte" (Derrida 2009, S. 68f.).

Die Dekonstruktion geht dabei nicht außerhalb des Bestehenden vor, sondern
grundsätzlich innerhalb der Logik der Gegensätze. Sie durchquert die bestehenden Gegensätze künstlerisch und kommt so woanders raus, als es vorgegeben ist.

„Die Bewegungen dieser Dekonstruktion rühren nicht von außen an die Strukturen.
Sie sind nur möglich und wirksam, können nur etwas ausrichten, indem sie diese
Strukturen bewohnen; sie in bestimmter Weise bewohnen, denn man wohnt bestän-
dig und um so sicherer, je weniger Zweifel aufkommen. Die Dekonstruktion hat
notwendigerweise von innen her zu operieren, sich aller subversiven, strategischen
und ökonomischen Mittel der alten Strukturen zu bedienen, sich ihrer strukturell zu
bedienen, daß heißt, ohne Atome und Elemente von ihr absondern zu können. Die
Dekonstruktion wird immer auf bestimmte Weise durch ihre eigne Arbeit voran-
getrieben" (Derrida 1983, S. 45).

---

8   Zum Konzept der différance vgl. Kapitel 3.1.

Wie Derrida (2009) festhält, ist der Sinn, welcher sich in Differenzen ergibt, immer ein Grenzwert und kein Tod. „Ich sage Grenze und nicht Tod, weil ich an das, was man heutzutage den Tod der Metaphysik zu nennen pflegt, ganz und gar nicht glaube" (ebd., S. 37). Derridas (1995) Konzept der „Hantologie"[9] bzw. Spek-

---

9 Derrida veröffentlichte 1993 unter dem Titel „Spectres de Marx" (deutsche Übersetzungen 1995 „Marx' Gespenster") eine Sammlung von Vorträgen, in denen er eine Relektüre von diversen Marx-Texten vollzieht und gleichzeitig zu transformierenden Lesarten auffordert. Dabei ist die Veröffentlichung unter dem Eindruck des Zusammenbruchs des real-exsitierenden Sozialismus seit 1989 zu betrachten, also unter dem Eindruck der sich damals vollziehenden politischen Transformationen, die Marx und den Marxismus für tot erklärten. In „Spectres de Marx" ging es weniger um einen theoretischen Diskurs als um eine explizite Verantwortungsübernahme (vgl. Derrida 1995, S. 87). Dabei ist die Verantwortung gegenüber der Erbschaft gemeint, die nicht in einer Ontologie gründet, sondern in einer Hantologie, die jeder Ontologie vorausgeht und sie erst ermöglicht. Mit dem Ausdruck Hantologie bezeichnet Derrida eine Interpretation, die transformiert, was sie interpretiert (vgl. Derrida 1995, S. 88). Derrida versuchte mit seiner Hantologie die marxistische Ideologiekritik einer „Gespensterlogik" bzw. einer „Spektrologie" einzuschreiben und ihr damit erneute Aktualität zu verschaffen. Die Hantologie stellt einen Versuch dar, die marxsche Ideologiekritik neu zu denken und umfassender als die marxsche Kritik zu gestalten, indem sie die Iterabilität (als Konglomerat von Wiederholungen) in Rechnung stellt (vgl. Bischof 2004, S. 201). Dabei ging es Derrida – wie er später in „Marx & Sons" (1999, deutsche Übersetzung 2004) als Antwortversuch auf einer Debatte über seine Erörterungen in „Spectres de Marx" (1993) klarstellt – um eine dreifache Frage: „Die Frage nach dem ‚Politischen' […] die Frage nach dem ‚Philosophischen' (nach der Philosophie als Ontologie […]) und folglich […] die Frage nach den Orten, die man unter diesen Namen, insbesondere unter dem von ‚Marx' miteinander identifizieren zu können glaubt" (Derrida 2004b, S. 22. Hervorheb. im Org.). Dabei sind diese drei Fragen (Politische – Philosophie – Marx) unzertrennlich miteinander verbunden und stellen die These oder Hypothese in „Marx' Gespenster" dar. Dieses Denken macht Derrida vor allem am Denken von Marx fest, „jenes denken, dessen Erben wir sind […] als ob wir ‚die Söhne von Marx' wären" (ebd., S. 18). Zusammenfassend lässt sich sagen, dass Derrida ausgehend von der Erfahrung des Gespenstes versucht, das Politische und damit auch die Gerechtigkeit neu zu denken. „Wenn ich mich anschicke, des langen und breiten von Gespenstern zu sprechen, von Erbschaft und Generationen, von Generationen von Gespenstern, das heißt von gewissen anderen, die nicht gegenwärtig sind, nicht gegenwärtig lebend, weder für uns noch in uns, noch außer uns, dann geschieht es im Namen der Gerechtigkeit" (Derrida 1995, S. 11, Hervorheb. im Org.). Somit wird das nicht Gegenwärtige in die Konstruktion eines Begriffs einbezogen. Diese Ideologiekritik lässt sich „als ein Sehen übersetzen, was nicht auf den ersten Blick zu sehen ist" (Bischof 2004, S. 216). Die Hantologie ist umfassender und mächtiger als jede Ontologie, verstanden als Denken des Seins. Die „Logik des Spuks" enthält auch die Frage nach dem Ereignis, denn im Ereignis überschneiden sich die Wiederholung und das erste Mal oder die Wiederholung und das letzte Mal. „Wiederholung und erstes Mal,

trologie ist mit den dekonstruktiven Denkbewegungen verwandt. Die Hantologie bezeichnete eine „Lehre der Heimsuchung (Derrida 2004a, S. 25) oder des Spuks. Die Rede von Gespenstern (Spectres) scheint eine wohlklingende Metapher zu sein, ist aber von Derrida im Hinblick seiner Dekonstruktionsphilosophie ernst gemeint und ist entscheidend mit seiner Auseinandersetzung über die dominierende Ontologie, welche die Geschichte der Philosophie prägt, zu betrachten. Dabei gilt ihm der Begriff des Gespenstes als Achtung für das besondere Andere, das die Geister, Gespenster und Phantome sind, d. h. jene Anderen, die noch nicht da sind. Das Gespensterhafte steht für das „Abwesende im Anwesenden" (Kimmerle 2000, S. 137).

> „Spuken heißt nicht gegenwärtig sein, und man muß den Spuk schon in die Konst-ruktion eines Begriffs aufnehmen. In die Konstruktion jedes Begriffs, allen voran der Begriffe des Seins und der Zeit. Das ist es, was wir hier eine Hantologie nennen möchten. Die Ontologie stellt sich ihr nur in einer Bewegung des Exorzismus gegen-über. Die Ontologie ist eine Beschwörung" (Derrida 1995, S. 253).

Mit der Hantologie bezeichnete Derrida eine Interpretation, die transformiert, was sie interpretiert (vgl. ebd., S. 88), also – wie oben bereits dargestellt – selbst (anderer) Inhalt ist und somit an den Entstehungsbedingungen des sozialen Gegenstands beteiligt ist. Kimmerle (2000) liest die Hantologie als „Un-Logik" (ebd., S. 131ff.), da sie eine binäre bzw. dialektische Logik übersteigt (vgl. ebd., S. 140). Hier geht es um die methodische oder antimethodische Stellung von Derrida zu Aporien seines Denkens. Die Un-Logik überschreitet die Logik, indem das Recht einer Aporie nicht in ihrem logischen Wahrheitsgehalt liegt, sondern in der Erfahrung, dass sie ausgehalten werden kann. Die Antinomie, die gewissermaßen den logischen Aspekt der Aporie ausdrückt, ist ‚nicht nur ein Annahme (oder Hinnehmen), sondern ein Auf-die Probe-Stellen' des Anspruchs der Aporie, unlösbar zu sein" (ebd., S.

---

vielleicht ist das die Frage des Ereignisses als Frage des Spuks: Was ist ein Spuk? Was ist die Wirklichkeit oder die Präsenz eines Gespensts, das heißt dessen, was so unwirk-lich, virtuell und unbeständig zu bleiben scheint wie ein Simulakrum? Gibt es darin, zwischen der Sache selbst und ihrem Simulakrum, einen Gegensatz, der standhält? Wiederholung und erstes Mal, aber auch Wiederholung und letztes Mal, denn die Ein-zigartigkeit jedes ersten Mals macht daraus zugleich ein letztes Mal. Jedesmal ist ein erstes Mal ein letztes Mal, das ist das Ereignis selbst. Jedesmal anders. Inszenierung für ein Ende der Geschichte. Nennen wir das eine Hantologie" (ebd., S. 25. Hervorheb. im Org.). Hier wird die Bedeutung der Iterabilität und des Ereignisses in der Hanto-logie deutlich. Derrida interpretiert das Gespenst nicht so sehr „als wiederholenden Automatismus, sondern als Anlass, die unendliche Andersheit zu denken, von der der Wiederholungszwang erst ausgeht" (Bischof 2004, S. 218).

133). Allerdings hat die Aporie auch einen positiven Effekt: Ohne sie gibt es keine Entscheidungen. Dabei ist jede Entscheidung auch mit einem Risiko behaftet, denn es ist stets auch ein Rest des Unentscheidbaren im Spiel.[10] Damit übersteigt die „Un-Logik" eine binäre bzw. dialektische Logik (vgl. ebd., S. 140). Die Strategie der Dekonstruktion nach Derrida wirft der Dialektik, also dem Denken in Oppositionen vor, dass hier der Gegensatz in der Denkbewegung verbleibt, von der er sich lösen will (vgl. Bernasconi 2003, S. 443). Das heißt, dass im dialektischen Denken oft nur bestätigt wird, was eigentlich verworfen werden sollte. Statt sich für eine metaphysische Auslegung oder eine nicht-metaphysische Auslegung zu entscheiden, betrachtet Derrida beide als gleichzeitig und verzichtbar. Die Frage der Metaphysik ist für ihn eine Aporie. Mit der „Un-Logik" verweist Kimmerle (2000) auf die mehrfache Logik der Aporie, die dasjenige, was die Vertreter_innen des Faches Logik nennen, überschreitet.

Die dekonstruktive Textarbeit ist von einer Art „Paleonymie" (Derrida 2006, S. 100) gekennzeichnet. Diese beruht darauf, dass z.b. ein Begriff aus den ontologischen Voraussetzungen der *reflexiven Sozialpädagogik* entnommen wird, um ihn anschließend aus dieser Prägung zu lösen. Damit besteht die Dekonstruktion „in einer Umkehrung der Gegensätze bei gleichzeitiger Verschiebung des ganzen Gegensatzsystems" (Bischof 2004, S. 97). Die Paleonymie stützt sich bei ihrem textuellen Vorgehen auf die Unterscheidung von Name und Begriff: Ein Name ist nicht durch die Einfachheit des Begriffs gekennzeichnet, sondern umschreibt ein Prädikationssystem, das zuletzt einen Begriff bestimmen kann. Derrida (2006) beschreibt das Vorgehen der Paleonymie folgendermaßen:

> „Man muss einen reduzierten prädikativen Zug herausheben, der in Reserve gehalten wurde, der in einer gegebenen begrifflichen Struktur eingegrenzt wurde (aus Beweggründen und Kräfteverhältnisse […]) und der X genannt wird; 2. Beim Ent-Grenzen, Verpflanzen und geregelten Erweitern des herausgehobenen Prädikats wird der Name X beibehalten, als Interventionshebel und um die vorhergehende Anordnung, die in wirksamer Weise verändert werden soll, im Griff zu behalten" (ebd., S. 101).

Derrida fasst diese Prozedur in drei Worten zusammen: „herausheben, verpflanzen, erweitern" (ebd.). Dieses „herausheben, verpflanzen, erweitern" (ebd.) wird in

---

10   Wie im Folgenden dargestellt wird, findet hier eine Entscheidung bzgl. der Sozialität sozialpädagogischer Handlungspraxis statt. Demnach wird gefragt, welche (Un-)Möglichkeiten die sozialpädagogische Handlungspraxis im Gefüge historisch-spezifischer Regelmäßigkeitsmuster entfalten kann. Das Kapitel zum Akt (vgl. Kapitel 8.1.2) nimmt dann erneut Bezug auf die Entscheidungstheorie und die Auseinandersetzung mit Zizek.

dieser Arbeit wesentlich am Begriff der *Reflexivität* vollzogen. Voraussetzung für diese Arbeit am Begriff *Reflexivität* ist, die sozialpädagogische Praxis als Gegenstand zu definieren, bevor anderweitige Aussagen über sie getroffen werden können. Die Definition des Gegenstands erfolgt im Horizont einer Dekonstruktion des Modells der *reflexiven Sozialpädagogik*. Dafür sind Annahmen darüber nötig, wie sich die sozialpädagogische Praxis konstituiert. Es handelt sich bei dieser Dekonstruktion folglich nicht um eine Kritik oder „Zerstörung" der analytischen Ausarbeitung einer *reflexiven Sozialpädagogik*. Die Bedeutung und die Leistungen der Ausarbeitungen zur *reflexiven Sozialpädagogik* werden im Gegenteil auf mehreren Ebenen anerkannt und wertgeschätzt, vor allem das differenzierte Professionsverständnis gegenüber den konventionellen Professionalisierungsdiskussionen. Weiterhin werden einige Annahmen der *reflexiven Sozialpädagogik* geteilt: So wird der Negation technisch inspirierter Vorstellungen eines Transfers von erprobten Lösungen, die immer wieder anwendbar sind (vgl. Dewe/Otto 2011, S. 1145), ebenso zugestimmt, wie der grundsätzlichen Relativierung wissenschaftsbasierter Kompetenz für professionalisierte Praxis und dem erweiterten Professionsverständnis gegenüber klassischen Professionen. Vielmehr geht es bei den hier vollzogenen Denkbewegungen um die Eröffnung einer Perspektive, welche Erweiterungen anbietet, auch um sich von konventionellem Forschungsvorgehen zu lösen.

Es geht der hier vollzogenen Dekonstruktion sozialpädagogischer Praxis also ausdrücklich nicht um richtig oder falsch, sondern einfach nur um die Eröffnung eines „anderen" Blicks auf die sozialpädagogische Praxis. Die hier anhand dekonstruktiver Denkbewegungen zur *reflexiven Sozialpädagogik* aufgefächerte Forschungsperspektive ist notwendigerweise in dieselben Machtverhältnisse verstrickt wie das Modell der *reflexiven Sozialpädagogik* selbst. Es kann also nicht das Ziel dieser Arbeit sein, eine neue Forschungsperspektive außerhalb der historisch-spezifischen Regelmäßigkeitsmuster[11] zu entwickeln. Vielmehr soll deutlich gemacht werden, dass trotz der gegebenen Verstrickung in Machtverhältnisse Freiheitsräume möglich sind, die Veränderungsprozesse hervorrufen. Denn auch die Produzenten bzw. Produzentinnen von Forschungsarbeiten sind in spezifischen Machtverhältnissen eingebunden und verfassen ihre Forschungsergebnisse nicht

---

11   Auf den Begriff Gesellschaft wird hier bewusst verzichtet. Gesellschaft bezeichnet zunächst einen „bestimmten historischen Bereich" (Foucault 2003, S. 143), der sich erst aus einer theoretisch-analytischen Konstruktionsleistung ergibt. Durch einen konkreten Gesellschaftsbegriff wird eine Zeitdiagnose gesetzt, was die hier angewandte Forschungsperspektive verhindern will. Weiterhin soll die Nicht-Verwendung des Begriffs Gesellschaft Reduktionen vermeiden, „die durch vereinheitlichende Prinzipien wie ‚Moderne☐ oder ‚Kapitalismus' den Blick auf Kontingenzen, historische Verschiebungen oder gar Brüche verstellen" (Meißner 2010, S. 145).

autonom, sondern immer in Rückbindung zu eben diesen historisch-spezifischen Regelmäßigkeitsmustern. Es ist somit, wie bereits erwähnt, keine Kritik an das bisher ausgearbeitete analytische Vorgehen einer *reflexiven Sozialpädagogik*. Dafür müssten Grunde angeführt werden warum das problematisch ist. Das ist nicht Anliegen der folgenden Ausführungen. Vielmehr soll ein Raum geöffnet werden um sozialpädagogische Praxis anders – aus einer postfundamentalistischen Forschungsperspektive – zu denken. So soll es ermöglicht werden, nicht nur die Bedingungen der Möglichkeiten sozialpädagogischer Praxis zu dechiffrieren, sondern auch deren performative Wirkung im Hinblick auf den Möglichkeitsraum ihrer Adressat_innen zu erkennen. Engelmann (2013) hält fest, dass

„wir Derridas Überlegungen nicht zu einem leicht anwendbaren Kritikkonzept zusammenfassen [dürfen, M.H.]. Derridas Überlegungen geben keine Handlungsanweisungen mit, sie ermutigen allenfalls zu unkonventionellen Sichtweisen. Die Verantwortung dafür trägt jedoch jeder selbst." (ebd., S. 181).

Die vorliegende Dekonstruktion der *reflexiven Sozialpädagogik* soll keine exakte Quellenstudie sein. Ob die Interpretation philologisch sauber ist, ist hier nicht von Belang. Es geht vielmehr darum im Rahmen der Dekonstruktion, Probleme hinsichtlich der Erfassung sozialpädagogischer Praxis auf ihren Begriff zu bringen. Zizek (2008) spricht in diesem Zusammenhang von der „Gewalt der Interpretation" (ebd. S. 121). Die Dekonstruktion reißt die Texte zur *reflexiven Sozialpädagogik* aus seinem Kontext und verleiht ihr damit eine andere Bedeutung, sie rekontextualisiert sie und verfehlt damit unweigerlich ihre Bedeutung. Aber durch dieses „Herausreißen" der Texte zur *reflexiven Sozialpädagogik* aus ihren Entstehungskontexten und das „falsche Lesen", eröffnet die Dekonstruktion eben auch eine andere Perspektive auf die sozialpädagogische Handlungspraxis.[12]

---

12 Hier spiegelt sich bereits die postfundamentalistische Verständnisweise von Realität in der Forschungspraxis wider. Das Herausnehmen von Textteilen der reflexiven Sozialpädagogik aus ihrem Entstehungskontext, um so die Analyseperspektive der sozialpädagogischen Handlungspraxis zu verrücken, verweist auf die Transformationsmöglichkeit von historisch-spezifischen Regelmäßigkeitsmustern durch die funktionelle Überdeterminierung von Diskursen und der Umdeutung des forscherischen Subjekts durch seine dispositiv eingebundene Handlungsfähigkeit Diese Perspektive wird später in Bezug auf sozialpädagogischer Handlungspraxis ausformuliert.

3.2   Dekonstruktion reflexiver Sozialpädagogik

Ein einheitliches Paradigma *reflexiver Sozialpädagogik* sucht man vergebens. Vielmehr liegen viele konträre Annäherungen an die *reflexive Sozialpädagogik* vor. Dollinger (2008, S. 17ff.) benennt eine kritisch-normative, eine historische sowie eine modernisierungstheoretische reflexive Annäherung an die Sozialpädagogik. Mit dieser Benennung von Differenzierungen innerhalb von reflexiven sozialpädagogischen Modellen stellt Dollinger (ebd.) seinen eigenen Anspruch an eine *reflexive Sozialpädagogik* dar (vgl. ebd.). Es kann hier kein Überblick über die verschiedenen Perspektiven *reflexiver Sozialpädagogik* geleistet werden. Stattdessen soll an dieser Stelle die folgende Frage beantwortet werden: Warum werden dekonstruktive Denkbewegungen an den Modellen *reflexiver Sozialpädagogik* nach Dewe und Otto (1996, 2002, 2011) sowie Dollinger (2008) vollzogen?

Dewe und Otto (2011) versuchen mit ihrem Professionalitätsmodell eine strukturtheoretische Betrachtungsweise professionellen Handelns durch empirische Untersuchungsstrategien zu etablieren,

„mit denen beschrieben werden kann, wie unter gegebenen institutionellen Rahmenbedingungen und in einem bestimmten historischen Kontext eine Berufsgruppe mit den komplexen Anforderungen umgeht und welche typischen Handlungsmuster sie zur Bewältigung der beruflichen Situation ausgebildet hat" (vgl. ebd., S. 1143).

Dabei zielt das theoretische Interesse einer solchen reflexionsbezogenen Perspektive auf drei wesentliche Aspekte: (1) die Handlungslogik professioneller Handlungspraxis, (2) das Wissen und Können der Professionellen im Handlungsvollzug und (3) die Bedeutung von Reflexivität für die Bewältigung professioneller Herausforderungen (vgl. ebd.).

Während Dewe und Otto (ebd.) vor allem für eine Verabschiedung von Theoriekonzepten plädieren, die von technologische Verständnisweisen sozialen Handelns ausgehen und sie eine empirische Analysestrategie zur sozialpädagogischen Handlungspraxis einführen, welche eine „theoretisch angeleitete Rekonstruktion der gegebenen Bedingungen und der Handlungspraxis der Sozialarbeit" (ebd.) fokussiert, buchstabiert Dollinger (2008) hingegen ein reflexives Forschungsprogramm aus, welches sowohl auf Professionalität als auch auf disziplinäre Theoriediskurse der Sozialpädagogik angewandt werden kann. Ihm geht es im Wesentlichen darum, wie Sozialpädagogik möglich wird und wie sie als Erfahrungs- und Interpretationsmuster kommuniziert wird (vgl. ebd, S. 12). Auf diese Art will Dollinger (ebd.) eine Weiterentwicklung zum Theoriediskurs anregen. Sein reflexives Forschungsprogramm betrachtet z.B. Aktualisierungen sozialpädagogischer Deutungsstrukturen, „indem sozialpädagogisches Wissen in Abhängigkeit von Kontextbedingungen praktischen Handelns konkretisiert wird" (ebd. S. 200). Nach Dollinger trägt die sozialpädagogische Handlungspraxis maßgeblich dazu bei, was Sozialpädagogik ist. Reflexivität bedeutet in dieser Forschungsperspektive „die Rekonstruktion von Strukturen des sozialpädagogisch ‚Wissbaren' und der Bedingung ihrer Fortentwicklung im kulturellen Zusammenhang, in den sie eingelassen sind" (ebd., S. 31).

In der Perspektive von Dewe und Otto (1996, 2002, 2011) bezieht sich die Bedeutung von Reflexivität insbesondere auf die Art und Weise der Fallrekonstruktion professionell Handelnder und die Bewältigungsmuster ihrer Aufgaben. Demgegenüber bezeichnet der Begriff bei Dollinger (2008) ein Analyseinstrument innerhalb seines Forschungsprogramms zur Untersuchung von Herstellungsprozessen der Sozialpädagogik. Genau diese beiden Dimensionen *reflexiver Sozialpädagogik* – also die Möglichkeit zur Reflexivität professioneller Subjekte in ihren konkreten Handlungsvollzügen und die forscherische Reflexivität auf die sozialpädagogische Handlungspraxis – werden im Folgenden dekonstruktivistischen Denkbewegungen unterzogen. Somit wird hier einerseits die Möglichkeit der Reflexion professioneller Subjekte thematisiert und andererseits die Reflexion im Forschungsprozess zu eben dieser sozialpädagogischen Handlungspraxis. Aus diesen Annahmen von Reflexionsmöglichkeiten ergeben sich folgende forschungsmethodologische Konsequenzen.

Somit wird zunächst eine Dekonstruktion *reflexiver Sozialpädagogik* nach Dewe und Otto vorgenommen. Hierbei geht es insbesondere um die Aporie von Handlung und Struktur bzw. Subjekt und Objekt. Daran anschließend wird das reflexive sozialpädagogische Forschungsprogramm von Dollinger „Gegen-Gelesen", um aufbauend auf der Positionierung zum Verhältnis von Struktur und Subjekt eine postfundamentalistische Forschungsperspektive auf sozialpädagogische Handlungspraxis einzuführen. Die genannten Schritte erfolgen in dieser Reihenfolge, weil sich Dollinger mit seinem Professionsverständnis direkt an Dewe und Otto anlehnt. Daher stellt seine Forschungsperspektive der Deutungsstrukturen eine methodologisch-methodische Ausformulierung des Modells der *reflexiven Sozialpädagogik* nach Dewe und Otto dar.

3.2.1   Das starke und schwache professionelle Subjekt

Die soziologische Theorie hat sich mit dem (künstlichen) Dualismus von Struktur und Handlung so sehr beschäftigt wie mit keinem anderen Problem. Für Bourdieu (1997) ist der Gegensatz von Holismus und Individualismus – traditioneller ausgedrückt – „der grundlegendste und verderblichste" (ebd., S. 49) von allen Gegensätzen, die die Sozialwissenschaften künstlich spalten. Dabei ging es grundsätzlich immer um die sozialen Grenzen der subjektiven Handlungsfähigkeit (vgl. Galindo 2006, S. 43). So formulierte bereits Karl Marx (1982) in seinem Werk *Der achtzehnte Brumaire des Louis Bonaparte*: „Die Menschen machen ihre eigene Geschichte, aber sie machen sie nicht aus freien Stücken, nicht unter selbstgewählten, sondern unter unmittelbaren vorgefundenen, gegebenen und überlieferten Umständen" (ebd., S. 115). Für Marx war also klar, dass das subjektive Handeln von sozialgeschichtlichen Strukturen begrenzt ist.[13]

Dewe und Otto (1996) handeln ihren Reflexionsbegriff (implizit) an der Relation von Subjekt und Struktur ab und versuchen darüber die Freiheitspotenziale bzw. die Handlungsfähigkeit von professionellen Subjekten zu bestimmen. Aus einer spezifischen Positionierung innerhalb dieser Aporie leiten sich Betrachtungsweisen von Möglichkeitsbedingungen zur Reflexivität des professionellen Subjekts ab. Die leitende Fragestellung der hier angewandten Dekonstruktion am Modell *reflexiver Sozialpädagogik* nach Dewe und Otto lautet demnach: Wie stellt das Modell Reflexivität bezogen auf die Handlungsbedingungen sozialpädagogischer Praxis (implizit) dar? Konkret wird also nach den Bedingungen der Möglichkeit von Handlungspotenzialen sozialpädagogischer Fachkräfte gefragt. Aus diesen (impliziten) Entscheidungen innerhalb des Modells *reflexiver Sozialpädagogik* leiten Dewe und Otto bestimmte forschungsmethodologische Konsequenzen ab. Diese werden, insofern sie konkrete forschungsmethodologische Anweisungen zur Betrachtung sozialpädagogischer Handlungspraxis behandeln, ebenfalls dekonstruktiv erschlossen. Dabei ist zu berücksichtigen, dass die Dekonstruktion keiner linearen Struktur folgt. Es gilt also nicht, erst das Subjektverständnis, dann den Strukturbildungsprozess und zum Schluss die daraus zu folgernde Forschungsmethodologie zu dekonstruieren. Vielmehr wird angenommen, dass die genannten Dekonstruktionsobjekte in einem wechselseitigen Konstitutionsverhältnis zueinander stehen. Eine lineare, vermeintlich stringente Herangehensweise würde nur die Differenzierung, die es aufzuheben gilt, aufrechterhalten. Hier wird keine Dichotomie von Subjekt und Struktur bzw. Gesellschaft (weiter) etabliert. Das Interesse liegt auf dem jeweils besonderen Konstitutionsverhältnis. Aufgrund dessen wird die Öffnung – die eine Dekonstruktion beinhalten sollte – zur diskursforsche-

---

13   Allerdings hatte Marx noch ein teleologisches Geschichtsverständnis und damit ein deterministisches Strukturverständnis: er ging von einer Notwendigkeit in der Geschichte aus. Diese Notwendigkeit der Geschichte sah er über den Weg der Revolution in dem zu erreichenden Sozialismus bzw. Kommunismus. Aus diesem Grund war das subjektive Handeln bei Marx eine Durchführung eben dieser Notwendigkeit. Diese Notwendigkeit bei Marx bedeutet ein Determinismus subjektiver Handlungsvollzüge.

rischen Perspektive anhand der impliziten Vorstellungen *reflexiver Sozialpädagogik* vollzogen, um so eine Reformulierung der Betrachtungsweisen sozialpädagogischer Praxis vorzunehmen. Dieses Vorgehen dient dazu, das Andere und das zu Erweiternde (nicht das Neue) der hier eingenommenen Forschungsperspektive im Kontrast zu den bisherigen wissenschaftlichen Ansichten zur sozialpädagogische Handlungspraxis darzustellen.

Dewe und Otto (1996) versuchen in ihrem Modell *reflexiver Sozialpädagogik* eine Position zu dem schwierigen Verhältnis von professionellen Subjekten zu sozialen Bedingungen zu erarbeiten. Sie formulieren: „Im folgenden wird versucht, erste Grundlinien zu verdeutlichen, die notwendig sind, um sowohl objektive Bedingungen und Folgen professionellen Handelns der Sozialarbeiter […] bestimmen zu können" (ebd.,S. 34). Dabei bestimmen sie die Handlungsfähigkeit professioneller Subjekte im Horizont ihres Reflexionsbegriffs. Die Reflexion professioneller Subjekte verorten sie in der kommunikativen Auslegung der Fallrekonstruktion. Diese kommunikative Auslegung ist grundsätzlich relational.

> „Reflexivität als methodische Anwendungsdimension eines fallspezifischen Relationierens gibt […] Auskunft über den erreichten bzw. erreichbaren Grad von Professionalität, die als flüchtiger Aggregatzustand immer erneut herzustellen ist" (Dewe/ Otto 2011, S. 1151).

Dabei verweist die Relationierung „auf den generellen Handlungsbezug, der als professionelle Rationalität das wissenschaftliche Wissen, das berufspraktische Können und die alltagspraktischen Erfahrungen systematisch in Relation setzt" (ebd.). Professionalität zeichnet sich also durch eine Relationierung unterschiedlicher Wissens- und Deutungsformen aus, die an sich getrennt bleiben. Professionelles Wissen setzt sich demnach aus Deutungswissen und Handlungskompetenz zusammen. So bestimmen Dewe und Otto (ebd.) Professionalität im Sinne einer kommunikativen Auslegung, die eine Verortung der Handlungsfähigkeit professioneller Subjekte darstellt.

> „Für professionelles Handeln ist nicht wissenschaftsbasierte Kompetenz als solche konstitutiv, sondern vielmehr die jeweils situativ aufzubringende Fähigkeit und Bereitschaft, einen lebenspraktischen Problemfall kommunikativ auszulegen, indem soziale Verursachung rekonstruiert werden, um den Klienten aufgeklärte Begründungen für selbst zu verantwortende lebenspraktische Entscheidungen anzubieten und subjektive Handlungsmöglichkeiten zu steigern" (Dewe/Otto 2011, S. 1145).

Die Frage nach der Bedeutung von Reflexivität stellen Dewe und Otto (2011) im Kontext der Bewältigung professioneller Aufgaben unter den Bedingungen von Legitimationsdruck und situativem Handlungsdruck. Aus dieser Sichtweise öffnet sich für sie der Blick für das, was die pädagogische Handlungspraxis ausmacht, „die Tatsache nämlich, dass die Aushandlung von Lebenspraktischen, stets auch politischen ‚Bedeutungen' der Kern professioneller Interaktion ist" (vgl. ebd., S. 1144). Diesen Prozess der Aushandlung von lebenspraktischen Bedeutungen beziehen Dewe und Otto (ebd.) auf die unmittelbare Interaktionsebene zwischen Professionellen und Adressat_innen sowie die Interaktionsebene zwischen Fachkraft und Organisationsebene, die durch administrative, planende und durch disponierende Tätigkeiten gekennzeichnet ist (vgl. ebd.). In diesen Relationierungsdimensionen, denen die professionellen Subjekte ausgesetzt sind, sieht Dollinger (2008) „Techniken der (präventiven) Neutralisierung" (ebd. S. 208) am Werk, die den Konflikt zwischen der Anwendung bzw. Aktualisierung sozialpädagogischer Deutungsstrukturen und den Interessen der Professionellen beeinflussen.

> „[(S)ozial-)pädagogische Professionalität ist organisational rückgebunden und basiert auf vorgegebenen Wahrnehmungs- und Zielhorizonten, die berufssozialisatorisch internalisiert werden. [...] Als Arenen der Auseinandersetzung kommen vorrangig zwei miteinander verbunde Bereiche in Frage: erstens die Beziehung des Leistungen nachfragenden Einzelnen und des Professionellen sowie zweitens die Relation von Professionalität und Organisation" (vgl. ebd.).

Die möglichen Konfliktlinien in diesem Beziehungsgefüge stellen die Bedingungen von Reflexivitätsmöglichkeiten sozialpädagogischer Fachkräfte und den Wandel von sozialpädagogischen Deutungsstrukturen dar. Die Voraussetzungshaftigkeit sozialpädagogischer Handlungspraxis wird an den Beziehungsformen vom Professionellen zur Organisation und zur Adressatin bzw. zum Adressaten festgemacht. Innerhalb dieses Gefüges spielt sich die Möglichkeit zur Professionalität sozialpädagogischer Handlungspraxis ab, indem diese situativ und bezogen auf den konkreten Fall dieses Beziehungsgefüges austangiert und dadurch auf die (vermeintliche) Autonomie der Professionelle geschlossen werden kann.

> „Reflexive, wissenschaftsbasierte Professionalität findet ihren Ausdruck sowohl in analytischen als auch in prozesssteuernden Kapazitäten des Handelnden, dessen Autonomie stets situativ in der Bearbeitung des ‚Falles' konstituiert wird" (vgl. Dewe/Otto 2011, S. 1144).

Weiter führen Dewe und Otto bzgl. der Fallrekonstruktion aus:

> „Für professionelles Handeln ist nicht wissenschaftsbasierte Kompetenz als solche konstitutiv, sondern vielmehr die jeweils situativ aufzubringende Fähigkeit und Bereitschaft, einen lebenspraktischen Problemfall kommunikativ auszulegen, indem soziale Verursachungen rekonstruiert werden, um dem Klienten aufgeklärte Begründungen für selbst zu verantwortende lebenspraktische Entscheidungen anzubieten und subjektive Handlungsmöglichkeiten zu steigern" (ebd., S. 1145).

Auch wenn die Professionalität nach Dewe und Otto (ebd.) als Strukturort der Beziehung von Theorie und Praxis bzw. unterschiedlicher Urteilsformen betrachtet wird – also der Rekonstruktion professioneller Handlungslogik über Deutungs- und Handlungskompetenz des professionellen Subjekts dechiffriert wird – und sich durch das Ermitteln einer spezifischen Wissensbasis sozialpädagogischer Kompetenz die „faktischen Strukturprobleme sozialpädagogischen Handelns" (ebd., S. 1144) thematisieren lassen, wird dennoch von einer starken Reflexivität respektive einem starken professionellen Subjekt ausgegangen, da unterstellt wird, dass professionelle Subjekte die Handlungsmöglichkeiten ihrer Adressat_innen direkt erweitern bzw. steigern können. Wenn die Professionalität ihren „Ausdruck sowohl in analytischen als auch in prozesssteuernden Kapazitäten des Handelnden" (ebd.) findet, wird die sozialpädagogische Fachkraft in ihrer Subjektivität als Ursprung von Professionalität vorausgesetzt. Strukturelle Dynamiken werden als vom Subjekt zu reflektierende Bedingungen betrachtet.

In ihrer Bestimmung der kommunikativen Auslegung des Professionellen sehen sowohl Dewe und Otto (ebd.) als auch Dollinger (2008) die konkrete Möglichkeit von Reflexivität und die Wandelbarkeit von Möglichkeitsbedingungen von Adressate_innen durch sozialpädagogische Handlungspraxis. In der Interaktion von Professionellen und Adressat_innen verorten sie den Erzeugungszusammenhang des Neuen über Deutungsstrukturen und Handlungspraxis.

> „Dies umfasst die Metamorphose des Wissens in der Aushandlung; die Aushandlung selbst muss als reflexive Emergenzebene betrachtet werden, die situativ, individuell angemessene und wirksame (im pragmatischen Sinne) Deutungen und Handlungsweisen hervorbringt" (Dewe/Otto 2011, S. 1145).

Dollinger (2008) deutet die Beziehung zwischen Professionellen und Adressat_innen so, dass „die Professionellen für sich in Anspruch nehmen, im Dienste von Adressat_innen zu handeln, aber deren Problemlage und Sichtweisen nicht umfassend oder nicht in einem wünschbaren Ausmaß zur Geltung kommen lassen können" (ebd., S. 208). Zwar spricht Dollinger hier vom „Können" und verweist auf die organisationale Einbindung von Fachkräften, doch deutet er auf diese Weise auch eine starke Vorstellung von professionellen Subjekten an:

> „Es kann sogar vorkommen, dass Sozialpädagogen dem Willen von Adressaten direkt widersprechen müssen, wenn diese [...] keine Verhaltensänderung zeigen möchten. Hier dürfte es unstrittig sein, dass Professionalität sich darin zeigt, die Sinnhaftigkeit der Änderungswünsche plausibel zu machen und zu intervenieren, um die Perspektive der Professionellen durchzusetzen. [...] Sozialpädagogische Deutungsstrukturen konstituieren auf diese Weise einen ‚Fall' mit Blick auf die Bestimmung der ‚Legitimität' maßgeblicher Erfolgsorientierung der Fallbearbeitung" (ebd., S. 209)

Auch hier ist darauf hinzuweisen, dass eine Perspektivenerweiterung der analytischen Betrachtungsweise sozialpädagogischer Handlungspraxis angebracht ist. Dabei geht es zunächst nicht um die (normative) Diskussion der Zielperspektive einer Verhaltensänderung der Adressat_innen, die ebenfalls angebracht und sinnvoll wäre, sondern vielmehr um die historisch-spezifische Eingebundenheit professioneller Subjekte. Denn die „Legitimität maßgeblicher Erfolgsorientierung" (ebd.) sozialpädagogischer Praxis entsteht durch hegemoniale Regelmäßigkeitsmuster, die „Normalität" (mit)konstituieren. Auf Grundlage dieser dispositiven bzw. symbolischen Konstitutionsvoraussetzungen leitet sich dann auch die Plausibilität der vermeintlich notwendigen Interventionen zur Sinnhaftigkeit von Änderungswünschen ihrer Adressat_innen ab. Diese historisch-spezifischen Regelmäßigkeitsmuster gilt es in einzelnen situativen sozialpädagogischen Handlungsvollzügen zu berücksichtigen und in die Dechiffrierung sozialpädagogischer Praxis mit einzubeziehen.

„Als Anzeichen gelingender Professionalität gilt eine als selbstwirksam erlebte Intervention" (ebd., S. 210). Solche Selbstwirksamkeitserfahrungen professioneller Subjekte entstehen nicht autonom, sondern sind in dispositive Muster bzw. symbolische Ordnungen eingebunden. Wenn die vom professionellen Subjekt erlebte Selbstwirksamkeit als Begehren interpretiert wird, ergibt sich ein anderes Bild gelingender Professionalität. Das Begehren entsteht nämlich – in der Realitätsfassung Zizeks (2008c) – nicht autonom, sondern eingebunden in einen intersubjektiven Charakter: [D]as Begehren [ist M.H.] nicht das des Subjekts, sondern das Begehren des Anderen [...], das Begehren derer um mich herum, mit denen ich verkehre" (ebd., S. 40). Die ursprüngliche Frage des Begehrens professioneller Subjekte ist dann nicht „Was will ich?", sondern „Was wollen andere von mir?". Diese „Anderen" sind dabei nicht nur andere Subjekte, wie z.B. Kolleg_innen, Vorgesetzte, Adressat_innen, sondern auch organisationale Konzeptionen, gesetzliche Vorgaben oder auch sozialpolitisch (hegemoniale) Programmatiken – eben der große Andere.

In Bezug auf das Beziehungsgefüges zwischen professionellem Subjekt und Organisation hält Dollinger (2008) fest, dass sozialpädagogische Handlungspraxis stets in einem organisierten Rahmen realisiert wird und sich mit vorstrukturierten Entscheidungsräumen auseinandersetzt. Daher plädiert Dollinger auch nicht für eine Polarisierung von Profession und Organisation, sondern für eine „wechselseitige Konstitution und Verflechtung" (vgl., S. 216). Dollinger bezieht die Organisationseben vor allem deswegen in seine Analyse von Professionalität mit ein, um klarzustellen, wie wichtig eigene Ermessens- und Entscheidungsspielräume für die professionellen Subjekte sind. Nur so können sie ihrer Handlungspraxis individuelle Fallrekonstruktionen leisten (vgl. ebd., S 215).

Vor dem Hintergrund von „Neutralisierungsoptionen" (ebd. S. 212) zeigt sich Professionalität bei Dollinger

„in der Aktualisierung sozialpädagogischer Deutungen von Fällen, und hierbei besteht Abhängigkeit von Handlungsbedingungen, die Organisationen gewähren und die offenkundig [...] nicht per se sozialpädagogisch qualifiziert sein müssen" (ebd.,S. 216).

Weiter schreibt er:

Sozialpädagogische Professionalität ist [...] in besonderer Weise durch die Anforderung ausgezeichnet, berufssozialisatorisch und disziplinär verankerte Deutungsstrukturen in die Fallarbeit einzubringen und sie mit Organisationswissen und – strukturen zu assoziieren" (ebd., S. 217).

Widersprüche, Affirmationen oder Transformationen zum historisch-spezifischen Regelmäßigkeitsmuster sind in so einer Konstruktion *reflexiver Sozialpädagogik* nicht analysierbar, da sie als Handlungsbedingungen sozialpädagogischer Handlungspraxis nicht berücksichtigt werden. Die Analyse bleibt im Beziehungsgefüge von Professionellen zur Organisation und zur Adressatinnen bzw. zum Adressaten stehen. Sie beleuchtet somit die grundsätzlichen Reflexivitätsmöglichkeiten professioneller Subjekte aus einer Perspektive, die historisch-spezifische Regelmäßigkeitsmuster und deren Wirkung auf die Reflexion professioneller Subjekte nur in Ansätzen einbezieht. Oder anders ausgedrückt: Die *reflexive Sozialpädagogik* berücksichtigt in ihrer Perspektive auf die sozialpädagogische Praxis nicht die Formierungsweisen professioneller Subjekte durch historisch-spezifische Regelmäßigkeitsmuster in Form symbolischer Ordnungen. Sie verweist darauf, dass die

Praxis unter Handlungsdruck steht und im Unterschied zum wissenschaftlichen Wissen nur im geringen Maße auf Anforderungen methodisch basierter Erkenntnisgewinnung verwiesen ist. An diese Trennung bzw. Relationierungsform von wissenschaftlichem Wissen und praktischem Können schließt Dollinger (2008) an.

> „Professionalität zeichnet sich [...] durch eine Relationierung unterschiedlicher Wissens- und Deutungsformen aus, die an sich getrennt bleiben. Wissenschaftliches Wissen besitzt andere Qualität als praktisches; beide können nicht zur Deckung gebracht werden, sind aber je nach bearbeitetem ‚Fall' aufeinander zu beziehen, so dass die Entwicklung einer durch wissenschaftliches Wissen gestützten praktischen Routine ermöglicht wird" (ebd.,S. 200).

Grundlegend für diesen Prozess sind nach Dollinger (ebd.) die angewandten Deutungsmuster sozialpädagogischer Fachkräfte. Die „kommunikative Auslegung" von der Dewe und Otto sprechen ist nach Dollinger mit den Deutungsstrukturen sozialpädagogischen Wissens in Verbindung zu bringen:

> „Professionalität ist als Fähigkeit zu verstehen, eine spezifische Relation von Deutungen herzustellen und einen ‚Problemfall' entsprechend zu ‚verstehen'. ‚Soziale Verursachungen' verweisen auf soziale Orte als Erklärungsvariablen, um eine Problemgenese in sozialpädagogischer Hinsicht rekonstruierbar zu gestalten. Der Fokus ist auf Sozialität gerichtet [...]" (ebd.).

Durch diese soziale Problemreferenz werden nach Dollinger (ebd.) Interventionen an den individuellen Lebensbezügen der Adressat_innen und deren subjektiven Sinnstrukturierungen ausgerichtet. Daher sieht er die Zielperspektive – ähnlich wie Dewe und Otto (1996) – in der Befähigung von Adressat_innen, in ihren konkreten Lebenskontexten eigenständig handlungskompetent zu sein (ebd., S. 201).

Auch wenn Dollinger (ebd.) sowie Dewe und Otto (1996) hier den Fokus auf die „Sozialität" (Dollinger 2008, S. 201) vom Fallverstehen legen und sich damit von einer Bedeutungskonstituierung durch rein subjektive Motive abheben wollen, folgen sie in ihren Deutungsmustern implizit dennoch dem subjektiven Verständnis, vor allem im Bezug auf die Handlungspraxis professioneller Subjekte. Das heißt: Die Bezugnahme auf die „kommunikative Auslegung" (Dewe/Otto 2011) oder die „Deutungsmuster" (Dollinger 2008), die als konstitutiv für die sozialpädagogische Handlungspraxis angesehen werden, entwickeln sich aus einer innersubjektiven Verstehensleistung professioneller Subjekte, da dieses ihre „Autonomie stets situativ" (Dewe/Otto 2011, S. 1144) realisieren.

Auch wenn die Modelle *reflexiver Sozialpädagogik* sich an strukturalistische Annahmen von Oevermann (1983, 2001a, 2001b) anlehnen, bauen sie mit seinem (neo)strukturalistischen Theorieentwurf den zentralen Gedanken interpretativer Theorien, nämlich dass Handeln nur auf Grundlage von subjektiven Verstehensprozessen möglich ist, wieder ein. In diesem Verständnis *reflexiver Sozialpädagogik* sind die professionellen Subjekte starke Subjekte, die ihre Handlungspraxis maßgeblich selbst gestalten.

Oevermann (1983) lehnt sich an den Strukturalismus Lévi-Stauss' (1976) an und versteht seine Arbeit als „strukturalistische Soziologie" (Oevermann 1983, S. 271). Auf dieser Linie setzt er objektiv, übersubjektiv vorhandene Sinnstrukturen von den handlungstheoretischen Modellen des subjektiven Sinns ab. Die subjektivistisch-sozialphänomenologischen Theorien gehen von subjektiven Motiven oder subjektiven Interpretationen und Situationsdefinitionen aus. Auch wenn sich Oevermann (ebd.) von diesen phänomenologischen Ansätzen abheben möchte, integriert er mit seinem Konzept der Deutungsmuster Vorstellungen von eben diesen Ansätzen (vgl. Reckwitz 2000, S. 254ff.). Zur Umschreibung der historisch-spezifischen Regeln, die Bedeutungskonstitution ermöglichen, führt Oevermann (2001a) den Begriff der „sozialen Deutungsmuster"(ebd., S. 4) ein. Diese erscheinen als kollektiv-spezifische Sinnmuster, die in der jeweiligen Handlungssituation (z.B. der sozialpädagogischen Praxis) eigene, handlungsleitend erzeugende Interpretationen der Subjekte hervorrufen. Als „ensemble von sozial kommunizierbaren Interpretationen der physikalischen und sozialen Umwelt" (ebd., S. 12) bieten diese sozialen Deutungsmuster einen grundsätzlichen Rahmen, der den Möglichkeitsraum für handlungsleitende Interpretationen innerhalb der Handlungspraxis schafft.

„Für die soziologische Analyse ist entscheidend, über die ‚common-sense' Abbildung dieser Interpretationsmuster hinauszugelangen und die ‚innere Logik', d.h. die konkrete Einstellungen und Erwartungen erzeugenden, die historische Identität von gleichsam epochalen Deutungsmustern ausmachenden Interpretationen zu rekonstruieren" (Oevermann 2001a, S. 9).

Die Deutungsmuster werden für Oevermann (ebd.) als Grundlage verstanden, auf der die Subjekte in einzelnen Handlungssituationen spezifische Deutungen vollziehen und damit ihre Handlungsweisen regulieren. Mit seinem Konzept des Deutungsmusters vollzieht Oevermann (ebd.) nach Reckwitz (2000, S. 255) eine verdeckte Umwandlung der strukturalistischen Theorie. Die Gegenüberstellung von Objektivität und Subjektivität, welche Lèvi-Strauss (1976) noch vollzogen hat, wird unterlaufen: Für den klassischen Strukturalismus waren die subjektiven Ver-

stehensprozesse letztlich nur Randerscheinungen und in keiner Weise handlungs-
notwendig. Als Komplex subjektiver Beschreibungen existierten sie unabhängig
von den eigentlichen Handlungsbedingungen, den unbewussten symbolischen
Ordnungen. Sie zeigten ihre Wirkung auf den klassischen Strukturalismus vielmehr jenseits dieser subjektiven Perspektive intentionaler Handlungsvollzüge. Das
Konzept der Deutungsmuster ist nun anders aufgebaut: Die Deutungsmuster haben
in der Art und Weise, wie Oevermann (2001a, 2001b) diese versteht, eine andere Struktur als die des „unbewußten Codes" (Reckwitz 2000, S. 255). Zwischen
den über den Subjekten stehen Sinnmustern und den subjektiven Zuschreibungen
von Sinn, den jeweiligen Interpretationen, besteht kein Verhältnis der Autonomie,
sondern ein Verhältnis von Möglichkeitsbedingung und Folgen (vgl. ebd., S. 256):
Die Deutungsmuster bilden den Bedingungsrahmen dafür, welche Deutungen den
Subjekten für die Interpretation ihrer Handlungspraxis möglich sind. Dies bedeutet gleichzeitig aber auch, dass Deutungsmuster Handlungspraxis nicht unmittelbar hervorbringen können. Sie können nur praxisrelevant werden, wenn sie den
Rahmen für die subjektiven Interpretationen bieten, mit denen sich die Subjekte ihre Realität jeweils sinnhaft machen. Damit hält Oevermann (2001a, 2001b)
in seinem Theorieentwurf letztlich den leitenden Gedanken der interpretativen
Theorie, nämlich dass Handlungspraxis nur auf der Basis von Verstehensprozessen der Subjekte existieren kann, aufrecht. Oevermann etabliert damit auch einen
linearen Zeitverlauf von sozialen Deutungsmustern und subjektiven Interpretationen. Für ihn sind die Ursachen immer die sozialen Deutungsmuster, die sich in gewissen Wirkungen in den subjektiven Deutungsmustern äußern. Die entscheidende Frage an dieses Konzept wäre, wie Veränderung möglich ist, wenn von einem
kausalen Ursache-Wirkungs-Prinzip ausgegangen wird? Wie weiter oben bereits
dargelegt, legen die Autoren der *reflexiven Sozialpädagogik* die Möglichkeit zur
Wandelbarkeit von Deutungsstrukturen „in die Hände" der professionellen Subjekte in ihrer konkreten Handlungspraxis.

„[D]ie Aushandlung selbst muss als reflexive Emergenzebene betrachtet werden"
(vgl. Dewe/Otto 2011, S. 1144). Damit unterstellen die Autoren, dass die professionellen Subjekte eine Veränderung lediglich innerhalb des sozialen Deutungsrahmens
vollziehen, denn die kommunikative Auslegung des Problemfalls (vgl. ebd, S. 1145)
selbst findet eben auf Basis dieser hegemonialen Deutungsmuster statt. Damit ist die
Frage nach Veränderung für Adressat_innen Sozialer Arbeit durch die professionellen Subjekte in ihrer sozialpädagogischen Praxis nicht hinreichend geklärt. Es wären
ausschließlich Möglichkeiten innerhalb bestehender Deutungsmuster eröffnet, wo-
mit faktisch ausschließlich affirmative Tendenzen innerhalb der sozialpädagogischen
Praxis gegeben wären. Die einzige Frage, die sich hier stellen würde, ist zu welchen
möglichen Interpretationen professionelle Subjekte wie, wann und wie häufig greifen.

Die vorausgesetzte situative Autonomie professioneller Subjekte (vgl. Dewe/ Otto 2011, S. 1144), die in Oevermanns (2001a, 2001b) Verständnis von Deutungsmustern nur innerhalb des Rahmens übersubjektiver Sinnmuster realisiert werden kann, sieht die professionellen Subjekte implizit außerhalb jeder sozial-symbolischen Eingebundenheit und unterstellt gleichzeitig ein freiheitliches Potenzial für die professionelle Subjekte, das sich unabhängig von Prozessen symbolischer Formierungen entwickelt. Ist es aber nicht eher so, dass professionelle Subjekte sich in ihrer alltäglichen beruflichen Handlungspraxis an Bewährtem und an Regelmäßigkeitsmustern im Sozialen orientieren, beides in ihren Reflexionen aufgreifen und so nach ihren Gebrauchsmöglichkeiten transformieren? Eine situative Autonomie als Voraussetzung von Reflexivität ist nicht im Stande, sozial stabilisierende Verhältnisse und deren (re)produzierende und transformierende Gebrauchsweisen durch professionelle Subjekte einzubeziehen, da sie ihre Betrachtungsweise auf die sozialpädagogische Praxis ausgehend von einem starken intentionalen Subjekt vollzieht. Die von professionellen Subjekten ausgeübte sozialpädagogische Praxis ist vielmehr selbst Resultat symbolischer Ordnungsprozesse und damit zugleich in das Spiel von Iterabilität[14] verstrickt. Somit kann die von Dewe und Otto (2011)

---

14 Derrida denkt die Iterabilität von der Schrift aus und leitet so ein Neudenken von Kommunikation ein. Dabei löst er sich von dem traditionellen Schriftbegriff, nach dem die Entwicklung der Kommunikation linear von der Geste über das Sprechen bis zu Schrift verläuft. Hier bleibt der kommunizierte Inhalt jeweils derselbe (vgl. Bischof 2004, S. 125). Die Kommunikation wird als Repräsentation eines Inhalts gedacht; und die Schrift als eine Art dieser allgemeinen Kommunikation. Demnach hat die Schrift bloß eine relative Spezifität innerhalb der Kommunikation. Das wesentliche Kennzeichnen dieser Spezifität ist hier die Abwesenheit. Dieses traditionelle Kommunikationsverständnis dekonstruiert Derrida, indem er die für die Schrift konstatierte spezifische Abwesenheit charakterisiert und die Prädikate dieser Abwesenheit auf alle Zeichenhandlungen ausweitet. Derrida konzipiert die Iterabilität anhand dieser konventionellen graduellen Abwesenheit zu einer absoluten Abwesenheit. Diese absolute Abwesenheit der Schrift ist seiner Ansicht nach unbedingt notwendig, damit sich die Struktur der Schrift überhaupt konstituiert.
Wie Bischof (2004) zum Konzept der Iterabilität nach Derrida ausführt, besteht Derrida darauf, dass nicht nur die zeitlich verzögerte Abwesenheit des Senders zu betrachten ist, sondern ebenso seine Abwesenheit während der Kommunikation. Die Abwesenheit ist in der Schrift nicht eine nachträgliche, sondern eine „Nicht Anwesenheit im allgemeinen" (ebd., S. 128). Schreiben ist somit für Derrida eine Produktion von Bedeutung, die auch ohne die Anwesenheit des Senders weiter funktioniert.
„Damit ein Geschriebenes eine Geschriebenes sei, muss es weiterhin ‚wirken' und lesbar sein, selbst wenn der so genannte Autor des Geschriebenen nicht länger einsteht für das, was er geschrieben hat, was er gezeichnet zu haben scheint, sei es, dass er vorläufig abwesend ist, dass er tot ist, oder, allgemein dass er, was scheinbar ‚in seinem Namen' geschrieben wurde, nicht mit seiner ganzen augenblicklichen und gegenwär-

normativ unterstellte Zielperspektive einer Steigerung subjektiver Handlungsmöglichkeiten für Adressaten_innen Sozialer Arbeit auch in ihr Gegenteil schwenken. Sozialpädagogische Handlungspraxis kann durch ihren iterativen Charakter auch potenzielle Handlungsmöglichkeiten ihrer Adressat_innen ausschließen bzw. minimieren, indem sie z.B. historisch-spezifische Problemdefinitionen affirmativ potenzieren.

Wie bei Dollinger (2008) gehen auch Dewe und Otto (2011) von einer starken Autonomiemöglichkeit professioneller Subjekte aus, wenn sie schreiben, dass reflexive, „wissenschaftsbasierte Professionalität [...] ihren Ausdruck sowohl analytisch als auch in prozesssteuernden Kapazitäten des Handelnden [findet M.H.), dessen Autonomie stets situativ in der Bearbeitung des ‚Falles' konstituiert bzw. realisiert wird" (ebd., S. 1144). Zwar ist die Form der Autonomie flexibel konzipiert, indem sie situativ spezifisch und anders gelagert sein kann, dennoch wird hier die sozialpädagogische Professionalität zentral von den Autonomiemöglichkeiten der sozialpädagogisch Handelnden aus konzipiert. Es wird also von einem starken professionellen Subjekt ausgegangen, was zugleich Handlungsfähigkeit als Attribut einer Person konzipiert. Die subjektive Handlungsfähigkeit geht demnach der Macht und Sprache, und damit den historisch-spezifischen Regelmäßigkeitsmustern, voraus und wird aus der inneren Struktur des Subjekts abgeleitet. Damit wird das Faktum der Eingebundenheit professioneller Subjekte in Machtverhältnisse und damit in spezifisch-historische Regelmäßigkeitsmuster tendenziell (analytisch) vernachlässigt. Wenn sich die subjektive Handlungsfähigkeit aus ihrer Intentionalität heraus entwickelt, wird von einem a priori feststehenden Ich ausgegangen. Nur so kann eine Zielformulierung sozialpädagogischer Handlungspraxis als Erweiterung von Handlungsoptionen und als Steigerung von Autonomie ihrer Adressat_innen ausgesprochen werden, ohne zunächst die Bedingungen der Möglichkeiten für das Erreichen dieser Zielvorstellungen zu problematisieren.

> „Professionalität materialisiert sich gewissermaßen in einer spezifischen Qualität sozialpädagogischer Handlungspraxis, die eine Erhöhung von Handlungsoptionen, Chancenvervielfältigung und die Steigerung von Partizipations- und Zugangsmöglichkeiten auf Seiten der KlientInnen zur Folge hat" (Dewe/Otto 2002, S. 187).

---

tigen Intention oder Aufmerksamkeit, mit der Fülle seines Meines unterstützt" (Derrida, zit. nach Bischof 2004, S. 129).
Durch dieses iterative Strukturverständnis der Schrift vollzieht Derrida eine Verschiebung von der Intention zur Iterablität. Damit möchte er die Intention nicht überwinden. Vielmehr möchte er sie auf eine andere Grundlage stellen und ihre metaphysische Überbelastung dekonstruieren. Dies macht über eine Anlehnung an die Sprechakttheorie (insbesondere jene Searls und Austins) deutlich.

Hier bringen Dewe und Otto die zugeschriebene starke Handlungsfähigkeit professioneller Subjekte auf den Punkt. Die Qualität sozialpädagogischer Handlungspraxis wird an der Erhöhung von Handlungsoptionen, Chancenverfielfältigung und der Steigerung von Partizipations- und Zugangsmöglichkeiten für Adressat_innen gemessen. Mal abgesehen von der zu diskutierenden Möglichkeit der Einflussnahme auf strukturelle Gegebenheiten durch professionelle Subjekte, stellt sich die Frage, warum durch ein (unterstelltes) Geltungspotenzial sozialpädagogischer Handlungspraxis Handlungsoptionen für Adressat_innen ausschließlich erhöht und Chancenvervielfältigung gesteigert werden können. Ist es nicht auch vielmehr möglich, dass professionelle Subjekte durch ihre sozialpädagogische Handlungspraxis Optionen für ihre Adressat_innen ausschließen, reduzieren oder transformieren? Die Qualitätsanforderung sozialpädagogischer Praxis setzt eine direkte Einflussnahme struktureller Gegebenheiten auf professionelle Subjekten voraus. Die Möglichkeitsentfaltung professioneller Subjekte tangiert die Frage nach subjektiven Freiheitspotenzialen in ihrer Sozialität.

Die Sozialität subjektiver Handlungsmöglichkeiten wird innerhalb der Konzeption *reflexiver Sozialpädagogik* zwar erkannt und auch thematisiert, im Umkehrschluss wird eben dadurch aber ein Handlungsmodell eingeführt, das als kausalistisch von generativen, also erzeugenden, Mechanismen gesteuert angesehen wird:

> „[S]oziale Deutungsmuster [enthalten M.H.] einen Kanon von quasi-generativen (im Sinne von erzeugenden] Regeln […], die im Kontext dieses Deutungsmusters eine Fülle von bestimmten typischen Problemlösungsmodellen, Vorgehensweisen, Einstellungen, Orientierungen und Interpretationen erzeugen, die auf diese Weise den Modus determinieren, durch den bestimmte objektive Sachverhalte überhaupt in das Blick- und Handlungsfeld geraten. In diesem Sinne haben soziale Deutungsmuster etwas Objektives: als relativ verselbständige, objektive Argumentationsstrukturen bestimmen sie hinter dem Rücken der subjektiven Intentionalität der einzelnen Personen das Handeln im Sinne eines ‚Habitus'" (ebd., S. 41).

Von dieser theoretischen Perspektive auf professionelles Handeln leitet sich die Aufgabe einer Sozialpädagogischen Wissenschaft ab. Wenn die sozialen Deutungsmuster Einstellungen, Problemlösungsmodelle und Vorgehensweisen als objektive Argumentationsstrukturen erzeugen und auf diese Weise determinieren – und „hinter dem Rücken" (ebd.) der subjektiven Intentionalität, die Problematisierungen überhaupt erst in das Blick- und Handlungsfeld geraten –, dann kann die Aufgabe einer Analyse sozialpädagogischer Handlungspraxis nur darin bestehen „objektive Bedingungen und Folgen professionellen Handelns der Sozialarbeiter" (ebd., S. 37) zu analysieren. Und wenn weiterhin hinter dem Rücken der professionellen Subjekte soziale Deutungsmuster das Handeln „bestimmen", wird eine

Hierarchisierung zwischen wissenschaftlicher Reflexivität und den (prä)reflexiven Leistungen professioneller Subjekte eingeführt. Die Aufgabe der Wissenschaft besteht demnach darin, die generativen Mechanismen, die sich hinter dem Rücken der professionellen Subjekte abspielen, ausfindig zu machen und zu benennen. Damit wird ein pädagogisches Grundproblem, nämlich das Verhältnis von Theorie und Praxis, angesprochen.

3.2.2　Das Theorie-Praxis-Dilemma oder: Theorie als Praxis

Eine – auch implizite – Positionierung innerhalb dieses Konstitutionsverhältnisses hat weitreichende Folgen, denn daraus leitet sich nicht nur die Ausbildung innerhalb universitärer Rahmungen (vgl. Lüders 1989) oder die wissenschaftliche Haltung sozialpädagogischer Forschung ab, eine Positionierung geht auch von (impliziten) Subjekt- und Handlungsmodellen aus. Dewe und Otto (1996) entwickeln in ihrer Positionsentwicklung zur sozialpädagogischen Handlungspraxis ihre Aufgabenbestimmung für eine Wissenschaft Sozialer Arbeit. Sie lehnen ein technologisches Verständnis sozialer Handlung, das „rezeptologisch orientierte Handlungskonzepte" (ebd., S. 35) anbietet und das Professionswissen als unmittelbar vom Wissenschaftswissen abgeleitetes Wissen bestimmt, ab. Vielmehr wollen sie eine Wissenschaft Sozialer Arbeit aus ihrer reflexionstheoretischen Position in eine rekonstruktive Richtung leiten:

> „Da sich die wissenschaftliche Sozialarbeit sowohl als kritische Instanz gegenüber den gesellschaftlichen Fürsorge- und Erziehungseinrichtungen als auch Theorie ihrer eigenen spezifischen Praxisinstitutionen und –organisationen verstehen sollte […], liegt bei der grundsätzlichen befürwortenden Partizipation an den Ansätzen und Aussagen aktueller sozialwissenschaftlicher Forschung […] eine wohl sinnvollere Alternative darin, die der wissenschaftlichen Sozialarbeit immer schon vorgängigen konkret vorfindbaren Formen der Intervention, wie sie in der Praxis beobachtbar sind, eben im Lichte sozialwissenschaftlicher Kategorien zu rekonstruieren und auf ihre Voraussetzungen und Folgen hin zu untersuchen" (ebd., S. 36).

Auf diese Art und Weise reformulieren Dewe und Otto die soziologische Ur-Debatte von Handlung und Struktur bezogen auf die sozialpädagogische Handlungspraxis und leiten daraus die Aufgabe einer Wissenschaft Sozialer Arbeit ab.

Während Dewe und Otto die Reflexivität bezogen auf professionelle Subjekte darstellen, formuliert Dollinger (2008) – ganz im Sinne seiner Zielperspektive, eine reflexives Forschungsprogramm zu etablieren, – die Reflexivität forschender Subjekte: „Reflexivität […] postuliert eine disziplinär rückgebundene" (ebd.,

S. 27). Hier ist nach dem Reflexivitätsbild von Dollinger (ebd.) während seiner Analyse der Normalitätspostulate und Adressat_innenbilder zu suchen. Ausgehend von seinem *Sinn*-Verständnis zielt die reflexive Analyse darauf „theoretisch vorliegende Verstehensaufforderungen zu objektivieren und sie als systematische Strukturen sozialpädagogischen Wissens sichtbar zu machen" (ebd., S. 28). Dieser empirischen Anforderung will Dollinger (ebd.) mit einer Triangulation der Diskursperspektive und des Deutungsmusteransatzes gerecht werden.

Die Anlehnung an die Handlungs- und Deutungswissenskonzepte von Schütz (2004) innerhalb des Modells *reflexiver Sozialpädagogik* spiegelt das Subjekt- und Handlungsverständnis professioneller Subjekte wieder. Es wird von einer Komplementarität dieser Wissensformen ausgegangen: „Deutungswissen ist das organisierende, lenkende Prinzip, aus dem heraus je konkretes Problemlösungs- oder Handlungswissen nachgefragt, gegebenenfalls entwickelt und eingesetzt wird oder zumindest eingesetzt werden könnte" (Haller/Wendt 2005, S. 142.) Wobei es Alfred Schütz bei seiner Handlungstheorie zentral geht, formuliert Dewe (2004) auf den Punkt:

> „Der Leitgedanke der Schützschen Handlungstheorie, dass Handeln, Verstehen, Beobachten und Beurteilen nur im Regress auf den einzelnen Handelnden, auf das ‚Ego', das Erleben des ‚einsamen Ich' erfassbar wird, radikalisiert das Webersche Grundprinzip, soziales Handelns auf das Handeln einzelner Beteiligter zurückzuführen, und sucht die originäre Konstitution des Sinns im ‚einsamen Ich' zurückzuverfolgen" (Dewe 2004, S. 237).

Durch die vom Modell *reflexiver Sozialpädagogik* zugewiesene Aufgabe sozialpädagogischer Forschung „objektive" Bedingungen sozialpädagogischer Handlungspraxis auszumachen, wird die sozialpädagogische Handlungspraxis als durch professionelle Subjekte nur verdeckte soziale Realität angenommen. Dabei wird von einer Tiefendimension ausgegangen, die hinter der Oberfläche sozialpädagogischer Praxis erscheint und erst „von einem epistemisch privilegierten wissenschaftlichen Beobachterstandpunkt aus freigelegt werden muss, da sie den Akteuren selbst aus strukturellen Gründen notwendig verborgen bleibt" (Celikates 2009, S. 134). Die Annahme einer solchen Tiefendimension und die damit verbunden Annahme wirkender generativer Mechanismen, „hinter dem Rücken" professioneller Subjekte, erscheint als Maßnahme zur Absicherung der wissenschaftlichen Beobachterposition. Soziale Strukturen, Mechanismen, Kontexte etc. – also das, was sich in den Sozialwissenschaften als Basis der Selbstverständnis der Subjekte darstellt –werden somit als objektive vorgelagerte Bedingungen der Praxis verstanden (vgl. ebd.).

Hier wird der Dualismus der Episteme als universal gültiges, wissenschaftliches und vernünftiges Wissen, das keinem historischen Wandel unterliegt, und der Doxa als Alltags- und Lebenswelt eingeführt. Auch wenn anzunehmen ist, dass Dewe und Otto sowie Dollinger in ihren Arbeiten zur *reflexiven Sozialpädagogik* nicht von einem wissenschaftlichen Wissen ausgehen, das allgemeingültig und ahistorisch ist, so kann ihnen doch unterstellt werden, dass sie von einem epistemologischen Bruch ausgehen. Diesen Bruch mit dem Alltagsdenken und der Alltagssprache fordert auch Bourdieu (2006). Bourdieu sieht als wissenschaftstheoretische Voraussetzung soziologischer Forschung den Bruch mit der Spontansoziologie (also der Doxa), weil die Alltagssprache bereits eine bestimmte Sichtweise der Realität liefere, die dann als natürliche und unhinterfragbare Realität angenommen werde. Es ist ein Bruch mit den Evidenzen des Alltags sowie dessen Begrifflichkeiten und Kategorien. Die Techniken des Bruchs, auch Objektivierungstechniken genannt, entfalten ihre Wirkungen, wenn sie mit einer Theorie der Erkenntnis des Sozialen einhergehen.

Dieser ausschließlich negativen Bestimmung des Doxischen stellt Foucault den Begriff der Positivität entgegen: „Foucault verwendet den Begriff der Positivität, um den Status und die Wirksamkeit der diskursiven Formation zu kennzeichnen, die bestimmte Disziplinen oder Wissenschaften nicht verhindern, sondern ermöglichen" (Balke 2008, S. 247). Das wissenschaftlich produzierte Wissen ist nicht nur performativ und konstituiert damit Realität, es ist auch auf das doxische Wissen angewiesen. Auch das wissenschaftliche Wissen ist also auf die Unterstützung einer es umgreifenden diskursiven Praxis angewiesen, die über seine Bedeutsamkeit entscheidet. Die diskursive Praxis manifestiert sich auch im Doxischen (juridische Texte, politische Entscheidungen, tägliche Redensarten), also in jenem komplexen und unübersichtlichen Feld, welches die Epistemologie verdächtigt, die Emergenz des wissenschaftlichen Wissens zu behindern. Die Diskursperspektive fragt im Unterschied zur Epistemologie danach, was gesagt werden musste oder muss, damit es einen Diskurs in Form von historisch-spezifischen Regelmäßigkeitsmustern geben kann (vgl. ebd.).

> „Der Bruch der Evidenzen, denjenigen Evidenzen, auf denen unser Wissen basiert, unser Konsens, unsere Praktiken. Dies ist die erste theoretisch-politische Aufgabe, die ich als Zum-Ereignis-Machen bezeichne. Das Zum-Ereignis-Machen besteht [...] darin, die Zusammenhänge, die Zusammentreffen, Unterstützungen, Blockaden, Kraftspiele, Strategien usw. wiederzufinden, die zu einem bestimmten Zeitpunkt dasjenige formierten, das anschließend als Evidenz, Universalität oder Notwendigkeit fungieren sollte" (Foucault 2009; S. 252).

Bei der Entstehung der Evidenzen geht Foucault davon aus, dass das wissenschaftlich produzierte Wissen ein Teil der Evidenzen ist und nicht außerhalb von ihnen existiert. Demnach ist es nicht möglich, das eigentlich Reale zu erfassen, da das wissenschaftliche Arbeiten zum einen ein Teil des Realen ist und zum anderen selbst Realität hervorbringt.

So verstanden stellt die Wissenschaft selbst eine Form der Praxis dar. Wenn Theorie z.B. von professionellen Subjekten rezipiert wird, wie es die *reflexive Sozialpädagogik* annimmt, stellt sie eine Form der Praxis da. Theorien ändern dann die Art und Weise, wie das Handeln mit Bedeutung versehen wird. Das bedeutet, eine Theorie muss nicht in Praxis transformiert werden, sie muss lediglich wirklich angenommen werden und ist damit bereits Praxis. Aufgabe der Theorie ist es in – in Anlehnung an Adorno (1996. 759ff.) – den Blick des (professionellen) Subjekts auf sich und die Realität zu verschieben und damit das Subjekt selbst und letztendlich die Realität zu verändern. „Herzustellen wäre ein Bewußtsein von Theorie und Praxis, das beide weder so trennt, daß Theorie ohnmächtig würde und Praxis willkürlich. […] Denken ist ein Tun, Theorie eine Gestalt von Praxis" (ebd., S. 761). Adorno (ebd.) bestimmt das Verhältnis von Theorie und Praxis als Diskontinuität. Theorie ist für ihn ein Teil der historisch-spezifischen Regelmäßigkeitsmuster und gleichzeitig autonom; autonom in dem Sinne, dass Theorie(bildung) unterschiedliche Herstellungsgesetze gegenüber der Praxis behauptet.

> „Sind Theorie und Praxis weder unmittelbar eins noch absolut verschieden, so ist ihr Verhältnis eines von Diskontinuität. Kein stetiger Weg führt von der Praxis zur Theorie […]. Theorie aber gehört dem Zusammenhang der Gesellschaft an und ist autonom zugleich. Trotzdem verläuft Praxis nicht unabhängig von Theorie, diese nicht unabhängig von jener" (ebd., S. 780).

Damit löst sich die Perspektivierung des Theorie-Praxis-Verhältnisses von der Ethnomethodologischen, die die situative Handlungspraxis in den Blick nimmt und die Reflexivität professioneller Subjekte in ihre Praxis nicht einbezieht. Zizek (2008) hält fest, dass der reflexive Moment die Erklärung ist und nicht die Handlung. Reflexion bedeutet also, „daß jede Äußerung nicht nur irgendeinen Inhalt mitteilt, sondern gleichzeitig auch *die Art, in der sich ein Subjekt auf diesen Inhalt bezieht*" (Zizek 2008b, S. 27f., hervorheb. im Org.). Professionelle Subjekte stellen so ein Element der „doppelten Reflexivität" (vgl. Celikates 2009, S. 134) dar, die die sozialpädagogische Handlungspraxis kennzeichnet und in der (sozialpädagogischen) Theoriebildung zum Ausdruck kommt.

Hier wird nicht davon ausgegangen, dass die Beforschten sozialpädagogischen Fachkräfte „weniger rational, weniger objektiv, weniger reflexiv, weniger wis-

senschaftlich oder weniger akademisch" (Latour 2010, S 168) sind als die For-
scher_innen. sondern es wird stattdessen angenommen, dass sie selbst am besten
wissen, was sie tun. Was sie aber nicht wissen, ist, was ihre sozialpädagogische
Handlungspraxis auslöst. „Handeln ist nicht transparent, es steht nicht unter der
vollen Kontrolle des Bewußtseins. [...] Handeln ist ein [...] Konglomerat aus vielen überraschenden Handlungsquellen" (ebd., S. 77). Dies bedeutet nicht nur, dass
die Fachkräfte die Resultate bzw. Effekte ihrer Praxis nicht überblicken können,
sondern auch, dass die Möglichkeitsbedingungen ihrer Praxis ihnen nicht bewusst
sind (vgl. Kappeler 2008, S. 259). Die (Selbst-)Reflexivität sozialpädagogischer
Fachkräfte ist an historisch-spezifische Regelmäßigkeitsmuster der Problematisierungen gebunden, die sich als Macht-Wissen-Komplexe dechiffrieren lassen.
Aus einer machtsensibilisierten Forschungsperspektive sind daher nicht nur die
geäußerten Deutungen, Wahrnehmungen und Problematisierungen zu betrachten,
sondern auch die historisch-spezifischen Regelmäßigkeitsmuster der Problematisierungsweisen in die Analyse einzubeziehen.

Nicht nur die Adressat_innen sind hier als „schwache Subjekte" (Kessl/Klein
2010, S. 77) – also Subjekte, die nur über ein begrenztes Potential an Handlungsmacht verfügen – zu konzipieren. „Schwach" sind auch die professionellen Subjekte, da sie „keine ‚eigentliche' Erfahrung und Selbstdefinition außerhalb der
auferlegten Deutungshorizonte" (Bitzan/Bolay 2013, S. 43) haben (können). Aus
dieser Perspektive ergibt sich auch das Kritikverständnis des Forschungsprozesses. Im Zentrum steht die Frage, wie normativ die Analyse gegen die Beforschten
sein darf (vgl. Flick 2013, S. 89). Während das Vorgehen Bourdieus, das einen
Bruch von Episteme und Doxa fordert, zu extern ist und das der Enthnomethodo-
logie zu intern, erscheint die Perspektive von Celikates (2009) als Kompromiss.
Er schreibt:

> „Das Dritte Modell schließlich [...] gesteht zum einen zu, dass die Akteure selbst
> über Fähigkeiten der Artikulation und Reflexion ihres Selbst- und Weltverhältnisses
> verfügen, und die Theorie an die alltäglichen Praktiken [...] anknüpfen muss, anstatt
> vom historisch so seltenen wie empirisch unwahrscheinlichen Extremfall totaler
> ideologischer Verblendung auszugehen; zum anderen aber weist es einer kritischen
> Gesellschaftstheorie auch die Aufgabe der Analyse und Kritik jener sozialen Be-
> dingungen zu, die den reflexiven Fähigkeiten und den entsprechenden Praktiken als
> Blockaden in Weg treten" (ebd, S. 26).

So wird versucht der Gefahr einer Paternalisierung durch Forschung bzw. Wissenschaft ebenso zu entgehen wie der spiegelbildlichen Gefahr einer Idealisierung
der sozialen Verhältnisse und der reflexiven Fähigkeit der beforschten Subjekte
(vgl. ebd.). Hier wird nicht nach einem generativen Mechanismus gesucht, der sich

hinter den professionellen Subjekten abspielt, sondern es werden die Möglichkeitsbedingungen für die Reflexion der eigenen Handlungspraxis im historisch-spezifischen Regelmäßigkeitsgefüge beleuchtet.

3.2.3   Anti-Essentialismus vs. Ontologisierung

Das Modell *reflexiver Sozialpädagogik* soll sich explizit von substantialistischen
bzw. essentialistischen Gegenstandbestimmungen der Sozialpädagogik abgren-
zen, da eine solche Gegenstandbestimmung – nach Dewe und Otto (2002, S. 184) –
nur über eine spezifische Fragestellung möglich und der Gegenstandsbereich nicht
zufällig ist. Gleichzeitig fragen die Autoren aber auch nach einer (disziplinären)
„kognitiven Identität" (Dewe/Otto 1996, S. 21; 2002, S. 184) der Sozialpädagogik. Diese kognitive Identität bestimmen sie in Anlehnung an Lepenies (1981) als
„‚Einzigartigkeit und Kohärenz von Orientierungen, Paradigmen, Problemstellun-
gen und Forschungswerkzeugen' in Abhebung und Konkurrenz zu anderen Disziplinen und deren Programmen" (Dewe/Otto 1996, S. 21). Die *reflexive Sozialpädagogik* stellt demnach den Versuch dar, eine Analyseperspektive für professionell
sozialpädagogisches Handeln anzubieten, die eine Basis für die sozialpädagogische Theorie bilden und so zur „kognitiven Identität" der Disziplin beitragen soll.
Und eben diese Bildung einer „kognitiven Identität" soll nicht substantiell oder
essentialistisch sein. Den Vorwurf des Essentialismus versuchen die Konstrukteure der *reflexiven Sozialpädagogik* zu umgehen, indem sie eine Relationierung der
logischen Struktur sozialpädagogischer Handlungspraxis einführen, die sich aus
Wissen und Können konstituiert.
  Durch das Konstruktionsprinzip der *reflexiven Sozialpädagogik* soll die Logik
der tradierten substantialistischen Professionsvorstellungen gesprengt werden. Das
Konstruktionsprinzip einer reflexiv professionellen Handlungspraxis „dekompo-
niert" (Dewe/Otto 2002, S. 194) durch Fallrekonstruktion und wissenschaftliche
Reflexion einen Problemzusammenhang,

> „wobei im Prozess der Relationierung von Wissens- und Urteilsformen das ‚Neue' in
> Gestalt einer handhabbaren und lebbaren Problembearbeitung/-lösung gemeinsam
> mit dem Nutzer der Dienstleistung hervorgebracht wird" (Dewe/Otto 2002, S. 194f.).

Während Oevermann, nach Dewe und Otto (2002, S. 193), noch den Strukturort
der Vermittlung von Theorie und Praxis sucht, geht es bei der *reflexiven Sozialpädagogik* bereits um eine Relationierung des Verhältnisses von wissenschaftlichem
Wissen und beruflichem Können.

„Die diskrepanten Wissensformen, von denen behauptet wird, dass sie für die Bewältigung der komplexen Handlungssituation erforderlich seien, werden in dieser
Vorstellung nicht vermittelt, sondern relationiert" (ebd.).

In der empirischen Analyse wäre demnach nicht nach dem Strukturort der Vermittlung von Theorie und Praxis zu suchen, sondern nach der logischen Struktur
des professionellen Handelns. Diese Logik des professionellen Handelns liegt in
der Lesart von Dewe und Otto nicht wie bei Overmann in der Vermittlung von
Theorie und Praxis, sondern in der systematischen Relationierung. Das „Zentrum professionellen Handelns" (ebd, S. 179) liegt bei einer reflexiv konzipierten
Sozialpädagogik nicht im wissenschaftlichen Wissen, sondern in der Fähigkeit
der kommunikativen Auslegung und Deutung von Problemlagen der Adressat_
innen.

„Konstitutiv für die Handlungslogik des professionellen Praktikers ist die gleichzeitige Verpflichtung auf beide Urteilsformen [reflexives Wissenschaftsverständnis
und situative/sozialkontextbezogene Angemessenheit]" (Dewe/Otto 2002, S. 193).

Aus dieser Perspektive auf die sozialpädagogische Handlungspraxis konzipieren
Dewe und Otto (2002) eine andere Position zum Prozess der Professionalisierung.
Diese operiert anstatt mit einem Einheitsverständnis mit einem Differenzver-
ständnis von Wissensformen. So ist es nach Dewe und Otto (ebd., S. 193) möglich, das Verhältnis von wissenschaftlichem Wissen und beruflichem Können neu
zu konzipieren. Ihre *reflexive Sozialpädagogik* betrachtet das Professionswissen
nicht als unmittelbar abgeleitetes Wissen vom Wissenschaftswissen, sondern als
Bestandteil des praktischen Handlungswissens im Sinne einer spezifischen Kompetenz bzw. als Können.

„Wissenschaftswissen kann also ein professionelles Wissen und Können, das Handlung anleitet, Orientierungen ermöglicht und durch Routinisierung entlastend wirkt,
nicht ersetzen. Das Handlungswissen der sozialpädagogischen Profession behauptet
sein Eigensinn" (Dewe/Otto 2002, S. 193f.).

Das Professionswissen wird demnach als praktische Kompetenz und als Refle-
xionsebene verstanden, die es in der Analyse zu relationieren gilt. Doch ist durch
diese Perspektive der Relationierung von Wissensformen eine nicht-substantia-
listische Betrachtungsweise sozialpädagogischer Handlungspraxis vollzogen?
Andersherum gefragt: Reicht die Einnahme dieser Wissen und Können relatio-
nierenden Perspektive aus, um anti-essentialistisch zu sein? Bevor diese Frage

beantwortet wird, soll zunächst die Modellierung einer nicht-essentialistischen Perspektive bei Dollinger (2008) betrachtet werden.

Dollinger (2008) steht für eine grundsätzlich andere, (implizite) nicht-essentialistische Betrachtungsweise sozialpädagogischer Handlungspraxis. Er geht nicht von einer möglichen Repräsentation der Sozialpädagogik aus, indem die Sozialpädagogik als unhintergehbarer Gegenstand auftritt. Vielmehr präsentiert sich die Sozialpädagogik im

> „Diskurs über Sozialpädagogik, in dem sie als Wissensform entsteht, aktualisiert und ‚verstanden' wird [...]. Sozialpädagogik wird konstituiert durch Relationierungen von Aussagen. Aus ihrer diskursiver Persistenz entstehen Deutungsstrukturen, die sozialpädagogisches Wissen ermöglichen und etablieren" (ebd., S. 76ff.).

Durch diese Verständnisweise der Herstellung von Sozialpädagogik über die „Relationierung von Aussagen" beschreibt Dollinger (ebd.) ein differenzierteres Modell zur nicht-essentialistischen Thematisierung sozialpädagogischer Handlungspraxis. Die Frage nach der Repräsentation von Realität oder nach der Herstellung von Realität durch Sprache, geht auf die methodologische Aporie zurück, ob eine Realität außerhalb von Sprache existiert. Ansätze des critical realism zum Beispiel – die diskurstheoretische Denkmodelle anzweifeln – gehen von der methodologischen Prämisse aus, dass eine Realität außerhalb des Textes bzw. der Sprache existiert (vgl. Kessl 2008, S. 57). Der Theorie-systematische Ausgangspunkt des critical realism ist eine Differenzierung von „transitive knowledge" und „intransitive knowledge" (Bashkar 1975, S. 21 ff.). Dabei stellt „transitive knowledge" das sozial hergestellte Wissen über die Realität dar. Das „intransitive knowledge" ist demgegenüber ein Wissen über die Realität, das keiner sozialen Produktion unterliegt, „also Wissen von der realen, nicht-konstruierten Welt" (Kessl 2008, S. 57). Die methodologische Konklusion des critical realism ist, dass eine Realität außerhalb sozialer Konstruktionsprozesse vorhanden ist.

Im Gegenteil dazu lehnt Butler (1997) in ihrer Diskussion von Realität der Materie bzw. materiellen Gegenständen (bzw. in ihrer konkreten Analyse des Körpers) die Vorstellung einer natürlich außenstehenden Realität ab. Dabei fordert sie keine Abkehr von der Materie, sondern vielmehr eine Rückkehr zu ihr,

> „jedoch nicht als Ort der Oberfläche [...], sondern als ein Prozeß der Materialisierung, der im Laufe der Zeit stabil wird, so daß sich die Wirkung von Begrenzung, Festigkeit und Oberfläche herstellt, den wir Materie nennen. Daß Materie immer etwas zu Materie Gewordenes ist, muß [...] mit Bezug auf die produktiven und eben auch materialisierenden Effekte von regulierender Macht im Foucaultschen Sinne gedacht werden" (Butler 1997, S. 32).

In diesem Zitat wird deutlich, das Butler diskursive Effekte[15] zwar in ihrer materiellen Realität erfasst, sie aber zugleich als historische Materialisierungen ausweist. Durch ihr Geworden-Sein kann man die Materie einer Kritik unterziehen und Veränderungsprozesse hervorrufen. An ein historisch vorhandenes Phänomen (bei Butler der materielle Körper), welches sie als Realität begreift, markiert Butler deren Grenzen als diskursiv gesetzt. Sie vermeidet es allerdings über den Kern der Materialität zu spekulieren, indem sie die Formierung von Bedeutung ausschließlich im System der Zeichen verortet und nicht vom Gegenstand aus erklärt (vgl. Meißner 2010, S. 40f.). Damit lehnt sie sich an Derridas Konzept der „differànce" (Derrida 1988, S. 31ff.) an.

Die différance (vgl. ausführlicher Kapitel 3.1) hebt hervor, dass Bedeutungskonstitutionen nicht außerhalb der Bewegungen von Signifikanten vorhanden sind:

> „Alles in der [...] différance ist strategisch und kühn. Strategisch, weil keine transzendente und außerhalb des Feldes der Schrift gegenwärtige Wahrheit die Totalität des Feldes theologisch beherrschen kann. Kühn, weil diese Strategie keine einfache Strategie in jenem Sinne ist, in dem man sagt, die Strategie lenke die Taktik nach einem Endzweck, einem Telos oder dem Motiv einer Beherrschung [...]. Eine Strategie schließlich ohne Finalität" (ebd, S. 35).

In der différance wird das Signifikat aufgehoben und nichts entkommt dem Florieren der Signifikanten. Derrida hebt hier die Unterscheidung von Signifikat und Signifikant auf (vgl. Reh 2003, S. 43).

> "Die Äußerungen tun, was sie sagen, im Ereignis des Sagens; sie sind nicht bloß konventional, sondern, [...] ‚rituell oder zeremoniell'. Sie funktionieren als Äußerungen nur, insofern sie in Form eines Rituals auftreten, d.h. in der Zeit wiederholbar sind und damit ein Wirkungsfeld aufrechterhalten, das sich nicht auf den Augenblick der Äußerung selbst beschränkt" (Butler 2006, S. 11f.).

Auch die Hegemonietheoretiker Laclau und Mouffe (2000) schließen an Derridas Konstitution von Bedeutung an (vgl. ebd., S. 145). Sie bestreiten nicht, dass Realitäten außerhalb des Diskurses existieren. Vielmehr betonen sie, dass Realitäten

---

15   Butler lehnt sich in ihrem Subjektivitätsverständnis stark an Foucault an, bei dem Subjekte als diskursive Effekte erscheinen. In Kapitel 3.2 wird darauf Bezug genommen, indem das Subjekt nach Zizek gegen Foucaults Machteffekte gelesen wird. Hier wird lediglich die materielle Seite des Diskurses in Anlehnung an Butler geteilt.

ihre Relevanz nur im diskursiven Raum realisieren. Dies machen sie an einem Beispiel deutlich:

„Ein Erdbeben oder der Fall eines Ziegelsteins sind Ereignisse, die zweifellos in dem Sinne existieren, daß sie hier und jetzt unabhängig von meinem Willen stattfinden. Ob aber ihre gegenständliche Spezifik in der Form von ‚natürlichen Phänomenen‘ oder als ‚Zornesäußerung Gottes‘ konstruiert wird, hängt von der Strukturierung des diskursiven Feldes ab" (ebd., S. 144).

Wenn die Theoretiker hier die Existenz von Realitäten außerhalb des Diskurses nicht bestreiten, unterstellen sie gleichzeitig, dass es Realitäten gibt, auf die der Diskurs nicht zugreifen kann. Aber wie kann man dann überhaupt etwas von diesen Realitäten wissen? Machart (2013) antwortet auf diese epistemologische Frage, „man könne eben nichts von ihm wissen, man könne aber auf die Existenz einer solch außersymbolischen Instanz rückschließen aufgrund der Verzerrung und Störungen, die sich immer wieder innerhalb des Symbolischen erfahren lassen" (ebd., S. 27f.).[16] Damit verliert die Sprache ihre Repräsentationsfunktion für Realität. Sprache spiegelt nicht einfach die Realität wieder, sie ist performativ, bringt also selbst Realität hervor.[17] Dieses performative Verständnis von Sprache problematisiert die Substantialisierung beobachtbarer Phänomene, wie Kessl in seinem Wissenschaftsprogramm formuliert (2005, S. 114ff.). Eine begriffstheoretische wird durch eine begriffskritische Sichtweise abgelöst und die Essentialisierung von Begriffen wird grundsätzlich in Frage gestellt. Eine performativ begriffskritische Perspektive erfasst Begriffe über die Rekonstruktion spezifischer Grenzziehungen und nicht über die Bestimmung der Essenz einzelner Begriffe als konstitutive Einheiten. So werden scheinbar substantielle Begriffseinheiten, wie z.B. Subjekt, überwunden und von relationalen und historisch-spezifischen Begriffsstrukturen ersetzt: nicht Subjekt, sondern Subjektivierung, nicht Materie, sondern Materialisierung. „Es handelt sich darum, eine Dezentralisierung vorzunehmen, die keinem Zentrum ein Privileg zugesteht" (Foucault 1981, S. 293). Mit diesem relationalen und historisch-spezifischen begriffskritischen Verständnis geht einher, dass Begriffsdichotomien, z.B. Subjekt und Struktur bzw. Diskurs oder Fremd- und Selbstführung, als Bestandteil von thematischen Kräftefeldern verstanden werden,

---

16 Kapitel 3.1. geht im Zusammenhang der Unterscheidung vom Realen und der Realität in Anschluss an Zizek (2008c) näher auf diese Instanz jenseits des symbolischen zu Erfahrenden ein.

17 Performativität bezeichnet ein Sprechen, das hervorbringt, was es bezeichnet (vgl. Butler 1997).

„die weder zeitlich hierarchisiert sind noch synthetisierbar: Fremd- und Selbstführung sind Bestandteile eines Begriffsfeldes ‚Regierung'" (Kessl 2005, S. 115).
Eine zeitliche Hierarchisierung von Diskurs und Subjekt stellt sich somit als problematische Konstruktion heraus, da diese auf der Annahme substantiell differen-
zierbarer Sphären basiert.

> „Begriffstheoretische Dualismen setzen einem ontologisch bestimmten Innen ein
> ebensolches Außen entgegen: Diskurs versus Subjekt oder Fremdführung versus
> Selbstführung. Damit missachten solche polaren Substantialisierungen die „prozes-
> suale als auch die kontextuelle Relationierung sozialer Zusammenhänge" (ebd.).

Dollinger (2008) konzeptualisiert, mit seiner Annahme einer performativen Entstehung von Sozialpädagogik in der Relationierung von Aussagen, zunächst eine
nicht-essentialistische Betrachtungsweise sozialpädagogischer Handlungspraxis.
Dann führt er aber mit der Einführung eines auf Deutungsstrukturen beruhendes
Analyseschema einen Ursprung der Entstehungsbedingungen von Sozialpädagogik implizit wieder ein und wird dadurch doch essentialistisch. Dieser Ursprung ist
in der *reflexiven Sozialpädagogik* nach Dollinger (2008) das Subjekt.

> „Aufgabe einer entsprechenden Analyse ist es zu untersuchen, wie Erfahrungsfor-
> men ermöglicht und perspektivisch ausgerichtet werden, indem Kontingenzen in
> strukturabhängige Erfahrungs- und Erlebnisformen überführt und entsprechend
> kanalisiert werden. Das Medium, in dem dies realisiert wird, sind Deutungsmuster,
> die als interpersonell abhängige und anschlussfähige Interpretationen von Gesell-
> schafts- und Individualitätsformen fungieren und spezifische Erfahrungsmöglich-
> keiten offerieren" (ebd., S. 80).

Mit dem Begriff der „Deutungsstruktur" schlägt Dollinger (2008, S. 89) eine Analysemöglichkeit zur Relationierung von Deutungsmustern vor. Dabei geht es ihm
um die Betonung der Strukturbildungsprozesse und die Kombinationen einzelner
Deutungsmuster.

> „Damit (den Deutungsstrukturen M.H.) werden die Verbindungen einzelner Deu-
> tungsmuster und der Prozesse der Institutionalisierung der Verknüpfung im Sinne
> einer Strukturbildung thematisiert. Neben den in Deutungsmustern enthaltenen
> Wahrnehmungs- und Erfahrungsstrukturen steht die wechselseitige Bezugnahme der
> Muster in Richtung einer Strukturierung im Vordergrund. Deutungsstrukturen wer-
> den gebildet, indem Interpretationen (psycho-)sozialer Sachverhalte im Rahmen dis-
> kursiv gegebener Möglichkeiten relationiert, als plausibles, anerkennungsfähiges und
> vernetztes Wissen präsentiert werden [...]. Einzelne Deutungsmuster kristallisieren
> zu Verbindungen, die als Strukturen von Deutungen etabliert werden und disziplinäre
> oder professionelle Wissensformen institutionalisieren" (Dollinger 2008, S. 90).

Hier ist ersichtlich, dass Dollinger von einem Strukturbildungsprozess ausgeht, innerhalb dessen die sozialpädagogischen Fachkräften die Subjekte sind. Die Konstituierung von Sozialpädagogik geht demnach vornehmlich von den professionellen Subjekten aus. So wird ein Ursprung der Sozialpädagogik gesetzt, der von den professionellen Subjekten als Instanz der Praxisgestaltung ausgeht.

Und was ist nun mit der *reflexiven Sozialpädagogik* nach Dewe und Otto? Führen die Autoren mit ihrer Relationierung von Wissen und Können eine nicht-essentialistische Betrachtungsweise sozialpädagogischer Praxis ein? Diese Frage ist zu negieren, da im Gegensatz zu Dollingers (2008) Konzept keine Thematisierung der Konstitution sozialpädagogischer Praxis im Horizont einer Realitätsauffassung vollzogen wird. Vielmehr verlegen sie ihr Konzept der Relationierung ausschließlich ins Innere des professionellen Subjekts und setzen es so (implizit) der Struktur bzw. dem Diskurs entgegen. Indem sie mit ihren Begriff der Reflexivität eher ein mentales Modell subjektiver Entscheidungsmuster formulieren als eine Verhältnisbestimmung von Subjekt und Struktur bzw. Diskurs, bestimmen Dewe und Otto eine Essenz professioneller Subjekte, die unabhängig von strukturellen Gegebenheiten existiert.

Eine postfundamentalistisch-diskurs-forscherische Perspektive

4

Während es der Diskursanalyse um forschungspraktische methodische Umsetzungen, also um die empirische Untersuchung von Diskursen geht, bezeichnet die Diskurstheorie wissenschaftliche Unternehmungen, denen es um die systematische Ausarbeitung des Stellenwertes von Diskursen im Prozess der Realitätskonstitution geht (vgl. Keller et al. 2006, S. 15f.). Bei dieser Ausarbeitung einer diskursforscherischen Perspektive handelt es sich nicht um eine Gegenstandstheorie sozialpädagogischer Handlungspraxis, sondern vielmehr um eine diskursforscherische Analyse, die ontologische Voraussetzungen explizit macht. Diese Annahmen zur Realitätskonstitution bestimmen nicht nur das Verständnis des Gegenstands sozialpädagogischer Handlungspraxis, sondern auch die forscherische Haltung. Nur so ist eine Offenheit und Nachvollziehbarkeit der Ergebnisproduktion zu gewährleisten.[18]

Was bisher innerhalb der Dekonstruktion *reflexiver Sozialpädagogik* nur rudimentär und fragend angedeutet wurde, soll nun systematisch ausgeführt werden. Nun werden also die ontologischen Annahmen auf die Konstituierung sozialpädagogischer Handlungspraxis angewandt. Den Ausgangspunkt dafür bildet die Diskussion des Status' professioneller Subjekte. Auf diese Art und Weise wird der diskurstheoretische Rahmen offengelegt und es wird bestimmt, welche Komponenten

---

18 Allerdings werden diese theoretischen Annahmen zu Realitätskonstitution nicht unabhängig von der Analyse betrachtet.

der *reflexiven Sozialpädagogik* hinzugefügt werden müssten, um die sozialpädagogische Handlungspraxis anders analysieren zu können.

Vor dieser Anwendung gilt es den zentralen Punkt der vorhergehenden dekonstruktiven Analyse *reflexiver Sozialpädagogik* zu bestimmen: Das Verhältnis zwischen Subjekt und Objekt sowie die damit einhergehende implizite Frage nach den
Reflexionsbedingungen und –möglichkeiten von professionellen Subjekten. Dabei
lautet die Frage nicht: Was ist die Struktur und was ist das Subjekt? Denn dies
würde zu Determinationen in die eine oder andere Richtung verleiten: Das Subjekt bildet die Struktur oder die Struktur bildet das Subjekt. So käme schnell die
berühmte Frage von der Henne und dem Ei auf: Was war zuerst da? Hier geht es
aber eben nicht um eine zeitliche Hierarchisierung der beiden Dimensionen, wie
oben mit Bezug auf Kessl (2005, S. 115) erläutert. Denn diese würde eine (erneute)
Substantialisierung der Merkmale einführen. Vielmehr gilt es, wie Zizek (2006)
betont, die „Lücke" (ebd., S. 12) zwischen Individuum und sozialer Dimension in
das Individuum selbst einzuschreiben. „Diese ‚objektive' Ordnung der sozialen
Substanz existiert nur insofern, als Individuen sie auch als solche behandeln und
sich auf sie beziehen" (ebd.).

Da die professionellen Subjekte hier den Ausgangspunkt bilden, sind subjekt-
theoretische Bezugnahmen notwendig, um vor allem die Freiheitspotenziale und
damit die Verantwortlichkeit sowie die Möglichkeiten zum Widerstand in der Gestaltung sozialpädagogischer Praxis dieser professionellen Subjekte bestimmen zu
können. Also muss im Folgenden danach gefragt werden, wie die Bezugnahme
von Subjekten zur sozialen Ordnung erklärbar ist. Diese Fragestellung wird vorwiegend in Anlehnung an die (subjekt)philosophischen Ausführungen von Slavoi
Zizek beantwortet. Zizeks Denken steht in der Tradition der Psychoanalyse von
Lacan, die spezifisch weitergeführt wird. Lacan ist für Zizek nicht auf den Psycho-
analytiker und Poststrukturalist zu reduzieren. Für ihn ist er ein „ein politischer
Denker par excellence" (Kim 2009, S. 13). Lacans Ausführungen über das Subjekt
und das Reale sind Hauptthemen von Zizeks Philosophie (vgl. ebd.).[19]

---

19 Wirkliche Unterschiede zwischen Derrida und Zizek gibt es vor allem im politischen
    und ethischen Bezugnahmen. Zizek kritisiert die Dekonstruktion Derridas nicht we-
    gen seiner Sprachanalyse, sondern vielmehr wegen ihrer völligen Abgehobenheit
    gegenüber der Welt der Politik. Stärker als mit Derrida fühlt sich Zizek mit Bertolt
    Brecht verbunden. Besonders hebt er Brechts Aussage zum plumpen Denken hervor:
    „Die Hauptsache ist, plump denken lernen. ‚Plumpes Denken' ist das Denken der Gro-
    ßen" (Brecht zit. nach Zizek 2003, S. 23). Für Brecht bedeutet plumpes Denken eine
    Form, die direkt auf ein Ziel gerichtet also teleologisch ist.

4.1   Die Realität, das Reale und die Différance – Zizek mit Derrida

Während Derrida die Realität – er selbst spricht von Bedeutung – im symbolischen Sprachgebrauch ausmacht (vgl. Kapitel 2.2.3), stellt Zizek der Realität das Reale entgegen. Das Reale unterscheidet sich laut Zizek (2008c) von der Realität, die sprachliche bzw. symbolisch konstruiert ist. Das Reale befindet sich für ihn jenseits der sprachlichen Darstellbarkeit, d.h. dort, wo die Realitätswahrnehmung der Subjekte scheitert. Das Reale ist also nicht gleichbedeutend mit der positiv gegebenen Realität, sondern bezeichnet das, was sich der symbolischen Ordnung fundamental entzieht. Das Reale widersteht dem Imaginären und dem Symbolischen. Umgekehrt konstituiert jede symbolische Ordnung Realität erst im Zuge der Ausschließung des Realen. In diesem Sinne kann das Reale als ein Effekt diskursiver Schließung verstanden werden. Wie Opitz (2014, S. 322) weiter ausführt, steht das Reale in einer paradoxen Relation zu den Grenzen des Diskurses. Das Reale verdankt sich der für jeden Diskurs konstitutiven Grenzziehung zu einem Außen und unterläuft diese Grenzziehung zugleich, indem es sich in Form von Störungen sichtbar macht (vgl. Kapitel 2.2.3). Folglich ist das Reale kein einfaches konstitutives Außen, das dem Diskurs zeitlich und räumlich vorausläge, sondern ein „internes Außen" (ebd.).

Das Reale und Symbolische stehen also nicht gegenüber, sondern gehen ineinander über. Das Reale hat insofern seinen Platz im Symbolischen, als dass es das kennzeichnet, was sich der symbolischen Repräsentation entzieht. Das Reale erscheint in einem Mangel; in der Lücke, die nach Füllung durch das Bild des imaginären Anderen strebt und an der alle Versuche symbolische Fixierung scheitern. Das Reale artikuliert sich in der konstitutiven Fehlerhaftigkeit des symbolischen Systems, dessen Brüche und Risse durch immer neue kontingente Äußerungen des Diskurses vernäht werden müssen.

Derrida (1988, S. 29ff.) entfaltet sein Konzept der Realität vor allem am Begriff der différance (vgl. Kapitel 2.2.3) und bewegt sich mit diesem nicht außerhalb der symbolisch vermittelten Realität. So gesehen stellt das Zizeks Konzept des Reale eine Erweiterung von Derridas in der différance vermittelten Realität dar. Da kein direkter (wissenschaftlicher) Zugriff auf das Reale möglich ist, bewegt sich jede wissenschaftliche Analyse ausschließlich im Bereich der Realität – im Verhältnis vom Imaginären und Symbolischen (vgl. Kapitel 3.3) – und kann auch nur diese dechiffrieren. Es sind lediglich Hinweise auf das Reale möglich (vgl. Kapitel 3.3). Mit dem Konzept der différance und der Iterabilität öffnet Derrida eine Perspektive, um diese performativ konstituierte Realität analytisch zu erfassen. Die Hantologie (vgl. Kapitel 2.1) stellt in dieser postfundamentalistischen Perspektive eine Form der differance (Derrida 1988, S. 29ff.) dar. Diese wiederum markiert eine „Philosophie der Differenz" (Kimmerle 2000, S. 17), die sich aus der Kritik des identifizierenden Denkens ableitet. Différance meint aber nicht ein Denken in einfachen Distinktionen, sondern vielmehr den ständigen Aufschub eines letzten Grundes. Während die klassische Ontologie alles aus einem Ursprung ableitet, will die Differenzphilosophie nach dem Konzept der différance „bei der Vielheit stehenbleiben, in der Einheiten (in der Mehrzahl) möglich sind (ebd., S. 79f.). Es wird also ein Ursprung gedacht, der kein Ursprung mehr ist. „Die différance ist der nicht-volle, nicht-einfache Ursprung der Differenzen. Folglich kommt ihr der Name ,Ursprung' nicht mehr zu" (Derrida 1988, S. 37). Die strukturelle Dynamik und die Bedeutungsproduktion kommt dieser Aufschub durch die Iterabilität zustande.

> „Ich lege hier aus zwei Gründen Wert auf das Wort Bündel: einerseits handelt es sich nicht darum [...], eine Geschichte zu beschreiben, von ihren Entwicklungsphasen zu berichten, Text für Text, Kontext für Kontext, und jedesmal zu zeigen, welche Ökonomie zu dieser graphischen Unregelmäßigkeit hat nötigen können; wohl aber um das allgemeine System dieser Ökonomie. Andrerseits scheint das Wort Bündel das geeignetste zu sein, um zu verdeutlichen, daß die vorgeschlagene Zusammenfassung den Charakter eines Einflechtens, eines Webens, eines Bindens hat, welches die unterschiedlichen Fäden und die unterschiedlichen Linien den Sinns – oder die Kraftlinien – wieder auseinanderlaufen läßt, als sei sie bereit, andere hineinzuknüpfen" (ebd., S. 29f.).

Weiter führt Derrida aus:

> „Alles in der Zeichnung der différance ist strategisch und kühn. Strategisch, weil keine transzendente und außerhalb des Feldes der Schrift gegenwärtige Wahrheit die Totalität des Feldes theologisch beherrschen kann. Kühn, weil diese Strategie keine einfache Strategie in jenem Sinne ist in dem man sagt, die Strategie lenke die Taktik nach einem Endzweck, einem Telos oder Motiv einer Beherrschung, einer Herrschaft und einer endgültigen Wiederaneignung der Bewegung oder des Feldes. Eine Strategie schließlich ohne Finalität" (Derrida 1988, S. 32).

Die différance bezeichnet eine Bewegung, durch die sich Sprache oder jeder Code, jedes Verweisungssystem im allgemeinen ,historisch' als Gewebe von Differenzen errichtet (vgl. ebd., S. 38). Dabei ist die „Konstitution", die „Produktion" und die „Geschichte" der Bedeutungsformierungen jenseits der Metaphysik zu verstehen.

„Die différance bewirkt, daß die Bewegung des Bedeutens nur möglich ist, wenn jedes sogenannte ‚gegenwärtige‘ Element, das auf der Szene der Anwesenheit erscheint, sich auf etwas anderes als sich selbst bezieht, während es das Merkmal (marque) des vergangenen Elements an sich behält und sich bereits durch das Merkmal seiner Beziehung zu einem zukünftigen Element aushöhlen läßt, wobei die Spur sich weniger auf die sogenannte Gegenwart bezieht, als auf die sogenannte Vergangenheit, und durch eben diese Beziehung zu dem, was es nicht ist, die sogenannte Gegenwart konstituiert: es selbst ist absolut keine Vergangenheit oder Zukunft als modifizierte Gegenwart" (ebd., S. 39).

Bedeutung entsteht also in der Bewegung des aufschiebenden Verweises und des nicht abschließbaren Spiels des Differenzierens, wobei andere Bedeutungen ihre Spuren hinterlassen. Différance benennt diese Bewegung im allgemeinsten Sinn, aus der die Möglichkeit von Bedeutung, Schrift und Sprache erst entspringt.

4.2 Von der Subjektivierung zurück zum Subjekt

Innerhalb der theoretischen Auseinandersetzungen mit dem Poststrukturalimus und dem Postmodernismus hebt Zizek (2010, S. 7f.) die Notwendigkeit der Rückkehr zum cartesianischen Subjekt hervor. Diese hat allerdings nichts mit dem transparenten bzw. rationalen Subjekt der Aufklärung zu tun. Die von Zizek (ebd.) geforderte Rückkehr zu Descartes bedeutet nicht die Rehabilitation des neuzeitlichen Subjekts. Es geht ihm nach Silvermann (2004, S. 31) vielmehr darum, zwischen dem modernen und dem postmodernen Subjekt eine andere Form des Subjekts zu denken. Für Zizek (1989, S. 175) tritt das lacianische Subjekt in eine kritische Auseinandersetzung mit den poststrukturalistischen Subjektannahmen. Das Subjekt wird im Poststrukturalismus auf den Effekt eines nicht-subjektiven bzw. präsubjektiven Prozesses der Subjektivierung reduziert. Daher liegt der Fokus des Poststrukturalismus während der Analyse auf den zahlreichen Subjektivierungsformen durch Sprache. Nach Zizek (ebd.) behauptet Lacan, dass wenn die unterschiedlichen Formen der Subjektivierung nicht betrachtet werden, am Ende eine einzige Leerstelle bestehen bleibt, die durch die Subjektivierungsarten latent geblieben ist. Diese Leerstelle ist das Subjekt.

Was bedeutet nun das Subjekt als Leerstelle? Das Subjekt steht für Lacan im direkten Zusammenhang mit den Signifikanten: „Unsere Definition des Signifikanten – es gibt keine andere – lautet: Ein Signifikant ist, was für einen anderen Signifikanten das Subjekt repräsentiert" (Lacan 1991, S. 195). Subjekte haben es mit Signifikantenbeziehungen zu tun, mit Metonymien und Metaphern, mit Verschiebungen und Verdichtungen. Damit unterstellt Lacan, dass diese Signifikantenbeziehungen Subjekten zugrunde liegen. Während Saussure Signifikat und Signifikant als gegenseitige Bedingung konstituiert, meint Lacan, dass der Signifikant zentraler ist und das Signifikat herstellt. Der Signifikant ist zunächst ein bedeutungsloses, materielles Element in einem differenziellen System. Den Signifikanten ohne Signifikat nennt Lacan den „reinen Signifikanten". Es ist eine Frage der logischen und nicht chronologischen Vorrangigkeit, weil „jeder reale Signifikant als solcher ein Signifikant ist, der nichts bedeutet. [...] Je mehr der Signifikant nichts bedeutet, desto unzerstörbarer wird er" (Lacan zit. nach Evans 2001, S. 269). Diese unzerstörbaren und bedeutungslosen Signifikanten bestimmen das Subjekt. Die Wirkungen des Signifikanten auf das Subjekt konstituieren das Unbewusste (vgl. Evans 2001, S. 269f.). Demnach ist für Lacan die Sprache ein System von Signifikanten und nicht von Zeichen wie bei Sassure. Der Signifikant ist das herstellende Element der symbolischen Ordnung. Die Struktur der Signifikanten ist das Feld der Anderen. Lacan bestimmt den Signifikanten als „das, was ein Subjekt für einen anderen Signifikanten repräsentiert" (Lacan zit. nach Evans 2001, S. 270). Das bedeutet, dass ein Signifikant das Subjekt für alle anderen Signifikanten darstellt. Aber kein Signifikant kann das Subjekt bedeuten. Dabei ist von Relevanz, dass der Begriff des Signifikanten bei Lacan nicht gleichbeutend mit dem Wort ist. Vielmehr können nicht nur Sprachelemente die kleiner sind als Worte (Morpheme und Phoneme) oder größer als Worte (Redewendungen und Sätze) als Signifikant fungieren, sondern auch Dinge wie Relationen und Objekte. Als einzige Bedingung für einen Signifikanten sieht Lacan die Einschreibung in ein System an, in dem der Signifikant seine Bedeutung ausschließlich durch die Kraft der Differenz zu anderen Elementen des Systems erhält. Diese differentielle Gegebenheit des Signifikanten stellt klar, dass er nie eine eindeutige und fixierte Bedeutung haben kann. Seine Bedeutung verändert sich vielmehr je nach Position in der Struktur (vgl. Evans 2001, S. 271).

Zizek (2010, S. 343ff.) stellt die poststrukturalistische Reduktion von Subjektivierungsweisen in seinen späteren Auseinandersetzung mit der Machttheorie von Foucault konkreter dar. Er kommt hierbei zu dem Schluss, dass das Subjekt die Möglichkeit zum (politischen) Widerstand verliert, wenn es ausschließlich als Effekt von Macht oder Diskurs betrachtet wird. Zizek (ebd.) stimmt zwar mit Foucaults Annahmen überein, dass der Widerstand gegen die Macht dem Machtgefüge inhärent ist. Allerdings betont er, dass das Machtsystem eine Instabilität in sich trägt und dadurch nicht fähig ist, alle Elemente unter Kontrolle zu halten. „Das kann schließlich dazu führen, dass die außer Kontrolle geratenen Elemente das gesamte System zum Einsturz bringen" (Kim 2009, S. 80). In Zizeks (ebd.) Lesart ist das Subjekt innerhalb der machttheoretischen Annahmen Foucaults lediglich ein Adressat bzw. ein Produkt der Macht. Er betont in diesem Zusammenhang, dass die Möglichkeit zum Widerstand bei Foucault selbst zum Teil des Spiels wird. Die Annahme des Widerstandes bei Foucault kann nicht die Überwindung der Macht hervorrufen, da dem Subjekt von Beginn an jene Möglichkeit verwehrt ist, sich der Macht zu entziehen (Zizek 2010, S. 343). Zizek geht es darum, die Foucaultsche Konzeption der allgegenwärtigen Macht zu überwinden. Denn wenn die Macht alles umfasst, so Zizek (2010, S. 351), schließt sie auch die Möglichkeit des Widerstandes gegen sich selbst mit ein. Der Widerstand als ein der Macht inhärenter Moment wäre daher nicht imstande, die Überwindung des Machtsystems hervorzurufen. Zizek (2010) betont in seiner Kritik an Foucault insbesondere den zentralen Begriff der Hegelschen Dialektik, d.h. den Begriff der Wirkung.

> „Foucault denkt, kurz gesagt, nicht an die Möglichkeit einer Wirkung, die ihrer Ursache entwischt und entwächst, so dass sie, obgleich sie als eine Form des Widerstandes gegenüber der Macht auftaucht und als solcher dieser absolut inhärent ist, dieser über den Kopf wachsen und sie zum Explodieren bringen kann. (Das philosophische Argument in diesem Zusammenhang lautet, dass wir es hier mit dem grundlegenden Merkmal des dialektisch-materialistischen Begriffs der ‚Wirkung‘ zu tun haben: Die Wirkung kann ihre Ursache ‚ausstechen‘; sie kann ontologisch ‚höher‘ rangieren als ihre Ursache.)" (ebd., S. 351)

Kim (2009, S. 80f.) liest Zizek daher so, dass für ihn die Hegelsche Dialektik keineswegs die Art und Weise „das Andere ins Selbe zu integrieren" (ebd., S. 80) bedeutet. Sie kennzeichnet sich vielmehr dadurch, dass sie etwas ganz neues kreieren kann. Das Subjekt ist für Zizek (2010, S. 351) keine einfache Synthese seiner eigenen Ursachen. Es ist vielmehr gegenüber seiner Ursachen im Überschuss. Das Subjekt als Wirkung ist somit höher als seine Ursache angesiedelt, da es die Macht als seine Ursache erst nachträglich konstruiert. „Wenn das Subjekt für Foucault das Von-der-Macht-Durchdrungene bedeutet, geht es Zizek hingegen um das Subjekt als die Kraft, das Machtsystem zu durchdringen und dieses gänzlich zu zerrütteln" (Kim 2009, S. 81). Im Gegensatz zu Foucault, der das Subjekt als etwas Passives voraussetzt, indem er es als Ergebnis oder Wirkung von Macht sieht, betont Zizek das aktive Moment der Subjekte als Konstrukteure.

Mit seiner Abkehr von der Subjektivierung und der Rückkehr zum Subjekt verweist Zizek auch auf die Verkürzung des Ansatzes der Anrufung nach Althusser (1971). Althusser verfehlt nach Zizek die Tatsache, dass eine Anrufung niemals vollständig gelingt, dass es ein „Jenseits der Anrufung" (Heil 2010, S. 69) gibt. Erst Lacans Subjektbegriff wird dem gerecht. Zizek wendet sich – mit Lacan – dem zu, was der Anrufung entgeht und sie zugleich ermöglicht: dem Subjekt vor der Subjektivierung. Mit der Rückkehr zum Subjekt soll dem Subjekt seine freie Handlung wiedergegeben werden. Dies aber ist eine Freiheit, die gleichzeitig erzwungen ist. „Du kannst dich frei entscheiden, unter der Berücksichtigung, dass du die richtige Wahl triffst" (Zizek 2014, S. 13). Um den Modus der erzwungen Wahl genauer zu verstehen, ist ein tieferes Verständnis von Zizeks Subjekt Verständnis nötig. Zizeks Denken versucht die dualistische Unterscheidung von Subjekt und Substanz zu überwinden, indem er vom Subjekt ohne Substanz ausgeht. Dabei reduziert er die Substanz nicht auf etwas, was vom Subjekt konstruiert wird und auch nicht das Subjekt auf die Substanz. Er führt den Begriff des Subjekts wieder ein und schließt gleichzeitig jegliche Substantialisierung aus. Wenn es das Subjekt gibt, dann deshalb, weil die Substanz stets daran scheitert, sich selbst endgültig zu konstruieren. Das Subjekt situiert sich genau in diesem Riss im Zentrum der Substanz. Der Status des Subjekts ist daher paradox: Zum einen ist das Subjekt ein Teil, das aus dem Ganzen ausgeschlossen wird und andererseits fungiert es als Rahmen, um das Ganze herzustellen (vgl. Kim 2009, S. 40).

Das cartesianische Subjekt situiert sich zwischen dem Geist und dem Phänomen und entzieht sich dadurch dieser dualistischen Struktur. Es ist eine Lücke im Zentrum der Ordnung der Realität und gleichzeitig die Aktivität, die die Realität erst konstruiert. Demnach trifft es nicht zu, dass es zunächst die Realität gibt, innerhalb und aufgrund derer dann das Subjekt entsteht. Ganz im Gegenteil geht das Subjekt der Realität voraus: Ohne das Subjekt existiert auch keine Realität. Das Faktum, das ein Subjekt die Realität nur begrenzt wahrnehmen kann, macht Zizek (2010, S. 356) zufolge die erst aus: Was im ersten Moment als eine epistemologische Begrenzung des Subjekts erscheint, ist die positive ontologische Bedingung von Realität.

Diese Lücke zwischen den beiden Polen macht Zizek (2010, S. 51f.) in Anlehnung an Hegels *Jeaner Realphilosophie* und seiner „Nacht der Welt" deutlich. Zizek (ebd.) liest Hegels Subjekt-Begriff als vollkommene Loslösung von der aufklärerischen Tradition. Das Subjekt erscheint bei Hegel nicht mehr als vernünftiges Wesen, das sich den dunklen Elementen der Natur widersetzt. Im Gegenteil: Erst das Licht der Vernunft ermöglicht für Hegel – in Zizeks (ebd.) Lesart – die absolute Negativität, die er in der „Nacht der Welt" beschreibt.

> „Der Mensch ist die Nacht, diß leere Nichts, das alles in ihrer Einfachheit enthält – ein Reichtum unendlich vieler Vorstellungen, Bilder, denen keines ihm gerade einfällt – , oder die nicht als gegenwärtige sind. Diß die Nacht, das Innere der Natur, das hier existiert – reines Selbst, - in phantasmagorischen Vorstellungen ist es rings um Nacht, hier schießt dann ein blutiger Kopf, – dort eine andere weisse Gestalt plötzlich hervor und verschwindet ebenso – Diese Nacht erblickt man, wenn man den Menschen ins Auge blickt – in eine Nacht hinein, die furchtbar wird, – es hängt die Nacht der Welt hier einem entgegen" (Hegel zit. nach Kim 2009, S. 47).

Die „Nacht der Welt" ist die absolute Negativität des Subjekts. Sie ist eine prä-
ontologische Dimension. Sie ist die „transzendentale Einbildungskraft in ihrem
elementarsten und gewaltsamsten Zustand" (Zizek 2010, S. 45). Das Subjekt in der
„Nacht der Welt" als Lücke zwischen Geist und Materie ist keineswegs der Gegen-
pol zum Objekt; es ist gerade die Lücke dazwischen. Somit gehört das Subjekt keinem dualistischen System an, d. h. weder dem Geist noch der Materie, weder der
Vernunft noch der Natur. Laut Zizek (ebd.) ist ohne diese Lücke der Übergang vom
reinen Naturzustand zum Symbolischen nicht möglich. Der Übergang benötigt ein
weiteres Element, das weder dem einen noch dem anderen angehört. Diese Lücke
funktioniert wie ein „verschwindender Vermittler" (ebd., S. 51), der für die Eröffnung des Symbolischen unverzichtbar ist. Laut Zizek (ebd., S. 87f.) richtet Hegel
sein Augenmerk auf den Ort, wo die menschliche Vernunft endgültig scheitert und
untersucht die Konstitution des Abgrunds der Freiheit selbst. Der Abgrund der
Freiheit erscheint für Hegel als eine Lücke, die im Zentrum des Subjekts liegt und
dieses dennoch übersteigt: Ein sich selbst widersprechendes Element, das durch
die eigene Abwesenheit alles andere entstehen lässt. Die Lücke bzw. der Abgrund
ist somit vergleichbar mit einer Fabrik, die unsere Realität phantasmatisch (vgl.
Kapitel 3.4) fabriziert.

Das philosophische Unternehmen Hegels besteht nach Zizek (ebd.) in der
Klarstellung des ontologischen Mangels des Subjekts. Die Beschränkung der Erfahrung des Subjekts ist die Beschränkung der Gegenstände der Erfahrung des
Subjekts und die Lücke im Wissen des Subjekts über die Realität ist die Lücke
der Realität selbst. Der Mangel der Erkenntnis des Subjekts über die Realität basiert dabei auf der „ontologischen Unabgeschlossenheit der Realität selbst […]. „Es
gibt nur insofern ‚Realität', als gerade in ihrem innersten eine ontologische Lücke,
einen Bruch gibt, das heißt einen traumatischen Exzess, einen Fremdkörper, der
nicht in sie integriert werden kann" (ebd.).

Diese Einsicht führt zurück zum eigentümlichen Verständnis von Subjekt und
Substanz: Das Subjekt ist laut Zizek (ebd.) der Begriff für die Unmöglichkeit der
endgültigen Selbstidentitätsbildung der Substanz. Der Name des Subjekts ist mit
anderen Worten der negative Aspekt des Fremdkörpers, der die Substanz an der
vollständigen Selbstverwirklichung hindert. So zeichnet sich das Subjekt durch
einen konstitutiven Mangel aus, den es symbolisch zu vernähen und durch den
Aufbau einer Illusion innerer Identität einzuhegen versucht (vgl. Angermüller
2014e, S. 254).

4.3   RSI – oder das Subjekt ist nicht Herr im eigenen Haus

Das Reale, das Symbolische und das Imaginäre (RSI) erlauben als grundlegendes Klassifikationssystem zentrale Unterscheidungen von bislang in der psychoanalytischen Theorie zusammengefassten Begriffe (vgl. Evans 2001, S. 213). Die Register des RSI sind grundsätzlich heterogen. Jedes bezieht sich auf ganz unterschiedliche Aspekte der psychoanalytischen Erfahrung. Daher ist es nicht einfach, die Gemeinsamkeiten zu markieren. Und doch behaupten diese drei Register als jeweils eine Ordnung latent gewisse Gemeinsamkeiten: Die Register werden relational bestimmt und verkörpern jeweils nichts anderes als die Summe ihrer Differenzen.

„Entscheidend ist hier die Weise, in der die drei Dimensionen des Imaginären, des Symbolischen und des Realen miteinander verflochten sind, so dass der Abstand zwischen zwei von ihnen von der dritten aufrechterhalten wird" (Zizek 1999, S. 230).

Lacan erforscht die Frage des Gemeinsamen mittels der Topologie des Borromäischen Knotens.[20] Der Borromäische Knoten visualisiert die strukturelle Interdependenz aller drei Register, da die Loslösung einer der drei Ringe des Knotens auch die anderen beiden Ringe löst. Dieser Knoten soll die gegenseitige Abhängigkeit der drei Ordnungen versinnbildlichen und zeigt die Gemeinsamkeiten der drei Ordnungen auf. Da jeder Ring für eines der Register steht, können gewisse Elemente in den Überschneidungen dieser Ringe verortet werden (vgl. Evans S. 64f.)
  Die RSI-Triade differenziert drei Seinsordnungen, die entscheidende Einflüsse auf das Subjekt ausüben. Während das Imaginäre die Dimension des Bildes ausdrückt, ist das Symbolische die Bedeutung. Das Reale liegt jenseits der Bedeutung und der subjektiven Wahrnehmungsmöglichkeiten und zeichnet sich durch ein Paradox aus: Einerseits widersetzt es sich dem Symbolischen und andrerseits ermöglicht es erst die Realität. Nach Zizek (2008a, S. 18ff.) konstituieren das Reale, das Symbolische und das Imaginäre (RSI) miteinander die Realität menschlicher Wesen. Diese Triade stellt aufeinander angewiesene Momente dar, die eine Analyse des Welt- und Selbstzugangs des Subjekts ermöglichen. Zizek (2008a) illustriert das Zusammenspiel dieser Triade am Schachspiel:

---

20 Der Borromäische Knoten verdankt seinen Namen der Mailändischen Familie Borromeo, in deren Familienwappen er abgebildet ist. Der Knoten besteht aus drei Ringen, die so ineinander verwoben sind, dass wenn einer von ihnen geöffnet wird, alle losgelöst werden (vgl. Evans 2001, S. 64).

„Die Regeln, denen man folgen muß, um Schach zu spielen, sind seine symbolischen Dimension: Vom rein symbolischen Standpunkt aus ist der ‚Springer' nur durch die Züge definiert, die diese Figur ausführen kann. Diese Ebene unterscheidet sich deutlich von der imaginären, nämlich der Art, in welcher die verschiedenen Figuren geformt sind und durch ihre Namen charakterisiert werden (König, Dame, Springer), und es ist leicht, sich ein Spiel mit den gleichen Regeln vorzustellen, aber mit einem anderen Imaginären, in welchem dieser Figuren ‚Bote' oder ‚Spaziergänger' oder wie auch immer heißen. Schließlich ist die gesamte Anordnung von kontingenten Begleitumständen, welche den Verlauf des Spiels berühren, real: die Intelligenz der Spieler, die unvorhersehbaren Eingriffe, die einen Spieler aus der Fassung bringen oder das Spiel unmittelbar abrechen können" (ebd., S. 18f.).

Lacan entwickelt seine Theorie des Imaginären anhand seiner Untersuchung zum Spiegelstadium. Der Ausgangspunkt der Theorie des Spiegelstadiums ist die biologische Tatsache, dass menschliche Wesen ohne die Obhut zu Beziehungspersonen unmöglich überleben können. Das körperlich unvollkommene menschliche Wesen muss sich erst noch entwickeln. Dies geschieht im Spiegelstadium. In diesem frühen Entwicklungsstadium beginnt das menschliche Wesen, sich selbst mit seinem Spiegelbild oder einer konkreten Bezugsperson von außen zu identifizieren. „Während das Baby noch nicht imstande ist, seinen Körper als ein Ganzes zu erfassen und vollständig unter Kontrolle zu halten, erscheint das Spiegelbild im Gegenteil als vollkommenes Ganzes" (Kim 2009, S. 18). Das menschliche Wesen gewinnt die Kontrolle über seinen Körper erst durch die Identifizierung mit dem Spiegelbild des konkreten anderen oder des Eigenen. Lacan nennt die Dimension, in dem diese Identifizierung stattfindet, das Imaginäre: Das Ich konstruiert sich im Imaginären durch Identifikation mit dem Idealbild" (vgl. ebd., S. 19). Das Spiegelstadium repräsentiert einen wesentlichen Aspekt der subjektiven Struktur. Während Lacan dieses zunächst als ein Stadium versteht, das eine spezifische Zeitspanne im Kleinkindalter umfasst, stellt er die imaginäre Ordnung später als eine permanente Struktur der Subjektivität dar; als eine Phase, in der das Subjekt permanent von seinem eigenen Bild erfasst und gebannt wird: „Das Spiegelstadium ist weit davon entfernt, nur Ereignis zu sein, das in der Entwicklung des Kindes erfolgt. Es illustriert die konfliktreiche Natur der dualen Beziehung" (Lacan zit. nach Evans 2002, S. 278). Indem sich ein Individuum mit einem konkreten anderen spiegelt, erfährt es sich als (körperliche) Einheit; wenn diese Spiegelung misslingt, erlebt es sich in seiner Uneinheitlichkeit. Diese Beziehung vom Individuum zum konkreten anderen ist die zwischen dem Ich und dem Ideal-Ich, auch „Bild des imaginären anderen" (Nemitz 2014b, ohne Seitenangabe) genannt (das mit kleinem a geschrieben anderen). Das Ich konstituiert sich dadurch, dass es sich im Ideal-Ich spiegelt.

Die Ordnung des Imaginären steht in Verbindung mit der Identitätsbildung in spiegelartigen Beziehungen, also dem konkreten anderen. Das Bild, das sich das Subjekt von sich selbst macht, verleiht dem Subjekt eine Identität und verhindert gleichzeitig, dass es sich der eigentlichen, in sich zerrissenen Struktur seiner Subjektivität, bewusst wird. Dieser Prozess ist immer auf eine Art Spiegel (eines imaginären anderen) angewiesen, in dem das Subjekt sein Bild erkennen kann.

> „Das Imaginäre ist der Bereich des Bildes und der Vorstellung, der Täuschung und Enttäuschung. Die grundlegende Illusion des Imaginären sind die Ganzheit, die Synthese, die Autonomie, die Dualität und vor allem die Ähnlichkeit. Das Imaginäre ist demnach die Ordnung der oberflächlichen Erscheinungen, der täuschenden, beobachtbaren Phänomene [...]" (Evans 2002, S. 146f.).

Das Imaginäre bezieht sich demnach auf die bildlichen Elemente einer symbolischen Ordnung; also auf eine Identifikation des Ichs mit seinem Spiegelbild oder einem konkreten anderen als „Phantasma der Totalität, Fülle und Ganzheit" (vgl. Tellmann 2014, S.191). Die grundlegendste Illusion des Imaginären bilden die Synthese, die Autonomie, die Ganzheit, die Dualität und die Ähnlichkeit (vgl. ebd.). Das Imaginäre ist in Evans (2001, S. 146) Verständnisweise die Ordnung der Erscheinungen an der Oberfläche der täuschenden, beobachtbaren Phänomene, die die Struktur verberge.

Doch der Dualismus vom Imaginären und Symbolischen bedeutet nicht, dass dem Imaginären die Ordnung fehlen würde. Vielmehr ist das Imaginäre schon immer durch das Symbolische strukturiert. So spricht Lacan in der Diskussion des Spiegelstadiums über die Beziehung im imaginären Raum, welche eine symbolische Strukturierung dieses Raumes impliziert; also von der Strukturierung des visuellen Feldes durch die symbolischen Gesetze (vgl. ebd, S. 147). Das Imaginäre fesselt das Subjekt mit der Wirkung des Spiegelbilds. Der bannende Effekt des Spiegels ist verführerisch, und macht das Subjekt ohnmächtig. Das Imaginäre nimmt das Subjekt in einer Reihe kontingenter Fixierungen gefangen. Daher ist eine Diskursanalyse auch nicht auf die imaginäre Ordnung von Subjekten zu reduzieren (vgl. Kapitel 3.1). Es muss vielmehr die symbolische Ordnung in die Analyse einbezogen werden. Die Analyse der Verwendung des Symbolischen ist die einzige Möglichkeit, die Kontingenz der lähmenden Fixierung des Imaginären zu sprengen.

In der Lesart von Hetzel und Hetzel (2006) existiert das Imaginäre nur aus der Perspektive einer heuristischen Verkürzung: Es verweist immer schon auf das Symbolische, auf „die allgemeine, transsubjektive Ordnung der Signifikanten" (ebd., S. 240). Das Kind imaginiert sich bereits im Spiegel nicht nur für sich, sondern auch für den Blick des anderen. Erst in dessen Perspektive wird es zum Subjekt. Das Imaginäre findet sich daher von Beginn an in eine symbolische Ordnung eingeschrieben. Lacan beschreibt dies als selbstdifferentielle Signifikantenkette (vgl. Kapitel 5.4.), deren Glieder sich nur durch ihre Unterschiede aufeinander beziehen. Dabei steht das Symbolische für eine offene und irreduzible Differenz und das Imaginäre für eine gewisse Geschlossenheit und einen Stillstand.

Das symbolische andere bzw. der große Andere, wie das symbolische Andere vom imaginären anderen mit kleinem a unterschieden wird, lässt sich laut Zizek (2010, S. 507ff.) im Inneren des Subjekts im Begriff des Gesetzes finden. Der symbolische Andere, ist nicht einfach die symbolische Ordnung.

> „Was ist also der große Andere? [...] Wir haben es hier mit einem unheimlichen Subjekt zu tun, das nicht einfach ein anderes menschliches Wesen ist, sondern der Dritte, das Subjekt, das über den Interaktionen der realen menschlichen Individuen steht" (Zizek 2008b, S. 59f.).

Der Andere ist, wie Nemitz (2014a) festhält, die symbolische Ordnung in einer gewissen Funktion: als Sender, der den Subjekten gegenüber das Gesetz verkündet. Der Andere ist das Bezogensein der symbolischen Ordnung auf das Subjekt, wobei der Bezug durch den Diskurs produziert wird.

> „Im Gesetzesfall, dessen Dass-Sein (die Tatsache des Gesetzes) seinem Was-Sein (was das Gesetz ist) vorhergeht, befindet sich das Subjekt in einer Situation, in der es zwar weiß, dass da ein Gesetz ist, jedoch niemals weiß (und a priori nicht wissen kann), was dieses Gesetz ist" (Zizek 2010, S. 508).

Das Gesetz stellt also eine Kluft da, die das Gesetz von den Subjekten trennt. Das Gesetz erscheint als leere Form ohne konkreten Inhalt. Die leere Form des Gesetzes macht jedoch keineswegs das Subjekt frei. Die Ungewissheit, ob eine Handlung moralisch angemessen ist oder nicht, drückt sich paradoxerweise als „innerer Druck" (Kim 2009, S. 84) aus, der dem Subjekt als Zwang erscheint, seine Pflicht zu erfüllen. Die Leerform des Gesetzes „bezeugt die andauernde Ungewissheit über den Inhalt unserer Handlungen" (Zizek 2010, S. 508).

Das Gesetz wird von Lacan mit dem Terminus des „großen Anderen" eingeführt. Der große Andere ist das Gesetz, das der symbolischen Ordnung zugrunde liegt. Für Zizek (2010, S. 509) hängt der Zwang, unter dem die symbolische Ordnung die Bildung der Identität des Subjekts formt, von der Herrschaft eines autoritären „Über-Ichs" ab. Die Regeln und Gesetze der symbolischen Ordnung sind stets gegenwärtig und dennoch nicht erkennbar. Lacan und Zizek nennen dieses unbewusste „Über-Ich" den „großen Anderen". Das „Über-Ich" stellt den Gegensatz zur imaginären Ordnung des Ichs da. Das „Über-Ich" hat eine sehr enge, aber paradoxe Beziehung zum Gesetz. Zum einen ist das Gesetz als solches eine symbolische Struktur, die die Subjektivität reguliert und damit die Auflösung verhindert. Zum anderen hat das Gesetz des „Über-Ichs" einen „unvernünftigen, blinden Charakter, ist reine Verordnung und simple Tyrannei" (Lacan zit. nach Evans 2001, S. 315). Das „Über-Ich" konstituiert sich aus einem Missverständnis des Gesetzes, aus den Rissen im Symbolischen; es füllt diese Risse mit einem Stellvertreter aus, der das Gesetz entstellt.

> Das „Über-Ich" ist auch der Andere. Und zwar in der Form wie der Andere dem Subjekt befiehlt, zu genießen. „Das Über-Ich ist demnach der Ausdruck des Willens-zum-Genießen [...], der nicht der eigene Wille des Subjekts ist, sondern der Wille des Anderen [...]" (Evans 2001, S. 316).

Das „Über-Ich" hat somit eine Gestalt, die dem Subjekt dem Subjekt eine Moral aufzwingt die fast immer mit dem Gesetz in Widerspruch steht.

Die symbolische Ordnung besteht aus zwei zusammenwirkenden Elementen: einerseits aus einem Subjekt, das durch die Teilnahme an dieser Ordnung konstituiert wird und andrerseits aus dem „großen Anderen", das ständig die Illusion stützt, die symbolische Ordnung sei ein Mittel, um identische Bedeutung und intersubjektives Verstehen zu erreichen. Wenn Subjekte sprechen, handelt es sich also nicht lediglich um eine Interaktion zwischen zwei Subjekten: Der „große Andere" ist immer präsent. Doch er ist nur eine virtuelle Größe. Er existiert nur insoweit, wie die Subjekte so agieren, als würde er existieren.

> „Da ich angesichts jeder beliebigen Norm niemals sicher sein kann, dass sie die richtige ist, der gehorcht werden soll, ist das Subjekt in einer schwierigen Situation gefangen, in der es zwar weiß, dass es Normen gibt, denen gehorcht werden muss, jedoch über keinerlei äußere Garantie verfügt, welche Normen das nun sind ... Es gibt keine moderne reflexive Freiheit [...]" (Zizek 2010, S. 509).

Die symbolische Ordnung ist somit auf der einen Seite jede Art von Kommunikationssystem (wie die Sprache, ein Spiel oder ein Zeichensystem) und auf der anderen Seite auch das Regelwerk, das dieses System bestimmt. So gibt es Regeln für die soziale Interaktion, die im Alltagsleben nicht bewusst wahrgenommen werden. Daneben gibt es eine ganze Reihe von Tabus und Verboten, die festlegen, was wann nicht gesagt oder getan werden darf. Nach Zizek hat die symbolische Ordnung eine doppelte Funktion: Einerseits verleiht sie „symbolische Masken"

(Zizek 2010, S. 444), die symbolische Identität konstituieren und die bedeutender sind als die Wirklichkeit eines Subjekts. Zum anderen besteht die Funktion der symbolischen Ordnung darin, die ethischen Umgangsweisen der interagierenden Subjekte zu präformieren. Die erste Funktion meint, dass Subjekte durch die verliehenen symbolischen Titel eine Maske tragen und diese auch annehmen. In der Konsequenz beinhaltet das eine „Struktur fetischistischer Verleugnung" (ebd.): (Professionelle) Subjekte wissen sehr wohl, dass die Dinge so sind, wie sie sie sehen. Dennoch handeln sie nicht notwendigerweise danach, da z. B. konkrete andere, z. B. Richter_innen oder Polizisten_innen, Insignien tragen durch die das symbolische Gesetz spricht. Demnach wird z. B. den Worten eines Polizisten in Uniform oder einer Richterin in ihrer Robe mehr Glaubwürdigkeit geschenkt, als dem, was die (professionellen) Subjekte mit ihren eigenen Augen sehen. Zizek (ebd.) bringt dies mit der folgenden Fragestellung auf den Punkt: „Wem glaubst du mehr? Deinen Augen oder meinen Worten" (ebd.). Somit gilt dann auch für professionelle Subjekte, dass mehr Wahrheit in ihren Worten liegt, als in der unmittelbaren Wirklichkeit ihrer Person. Hier zeigt der symbolisch verliehene Titel einer sozialpädagogische Fachkraft seine Wirkung. Die symbolische Ordnung bestimmt also sowohl, was Subjekte sagen, als auch, was sie denken.

In diesem Theoriehorizont ist die Professionalität sozialpädagogischer Fachkräfte insbesondere durch ihre historisch-präformierten, verliehenen symbolischen Masken bestimmt, die durch die symbolische Ordnung konstituiert werden. So ist der symbolische Titel „Sozialpädagog_in" historisch mit Konnotationen versehen, die sich aus Ausbildungsformen, Organisationen und gesetzlichen Regelungen zusammensetzen. Darauf folgt weiterhin, dass die die symbolische Ordnung dem professionellen Subjekt die Position zur Machtausübung verleiht (vgl. Zizek 2008a, S. 50). Objekte, die Macht symbolisieren, verleihen dem professionellen Subjekt, das sie trägt und/oder Zugang zu ihnen hat, zugleich die Position, die Macht auszuüben. Wenn also zum Beispiel eine sozialpädagogische Fachkraft die Fallakte in der Hand hält und diese bearbeitet, werden die Worte der Fachkraft als professionell verstanden. Solche Insignien sind äußerlich und nicht Teil des Subjekts. Sie werden angewandt um Macht auszuüben. Als solche „kastrieren" (ebd.) die professionellen Positionen die Subjekte, indem sie eine Lücke öffnen zwischen dem, was das professionelle Subjekt unmittelbar ist, und der Funktion, die sie in ihrer professionellen Position ausüben. Der Begriff der „symbolischen Kastration" (ebd.) ist der psychoanalytische Ausdruck für das symbolische Verbot bzw. für das leerförmige Gesetz. Die Subjekte sind demnach in der symbolischen Ordnung gefangen. Sie sind gezwungen eine symbolische Maske aufzulegen oder eine Position bzw. Funktion zu übernehmen. Die symbolische Identität der professionellen Subjekte ist immer historisch präformiert und hängt von bestimmten

ideologischen Kontexten ab. „Die symbolische Identität, die uns auferlegt wird,
ist das Resultat der Art und Weise, wie die herrschende Ideologie uns ‚anruft‘“
(Zizek 2008a, S. 51). So demonstriert der Begriff der Kastration gleichzeitig das
Paradoxon, dass das Ich erst durch das In-Beziehung-Treten mit dem Anderen zu
sich selbst gelangen kann. Die Kastration ist dabei die Tatsache, dass dem Subjekt
nicht jede Art von Genuss oder jede Art von Handlung erlaubt ist und dass es das
Verbot akzeptieren muss. Die zentrale Funktion der symbolischen Ordnung mit
ihren Konventionen, Gesetzen und Pflichten besteht darin, „unsere Koexistenz mit
anderen minimal erträglich zu machen: Etwas Drittes muß zwischen mich und
meinen Nächsten treten, damit unsere Beziehungen nicht in mörderische Gewalt
explodieren“ (ebd.). Wenn ein professionelles Subjekt, z. B. eine sozialpädagogische Fachkraft, angerufen wird, dann wird dem professionellen Subjekt ein „symbolischer Titel“ (Zizek 2008a, S. 65) angeboten, der historisch entstanden ist. Sie
werden zu dem gemacht, zu dem sie erklärt werden und mit dem ihre symbolische
Identität konstituiert wird:

> „Jugendhilfe soll zur Verwirklichung des Rechts […] insbesondere junge Menschen
> in ihrer individuellen und sozialen Entwicklung fördern und dazu beitragen, Be-
> nachteiligung zu vermeiden oder abzubauen“ (SGB VIII, § 1 Abs. 3).

Hier klingt die Sprechakttheorie nach Louis Althusser (1977) erneut an, nach
der Akt des Sprechens die Situation hergestellt wird, die sie erklärt. Nach Zizek
(2008a) meint die Theorie der Performative nach Lacan aber mehr. Es geht dabei
auch um Verantwortung und Verpflichtung. Wenn ein professionelles Subjekt als
Sozialpädagog_in adressiert wird, indem ein symbolischen Titel ausgerufen wird:
„Du bist die sozialpädagogische Fachkraft“, dann geht damit auch die Verpflichtung einher, das professionelle Subjekt auf eine gewisse Weise zu behandeln. Zugleich wird das professionelle Subjekt dazu verpflichtet, die anrufenden Instanzen
auf eine gewisse Weise zu behandeln. Diesen Rückgriff auf die symbolische Verpflichtung (auf das Performative) brauchen Subjekte deshalb und nur insoweit, als
der andere nicht lediglich ein Spiegelbild ist, sondern auch der „schwer faßbare
absolute Andere, der letztendlich ein unergründliches Geheimnis bleibt“ (ebd., S.
66).
 Allerdings wird die symbolische Identität von professionellen Subjekten durch
eine ganze Reihe digitalisierter informatischer Akten konstituiert, um deren Existenz sie nichts wissen. Und wenn sie nichts von den latenten Anrufungen wissen,
dann tangiert das ihre Subjektivität in keiner Weise. „Viel interessanter ist der
gegenteilige Fall, bei dem das Subjekt sich selbst im Ruf eines Anderen erkennt“
(Zizek 2010, S. 356). Nach Zizek (ebd.) ist es für Althusser wesentlich, dass die

„Wiedererkennung im anrufenden Ruf des Anderen in dem Sinn performativ ist, dass gerade die Gesetze der Wiedererkennung diesen großen Anderen konstituieren" (ebd.). Das professionelle Subjekt existiert, insofern sich Adressat_innen als diejenigen wiedererkennen, die den Ruf des professionellen Subjekts hören und annehmen (oder nicht annehmen). Das professionelle Subjekt übt seine Macht insofern aus, als dass es sich als das professionelle Subjekt wiedererkennt, das durch den großen Anderen innerhalb der symbolischen Ordnung angerufen wird. Dadurch wird der symbolische Titel des professionellen Subjekts mit Macht ausgestattet, die durch eben den professionelle Subjekten eingenommen wird. Weiterhin konstituiert das professionelle Subjekt, welches die Adressat_innen unterstützen will, die Adressat_innen, um ihre ausgeführte Handlungspraxis zu legitimieren. Durch die Einnahme symbolischer Titel, wird dem professionellen Subjekt Wissen unterstellt. Dabei ist das Wissen nicht in einem spezifischen Subjekt zu finden, sondern entsteht interaktiv innerhalb der symbolischen Ordnung. Der große Andere, die symbolische Ordnung, berührt damit auch Überzeugungen und Wissen.

> [D]er Andere kann auch an meiner Statt glauben und wissen. Um diese Verschiebung des Wissens eines Subjekts auf einen anderen zu bezeichnen, hat Lacan den Begriff des Subjekts, dem Wissen unterstellt wird [...] geprägt" (Zizek 2008b, S. 41).

Diese Konzept des Subjekts, dem Wissen unterstellt wird, bedeutet übertragen auf die sozialpädagogische Praxis, dass diese nicht durch das tatsächliche Wissen des professionellen Subjekts in Gang gesetzt wird, sondern durch die Vermutung des/der Adressat_in oder anderer (professioneller) Subjekte, dass ein wissendes sozialpädagogisches Subjekt existiert. Der Terminus „Subjekt, dem Wissen unterstellt wird" bezeichnet nicht das professionelle Subjekt selbst, sondern eine „Funktion" (Evans 2002, S. 294), die es in der sozialpädagogischen Praxis übernehmen kann. Erst wenn das professionelle Subjekt von des/der Adressat_in oder anderen (professionellen) Subjekten in diesem Sinne als Funktionsträger wahrgenommen wird, kann davon ausgegangen werden, dass die Übertragung hergestellt ist. Dem professionellen Subjekt wird dabei das Wissen unterstellt, auf der einen Seite die Lösung der (Problem)Situation zu kennen und auf der anderen Seite den (geheimen) Sinn der Worte des/der Adressat_in zu kennen, also auch die Bedeutungen im Sprechen zu kennen, die selbst der Sprechende nicht kennt. Die Unterstellung, dass das professionelle Subjekt Wissen hat, das dem/der Adressat_in nicht zur Verfügung steht, verleiht ansonsten unbedeutenden Details (zufällige Gesten, doppeldeutige Bemerkungen) aus der Sichtweise der Adressaten_innen retroaktiv eine besondere Bedeutung. Dabei kann es sein, das der/die Adressat_in davon ausgeht, dass das professionelle Subjekt ein Subjekt ist, das von Interventionsbeginn an weiß oder schon vorher weiß. Doch meistens braucht es Zeit, bis die Übertragung konstituiert wird. Beim Eintritt in die sozialpädagogische Praxis ist der/die Adressat_in zumeist weit davon entfernt, dem professionellen Subjekt die Funktion des Wissenden zu übertragen. Der/die Adressat_in betrachtet das sozialpädagogische Subjekt vielleicht als eine Art bevormundende Instanz und/oder verweigert dem professionellen Subjekt Informationen, um es unwissend zu lassen. Doch auch wenn das professionelle Subjekt in Frage gestellt wird, ein gewisses Wissen wird ihm irgendwann einmal unterstellt werden, da es den historisch präformierten symbolischen Titel trägt. Früher oder später interpretiert der/die Adressat_in eine zufällige Geste als Zeichen einer Absicht, eines latenten Wissens. Dann verkörpert das professionelle Subjekt das Subjekt, dem Wissen unterstellt wird.

Wie Evans (2012, S. 295) feststellt, betont das Konzept des Subjekts, dem Wissen unterstellt wird, auch die Tatsache, dass eine ganz bestimmte Beziehung zum Wissen die einzigartige Position des professionellen Subjekts konstituiert. Das professionelle Subjekt muss sich im Klaren darüber sein, dass es nur den symbolischen Titel, also die Position bekleidet, der vom Adressaten Wissen unterstellt wird. Die Tatsache, dass dieses unterstellte Wissen und nicht das tatsächliche Wissen die sozialpädagogische Praxis stützt, bedeutet nicht, dass sich das professionelle Subjekt damit zufrieden geben soll, nichts zu wissen. Im Gegenteil: Das professionelle Subjekt soll sich bemühen Wissen zu erlangen. Dabei ist dieses Wissen sowohl das Wissen um die Beziehung des Subjekts zur symbolischen Ordnung als auch diese Beziehung selbst. „Dieses Wissen ist einfach die Verknüpfung der Signifikanten im symbolischen Universum des Subjekts" (Evans 2002, S. 435), die Signifikantenkette. Das symbolische Wissen ist – wie Evans (ebd.) weiter ausführt – das Wissen um die Wahrheit über das Begehren. Somit ist das Wissen eine Form des Genießens. „Wissen ist das Genießen des Anderen" (Lacan zit. nach Evans 2002, S. 345). Der Ort des symbolischen Wissens liegt weder im Anderen noch im professionellen Subjekt: Es ist intersubjektiv. Doch das hindert Subjekte, sowohl Adressat_innen als auch professionelle Subjekte, nicht daran, andere Subjekte mit Wissen auszustatten, die dieses symbolische Wissen dann in sich tragen.

Subjekte sprechen zum Anderen als Ort des Sprechens. Dieser Andere wird in jedem Sprechen ins Spiel gebracht, auch dann, wenn Subjekte mit sich selber sprechen. Sie wählen ein bestimmtes Vokabular, halten sich an die Regeln der Grammatik und beziehen sich damit auf eine/n potenzielle/n Adressat_in. Die Subjekte passen sich an das Vokabular der Adressat_in und seine Grammatik an und versuchen, die Antworten zu antizipieren. All das tun sie, damit die Adressat_innen das Gesagte verstehen und vielleicht sogar akzeptieren. Dieser im Sprechen innewohnende Bezugspunkt der zuhörenden und verstehenden Adressaten_innen ist der Andere als Ort des Sprechens (vgl. Nemitz 2014c). Dabei ist das Symbolische kein geschlossener Bereich und unterscheidet sich so von anderen Begriffen gegenwärtiger Theoriebildung wie „System" oder „Gesellschaft".

Die dritte Dimension, das Reale, ist weder die physikalische Realität noch eine präsymbolische Substanz oder Kraft. Es besitzt „keine ‚positive' ontologische Konsistenz [...]. [Seine] Konturen lassen sich lediglich als die absente Ursache der Verzerrung/Verschiebung des symbolischen Raumes erkennen" (Zizek 1999, S. 267). Evans (2002, S. 250f.) beschreibt es in Anlehnung an Lacan als dem Imaginären und Symbolischen entgegengesetzt. Während im Symbolischen, das durch Gegenseitigkeit der Abwesenheit und Anwesenheit konstituiert ist, gibt es im Realen keine Abwesenheit. Die symbolische Opposition von An- und Abwesenheit impliziert, dass immer etwas im Symbolischen fehlen könnte. Demgegenüber ist das Reale immer an seinem Platz. Während das Symbolische – stellt Evans (ebd.) weiter fest – aus einer Reihe von differenzierten Elementen, den Signifikanten, besteht, ist das Reale in sich selbst nicht differenziert. Das Symbolische führt im Bedeutungsprozess einen Schnitt im Realen ein: „Die Welt der Worte schafft die Welt der Dinge – Dinge, die ursprünglich ungeordnet waren im hic et nunc des Ganzen im Prozeß, in dem ihr Sein zu deren Wesen wird" (Lacan zit. nach Evans 2002, S. 251).

Somit konnotiert das Reale auch Materie, was bedeutet, dass dem Imaginären und dem Symbolischen ein materielles Fundament zugrunde liegt. Dies verknüpft das Reale auch mit dem Bereich der Biologie und mit dem Körper in seiner physischen Erscheinung als Gegensatz zu den imaginären und symbolischen Funktionen des Körpers.

4.4 Das Phantasma

Das Subjekt ist wie der Andere im Verständnis von Zizek (2008c, S. 68) von einem konstitutiven Mangel durchzogen. Es geht ein Riss durch sie hindurch. Das Phantasma ist die Vermittlungsinstanz zwischen dem Mangel des Subjekts und dem Mangel des Anderen. Es stellt den Raum her, in dem das Begehren seinen Ort findet, in dem es lehrt, wie und was zu begehren ist.

> „Das Phantasma erlaubt es dem Subjekt, den Umstand zu verdrängen, dass weder es selbst noch der Andere vollständig sind, es füllt die Lücke im Subjekt und im Anderen aus, es gibt dem Subjekt gleichzeitig eine Identität und eine Erklärung dafür, warum diese Identität ständig gefährdet ist" (Heil 2010, S. 69).

Lacan bezeichnet das ontologische Verhältnis vom Subjekt und dem Begehren als das Objekt klein a, das für die leere Struktur des Begehrens steht, welches niemals vollständig erfüllt werden kann. „Für Lacan stellt die Phantasie eine Antwort auf das Rätsel des Begehrens des Anderen bereit. [...] In der Hauptsache sagt mir die Phantasie, was ich für die anderen bin" (Zizek 2008b, S. 68ff.).

Ein professionelles Subjekt ist in ein komplexes Netzwerk von Beziehungen eingebettet und dient als eine Art Katalysator und Kampffeld für das Begehren aller Beteiligten. Subjekte aus derselben Profession, aus anderen Professionen, aus dem Justizwesen oder Gesundheitswesen, Erziehungsberechtigte oder Familienmitglieder etc. – alle schlagen ihre Schlachten im Namen des professionellen Subjekts. Z.B. sendet die Lehrerin bzw. der Lehrer dem Sozialpädagogen bzw. der Sozialpädagogin eine Botschaft im Ausdruck ihrer Sorge um den Adressat bzw. die Adressatin. Obwohl das professionelle Subjekt sich dieser Rolle wohl bewusst ist, kann sie bzw. er nicht ermessen, welche Art Objekt es für den Anderen ist und welche Schlachten um ihn bzw. sie geschlagen werden. Nach Zizek (2008a, S. 69) ist das Phantasma eine Antwort auf dieses Rätsel: Das Phantasma sagt dem professionellen Subjekt in der Hauptsache, was sie bzw. er für den Anderen ist. Der entscheidende Punkt dieses intersubjektiven Charakters des Phantasmas ist der, dass es sich um einen Versuch handelt, eine (professionelle) Identität auszubilden, die den Anderen zufriedenstellt und zum Objekt des subjektiven Begehrens macht. Das Phantasma lehrt somit zu begehren. Es bedeutet nicht das Phantasieren im alltagsweltlichen Sinne, wobei über etwas zu phantasiert wird, das ein Subjekt wünscht, aber in der Realität nicht bekommt. Das Problem liegt nach Zizek (2008b, S. 39) vielmehr in der Frage: Woher weiß das Subjekt überhaupt, was es begehrt? Das Begehren, das das Phantasma inszeniert, ist nicht das des Subjekts, sondern das Begehren des Anderen, das Begehren der Individuen die um das Subjekt herum sind. Somit ist die ursprüngliche Frage des Phantasmas für die professionellen Subjekte nicht „Was will ich?", sondern „Was wollen andere von mir?". „Das Phantasma, die phantasmatische Szene bzw. das entsprechende Szenario sind eine Antwort auf: ‚Du sagst das, aber was ist es, was du damit tatsächlich bezwecken willst?" (Zizek 2008c, S. 40).

Was ist ein Diskurs? 5

Mit Zizek bzw. Lacan kann der Diskurs als ein heterogenes Phänomen betrachtet werden, in dem sich die drei Register des Realen, Symbolischen und Imaginären überlagern (vgl. Angermüller 2005b, S. 78). Während Derrida den Diskurs ausschließlich als Spiel von Differenzen von symbolischen Phänomenen versteht, ist er bei Zizek nicht nur symbolisch. Es kommen die imaginären Bezüge zum anderen hinzu, in dem sich das Subjekt spiegelnd entdeckt und wiederfindet, wie Angermüller (ebd.) festhält. Es geht also um eine psychoanalytische Verständnisebene. Der Psychoanalyse wurde vieles vorgeworfen: dass sie von einer ultimativen Wahrheit ausgehe; dass sie die Realität, in welcher sich die Subjekte befinden, nur in vorgefertigten Denkschablonen wahrnehme; dass sie den Menschen auf seine sexuelle Natur reduziere, etc. Doch all diese Argumente scheinen Zizeks psychoanalytischen Ansatz zu verfehlen. Ihm geht es, in Anlehnung an Lacan, nämlich gerade darum, mit der Vorstellung einer biologisch-anthropologischen Natur des menschlichen Wesens aufzuräumen und die Rolle der symbolischen Ordnung für die Subjektherstellung zu unterstreichen.

5.1   Diskurse an den Grenzen von Symbolik und Materialität

Die folgenden diskurstheoretischen Explikationen lehnen sich insbesondere an diskurspragmatische Lesarten an, die Diskurse als Praxis analysieren und verstehen. Die explizite oder implizite Gleichsetzung von Diskurstheorie bzw. Diskursanalyse mit Foucault ist problematisch. Dem Foucaultschen Ansatz würde so eine Homogenität und Kontinuität unterstellt, die angesichts der diversen Brüche seiner Arbeiten nur schwer aufrechtzuerhalten sind. In Foucaults (1981) „Archäologie des Wissens", die als methodologische Reflexion auf seine bis dahin vorgelegten Arbeiten und gleichzeitig als Entwurf einer Theorie der Diskursanalyse gilt, taucht das Verhältnis zwischen symbolischer und nicht-symbolischer Realitätskonstitution im Kontext des Problems diskursiver und nicht-diskursiver Praktiken auf. Dabei ist die zentrale Frage, wie Diskurse erkannt oder genauer wie sie als diskursive Formationen extrahiert und benannt werden können. Hier bestimmt Foucault die diskursiven Formationen keineswegs als eine Quantifizierung von Texten, Textfragmenten oder Äußerungen, er bezeichnet sie vielmehr als „Bündel von Beziehungen" (ebd., S. 70). Der Diskurs ist nicht als isolierbare Einheit zu verstehen, sondern in der Funktion einer

> „Herstellung von Beziehungen, die die diskursive Praxis selbst charakterisiert; und man entdeckt auf diese Weise keine Konfiguration oder Form, sondern eine Gesamtheit von Regeln, die in einer Praxis immanent sind und in ihrer Spezifik definieren" (ebd., S.70f.).

Wrana und Langer (2007) halten dazu fest, dass Foucault unter den homogenen diskursiven Formationen weder sprachliche Produkte (z.B. politische Programmatiken) noch sprachliche Elemente, wie Wörter, Seme etc. versteht, „sondern die Ähnlichkeit einer diskursiven Praxis der Herstellung von Wahrheit und Bedeutung" (ebd., ohne Seitenangabe). Somit steht nicht die Sprache im Zentrum der Diskurstheorie, sondern Sprechen als Tun bzw. das sprachliche Handeln.

> „Die Herstellung von Beziehungen zwischen 1. Einem Feld von Gegenständen, 2. Einem Ensemble von Bedeutungen, 3. einer Position des Subjekts und 4. einer Materialität (z.B. einem Textfragment) ist die Funktion des Äußerungsaktes" (Wrana/ Langer 2008)

Die diskursiven Beziehungen, auf die die Diskursanalyse zielt, sind demnach nicht nur als Sprache oder sprachliche Artefakte bzw. Texte zu begreifen, sondern sie sind vielmehr das, was das Sprachliche mit dem Nicht-Sprachlichen in Beziehung setzt. Die diskursiven Beziehungen bilden eine diskursive Formation. Diese Formation zeichnet sich dadurch aus, dass die Gegenstände, die der Diskurs bildet, durch bestimmte diskursive Beziehungsweisen gebildet werden. Um solche diskursiven Formationen zu analysieren schreibt Foucault:

> „Man müßte zunächst die ersten Oberflächen ihres Auftauchens finden [...] Außerdem müßte man die Instanzen der Abgrenzung beschreiben [...] Und schließlich müßte man die Spezifikationsraster analysieren" (Foucault 1981, S 62ff.).

Beschreiben lassen sich die diskursiven Formationen also, indem die Beziehungen zwischen den Oberflächen des Auftauchens (bei Foucault sind es z.b. der Wahnsinn oder die Sexualität), den Instanzen der Abgrenzung (z.b. die ärztliche Instanz, die gerichtliche Instanz), den Kategorisierungsebenen und Rastern (z.b. Ausbildungsfähigkeit, Berufsfähigkeit, Menschen mit Behinderung) und den Praktiken der Wissensproduktion (z.b. Eignungsanalyse, Kompetenzfeststellungsverfahren) extrahiert werden.

> „Diese Beziehungen werden zwischen Institutionen, ökonomischen und gesellschaftlichen Prozessen, Verhaltensformen, Normsystemen, Techniken, Klassifikationstypen und Charakterisierungsweisen hergestellt; und diese Beziehungen sind im Gegenstand nicht präsent" (ebd., S. 68).

Jenseits dieser diskursiven Beziehungen, also jenseits dessen, was das Sprachliche mit dem Nicht-Sprachlichen verbindet, postuliert Foucault (ebd.) die „primären Beziehungen". Diese können „unabhängig von jedem Diskurs oder jedem Diskursgegenstand, zwischen Institutionen, Techniken, Gesellschaftsformen usw. beschrieben werden" (ebd., S. 69). Diese „primären Beziehungen" sind nicht immer den die Gegenstände bildenden Beziehungen zuzuordnen. Vielmehr handelt es sich um „Abhängigkeitsbeziehungen" (ebd.), die sich nicht notwendigerweise in der Herstellung von Beziehungen ausdrücken, welche die Gegenstände des Diskurses bilden. Foucault (vgl. ebd.) unterscheidet sie von den „sekundären Beziehungen", die selbst im Diskurs formuliert sind. Es geht also um das, was z.B. sozialpädagogische Fachkräfte über die Beziehung zwischen Familie und Kriminalität oder Jugendlichen und Non-Konformität sagen. Diese Äußerungen reproduzieren dabei weder die „primären" Abhängigkeitsbeziehungen noch das Zusammenspiel der Beziehungen, die den diskursiven Gegenstand ermöglichen und unterstützen. So öffnet sich ein ganzer in mögliche Beschreibungen gegliederter Raum: „System der primären oder wirklichen Beziehungen, System der sekundären oder reflexiven Beziehungen und System der Beziehungen, die man eigentlich diskursiv nennen kann" (ebd., S. 69).

Die Schwierigkeit besteht nun darin, die Spezifität der diskursiven Beziehungen und ihr Zusammenspiel mit den anderen beiden Systemen deutlich werden zu lassen. Das bedeutet: Auch wenn die primären Beziehungen nicht mehr Diskurs sind, so müssen sie dennoch ein Gegenstand der Diskursanalyse sein, da in ihr das Zusammenspiel der verschiedenen Beziehungsebenen untersucht werden soll. Diese diskursiven Beziehungen sind nach Foucault (ebd.) Beziehungen, die im Diskurs weder innerlich noch äußerlich vorhanden sind. Das bedeutet, „sie errichten zwischen den Sätzen oder Propositionen keine deduktive oder rhetorische Architektur" (ebd., S. 69f.), noch beschränken sie ihn oder legen ihm bestimmte Formen auf – sie determinieren ihn nicht. Die Beziehungen sind vielmehr genau auf der Grenze des Diskurses angesiedelt: Sie befinden sich irgendwie an der Grenze des Diskurses: sie bieten ihm die Gegenstände, über die er reden kann, oder vielmehr (denn dieses Bild des Angebots setzt voraus, daß die Gegenstände auf der einen Seite gebildet werden und der Diskurs auf der anderen) sie bestimmen das Bündel von Beziehungen, die der Diskurs bewirken muß, um von diesen und jenen Gegenständen reden, sie behandeln, sie benennen, sie analysieren, sie klassifizieren, sie erklären zu können. Diese Beziehungen charakterisieren nicht die Sprache, die der Diskurs benutzt, nicht die Umstände, unter denen er sich entfaltet, sondern den Diskurs selbst als Praxis (ebd., S. 70).

Die Diskurstheorie Foucaults nimmt also – nach Wrana und Langer (2007) – einen „lingustic turn" und einen „pragmatic turn", wenn sie von einem Repräsentationsmodell, in dem die Wahrheit einer Aussage ihre Geltung aus der angemessenen Abbildung einer objektiven Realität zieht, zu einem performativen Modell übergeht. Die Performativität zieht die Wahrheit einer Aussage „aus dem (Wahr-) Sprechen, einem sprechenden Tun, das die Wahrheit des Gesagten konstituiert und verbürgt" (ebd., ohne Seitenangabe). Die Untersuchung der diskursiven Beziehungen fokussiert also nicht die Sprache als System, sondern auch die Beziehungen des Sprachlichen zum Nicht-Sprachlichen oder vom Symbolischen zum Materiellen. Damit wird auch die viel diskutierte Unterscheidung von diskursiven und nicht-diskursiven Praktiken (vgl. Jäger 2001, S. 95; Bührmann et al. 2008) nichtig. Wie Kessl (2010, S. 351) betont, wird diskursanalytischen Vorgehensweisen unterstellt, dass sie mit ihrer Fokussierung auf „das Diskursive" ausschließlich das Sprachliche empirisch dechiffrierten und das Nicht-Sprachliche ausgeschlossen bliebe. Demnach werden materiale Dimensionen, wie institutionelle, sozialstrukturelle, aber auch architektonische Gegebenheiten systematisch nicht berücksichtigt. Langer und Wrana (2007, [61]) betonen demgegenüber, dass die diskursiven Beziehungen, auf die die diskursanalytischen Vorgehensweisen zielen sollten, nun gerade nicht nur als Analyse von Sprache bzw. Text zu begreifen ist, sondern als „Beziehung des Sprachlichen zum Nicht-Sprachlichen" (Foucault 1981, S. 70). Foucault (ebd.) formuliert dazu in der *Archäologie des Wissens*: Diskursive Beziehungen

> „befinden sich irgendwie an der Grenze des Diskurses: sie bieten ihm die Gegenstände, über die er reden kann, oder vielmehr [...] sie bestimmen das Bündel von Beziehungen, die der Diskurs bewirken muß, um von diesen und jenen Gegenständen reden, sie behandeln, sie nennen, sie analysieren, sie klassifizieren, sie erklären zu können. Diese Beziehungen charakterisieren nicht die Sprache, die der Diskurs benutzt, nicht die Umstände, unter denen er sich entfaltet, sondern den Diskurs selbst als Praxis" (ebd.).

Ähnlich wie Zizek (2008c) mit seiner Unterscheidung vom Realen und der Realität, bestreiten auch Laclau und Mouffe (2006, S. 144) nicht die Existenzformen außerhalb des symbolischen. Allerdings kann sich für sie kein Gegenstand außerhalb der diskursiven Bedingung des Auftauchens als Gegenstand konstituieren.

> „Ein Erdbeben oder der Fall eines Ziegelsteins sind Ereignisse, die zweifellos in Sinne existieren, daß sie hier und jetzt unabhängig von meinem Willen stattfinden. Ob aber ihre gegenständlich Spezifik in der Form von ‚natürlichen Phänomenen' oder als ‚Zornesäußerung Gottes' konstruiert wird, hängt von der Strukturierung des diskursiven Feldes ab" (ebd., S. 144).

Damit betonen die Autoren den performativen Charakter des Diskurses in Anlehnung an die Sprechakttheorie und die Sprachspiele bei Wittgenstein.

Während für die Diskurstheorie die Realität „hinter" der symbolischen Realität so gut wie keine weitere Bedeutung hat, ist es für Zizek (2008c) das Reale, das die symbolisch konstellierte Realität erst verändern kann. Die Unmöglichkeit des Realen ist dabei, dass es sich nie erkennen und beschreiben lässt. Zizek (ebd.) versteht die Realität als ein Feld, in dem durch das Eingreifen einer Sphäre außerhalb des Symbolischen eine Transformation eben dieser stattfinden kann.

5.2 Gegenstand diskursanalytischer Vorgehensweisen: Aussagenfelder als diskursive Praxis

Der Untersuchungsgegenstand diskursanalytischer Vorgehensweisen sind Aussagenfelder (vgl. Kessl 2010, S. 350; Wrana 2006, S. 122ff.), oder genauer:

„Ihren Gegenstand bilden situationsübergreifende Aussagenkomplexe, deren macht-
durchzogene Konstitution, historische Genese und Transformation sowie jeweiligen
Konstitutionsbedingungen" (Fegter/Langer 2008, ohne Seitenangaben).

Dabei liegt das analytische Potenzial der spezifischen Perspektive diskursanalytischer Vorgehensweisen in der Rekonstruktion der gesagten Dinge „in ihrer Positivität" (Bublitz 2003, S. 75). Die Aussage „muß eine materielle Existenz haben"
(Foucault 1981, S. 145). Diese materielle Existenz in ihrer historisch-spezifischen
Ausformung ist nach Kessl (2010) Bezugspunkt diskursanalytischer Vorgehensweisen: „Diese rekonstruieren also historisch-spezifische Regelmäßigkeitssyste-
me des Sagbaren, was immer zugleich das Sichtbare ist" (ebd., S. 350). Die hier
fokussierten Inblicknahmen der machtdurchzogenen Konstitution von Diskursen,
weißt darauf hin, dass es der diskursanalytischen Perspektive nicht um die Beschreibung, Beobachtung oder Rekonstruktion von Kommunikationsformen geht,
sondern um „die Beschreibung der Logik der Formation materialisierter Stellung-
nahmen" (ebd.). Kessl (ebd.) führt weiter aus, dass das Analyseinteresse diskursanalytischer Vorgehensweisen der Rekonstruktion von Zusammenhängen und
Prozessen gilt, z.B. der Aussage als Äußerung. Die Fragestellung lautet dann:
„Wie ist diese Äußerung in genau der Weise erschienen, wie sie erschienen ist?"
(ebd., S. 352). Gegenstand einer Diskursanalyse sind somit Äußerungssysteme als
hegemoniale diskursive Praktiken, die zu einem historisch-spezifischen Zeitpunkt
das Sagbare und damit auch Sichtbare (Hegemoniale) kennzeichnen. Dabei sind
diskursanalytische Vorgehensweisen weder auf Programmanalysen noch auf die
Rekonstruktion sozialer bzw. interaktiver Praktiken zu reduzieren. Die einseiti-
ge Betrachtung von Programmatiken, also von als Praxisregulation verstandenen
Materialrekonstruktionen politischer Programmatik, unterliegen der Gefahr einer
unveränderten Ableitung von der Ebene programmatisch/diskursiver Praktiken
auf die Ebene institutionell/diskursiver Praktiken und die Ebene interaktiv/dis-
kursiver Praktiken. Eine Engführung auf die Analyse von Praxis birgt das Risiko
einer machtanalytischen Unterbelichtung der institutionell/diskursiven und inter-
aktiv/diskursiven Praktiken; also die Gefahr einer De-Kontextualisierung.

„Diskursanalytische Vorgehensweisen zielen vielmehr auf die Rekonstruktion der
Rationalitätsmuster, die sich als bestimmende Logik der jeweiligen historisch-spezifischen Formate programmatischer, institutioneller wie interaktiver Praktiken zeigen" (ebd. 2010, S. 352).

Wie nun ein solches Aussagenfeld im Forschungsprozess zu begrenzen ist, ergibt
sich gesichert erst im Verlauf der diskursanalytische Vorgehensweise. Nach Kessl

(2010) bedeutet die Umsetzung diskursanalytischer Vorgehensweisen daher nicht, eine konkrete Forschungsmethode anzuwenden, sondern einen „forschenden Standpunkt" (ebd., S. 350) einzunehmen.

Über diskursive Praktiken lässt sich viel spekulieren, aber nur wenn sie durch eine Materialität in Form von Texten (oder visuell) von Äußerungen zugänglich sind, können sie analysiert werden. Die Praktiken müssen eine materiale Existenz haben.

> „[S]ie (die Materialität M.H.) ist nicht nur Variationsprinzip, Modifikation der Kriterien des Wiedererkennens […]. Sie ist konstitutiv für die Aussage selbst: eine Aussage bedarf einer Substanz, eines Trägers, eines Ortes und eines Datums" (vgl. Foucault 1981, S. 147).

Diese Materialität unterscheidet Äußerung, Aussage und Äußerungsakt von den diskursiven Praktiken. Jede Äußerung und jeder Äußerungsakt sind singuläre Ereignisse und als solche an unmittelbar an ihre Materialität gebunden, während die diskursiven Praktiken eine Kette von Äußerungsakten verbindet. Dabei können unterschiedliche Äußerungen verschiedener Subjekten an unterschiedlichen Orten und wohlmöglich mit verschiedenen Medien dieselbe diskursive Praktik materialisieren (vgl. Wrana 2006, S. 131).

5.3 Äußerung, Aussage, Äußerungsakt und diskursive Praktiken

Deutlich wird die diskurspragmatische Wende der Diskursanalyse u.a. in Foucaults theoretischer Entwicklung von *Die Ordnung der Dinge* (1966), wo er noch dem Programm des Strukturalismus verpflichtet ist, zur *Archäologie des Wissens* (1981), wo er das Begriffspaar Äußerung und Aussage einführt: „Äußerung und Aussage sind die wenig glücklichen Übertragungen des sprachwissenschaftlichen Begriffspaars von énonciation und énonce" (Angermüller 2005b, S. 75).

Der Terminus der Äußerung bzw. énonciation verweist in der französischen Sprachwissenschaft auf den Gebrauch bzw. den Akt von Sprache. Unter einer Äußerung ist – wie Angermüller (ebd.) weiter ausführt – der Vollzug einer Sprechhandlung zu verstehen, die einen Fakt des Diskurses herstellt, auf den wiederum diskursiv verwiesen werden kann. Der Sprechakt, die Sprache im Vollzug, bezeichnet somit eine eigene Ebene der Produktion von tatsächlich gebrauchter Sprache. Auf diese Transformation vom sprachlichen Akt (énonciation) zum diskursiven Fakt (énoncés) beruft sich Foucaults Verständnis von diskursiver Formation in

der *Archäologie*. Eine diskursive Formation besteht aus spezifisch hervorgebrachten Diskursakten und -fakten, die zu einer Ordnung wiederholbarer Differenzen
und Sequenzen verbunden sind, deren Risse und Lücken sich nicht vollständig
schließen lassen und so immer weitere diskursive Akte notwendig machen. Eine
diskursive Formation ist sowohl statisch als auch dynamisch zu verstehen: Sie ist
nicht nur statisch, im Sinne der Formation, sie bezeichnet auch die Entstehung
des Diskurses, im Sinne der Formierung (vgl. Angermüller 2007b, S. 60). Damit rücken die Spezifizität, Singularität und Kontingenz des diskursiven Akts und
des diskursiven Fakts in den Mittelpunkt der Analyse. Durch die Organisation
der Singularität und der Kontextualität diskursiver Ereignisse durch den Diskurs,
„kann der Diskurs weder als Abfolge unverallgemeinerbarer Einzelerscheinungen
gefasst, noch zu einer Funktion eines ursprünglich gegebenen Kontexts reduziert
werden" (ebd., S. 76). Es geht um die diskursiven Regeln, die der Produktion der
Singularität und Besonderheit des diskursiven Ereignisses zu Grunde liegen. Damit liegt der Fokus auf der Hervorbringung und den Existenzweisen diskursiver
Ereignisse, also auf der spezifischen Verknüpfung singulärer Diskursakte und –
fakte und nicht auf der Darstellung von abstrakten, ahistorischen Textsystemen.
Die Betrachtung diskursiver Formationen als Formation (statisch) und Formierung
(dynamisch) rückt die Produktionsregeln des Diskurses, die die Hervorbringung
seiner Aussagen organisieren und ihm „bestimmte Existenzmodalitäten" (Foucault 1981, S. 141) zuweisen, in den Mittelpunkt der Analyse.

Wrana (2006) hat im Kontext der Erziehungswissenschaft eine Theorie des
Äußerungsaktes und seiner Beziehungen zu den anderen Ebenen des Diskurses
in den diskursiven Praktiken herausgearbeitet (vgl. ebd., S. 122ff.). Er spricht, in
Anlehnung an die diskurspragmatischen Wende, von Äußerungsakten, „wenn es
um die Akte der der Produktion von Äußerungen geht" und von Aussagen, „wenn
es um die Fakte, die Produkte, die sprachliche Performanz geht" (ebd., S. 123). Der
Begriff der Äußerung umfasst beide Momente, Akt und Fakt. Die Aussage und der
Äußerungsakt sind demnach theoretische Begriffe, mit denen sich Äußerungen
analysieren lassen. Als Aussage kann also, im Unterschied zum Äußerungsakt,
das textuelle oder auch bildliche Produkt eines Äußerungsaktes als Handlung verstanden werden. Eine Aussage lässt sich als eine im Text lokalisierbare Figuration
von Elementen bezeichnen, welche ein Produkt des Äußerungsaktes ist. Äußerungsakte bringen Aussagen hervor. Allerdings ist eine Parallelisierung von Aussagen und Äußerungsakten nicht möglich. Dies liegt daran, dass der Äußerungsakt
gegenüber der Materialität des Textes opak ist und daher analytisch erschlossen
werden muss. Daraus ergibt sich, dass die Textmenge, die aus einem Äußerungsakt
hervorgeht, unterschiedlich sein kann. Wenn eine Aussage an der Textoberfläche
extrahiert wird und ihre Grenzen bestimmt werden, entsteht somit das Problem,

dass die verstandene Aussage einem nicht „in die Hände fällt" (ebd.), wenn der Text in Einzelteile zerlegt wird. Wenn Aussagen und Äußerungsakte parallelisiert werden,

> „entsteht das Problem, dass man Texte gar nicht formal in Aussagen zerlegen kann, weil die Passagen der Textoberfläche mit den Äußerungsakten nicht deckungsgleich sind und die den Äußerungsakten entsprechende Aussagen sich im Textverlauf mehrfach überlappen" (ebd.).

Im Unterschied zu Aussagen und Äußerungsakten sind Äußerungen Ausschnitte aus einem Textgewebe (vgl. Foucault 1981, S. 126). „Sie sind datiert und signiert, sie sind zu einem bestimmten Zeitpunkt, in einer bestimmten Situation und von einer bestimmten Person geäußert worden" (Wrana 2006, S. 124). Die Äußerungen sind Materialsierungen des Diskurses und daher der Ausgangspunkt der Analyse. Analysiert werden die Äußerungen im Bezug auf Akte und Fakte – „ohne dass sich die Äußerungen, Akte und Aussagen exakt parallelisieren und einander zuordnen ließen" (ebd.).

Die Äußerungsakte sind singuläre Sprechhandlungen, in denen Äußerungen hergestellt werden. Ihr formeller Apparat besteht aus vier Instanzen, die im Äußerungsakt gesetzt werden. Im Anschluss an Benveniste unterscheidet Wrana (ebd.) folgende Instanzen:

> „(1) Der Äußerungsakt bezieht sich auf die Sprache als Netz der Bedeutung, die im Äußerungsakt angeeignet und zugleich im Moment der Äußerung notwendig reproduziert werden. Der Äußerungsakt ist damit immer auf die Gesamtheit der konkreten Situationen bezogen, in der er geäußert wird. (2) Der Äußerungsakt referiert sich in einer bestimmten Weise auf Welt […]. Er entwirft also eine referenzielle Beziehung auf Welt, in der diese dargestellt oder verändert wird. (3) Der Äußerungsakt geht von einem Adressanten […] aus, der sich in diesem Akt Sprache aneignet und sie gebraucht, zugleich aber im Akt der Äußerung von der Sprache als Adressant bzw. Subjekt des Äußerungsaktes gesetzt wird. (4) Des weiteren ist der Äußerungsakt adressiert, das heißt, er ist auf einen Adressaten, einen anderen gerichtet, der mit dem Äußerungsakt dazu angerufen ist, dem Äußerungsakt zuzustimmen oder im Folge zu leisten" (ebd.).

Nach Wrana (ebd.) besteht das Problem der Instanzen der Äußerungsakte darin, dass für Benveniste im Äußerungsakt nur die Sprache als allgemeines System des Sprechens und Bedeutens angeeignet wird, nicht aber das, was historisch-sozial inhaltlich gesagt worden ist – der Diskurs (vgl. ebd., S. 125). Dieses Problem wurde mit der Iterabilität gelöst. Demnach bezieht der Akt des Sprechens seine Performanz nicht aus der Singularität, sondern aus der Tatsache, wiederholbar und wiederholt zu sein. Den Äußerungsakt unter der Bedingung der Iterabilität nennt Foucault „diskursive Praktik" (Foucault 1981, S. 128). Wenn der Äußerungsakt als wiederholbarer und wiederholter Akt eine diskursive Praktik darstellt, also ein wiederholtes Konstellieren einer Reihe von Elementen auf eine bestimmte Weise, dann ist die Aussage die Konstellation, die aus diesem Akt resultiert.

Diskursive Praktiken sind also weder eine Äußerung als Teil des Textgewebes noch der Äußerungsakt als singuläres Ereignis des Sprechens noch die Aussage als Produkt des Sprechens. Die diskursive Praktik ist vielmehr eine Funktion, die ein Bündel von Beziehungen herstellt. Diskursive Praktiken sind nach Foucault (1981, S. 116ff.) soziale Praktiken, die Wissensgegenstände sowie Subjektivitäten und Bedeutungsfelder relationierend konstituieren. Es handelt sich dabei um vier Beziehungen, die die diskursive Praktik entfaltet (vgl. ebd.). In diesen vier Beziehungen finden sich die Instanzen des Äußerungsaktes nach Benveniste wieder. Wrana (2006) stellt dieses Bündel von Beziehungen in Anlehnung an Foucault (1981) wie folgt dar:

> „(1) Einmal die Beziehung auf die Äußerungen und Texte als Materialität und Me-
> dialität, in der sich die diskursive Praktik realisiert und ohne die sie existiert. (2)
> Dann die Beziehung der Bedeutung, in der die diskursive Praktik eine Äußerung/
> Aussage mit einem Feld weiterer Äußerungen/Aussagen verbindet, das ihr voraus-
> geht und das sie aktualisiert, weil jeder Äußerungsakt an eine Serie von voraus-
> gegangenen Äußerungsakten anknüpft, sie wiederholt, aufgreift und transformiert.
> […] (3) Auf ein Referenzial als Feld von Gegenständen, das in der Kette von Äuße-
> rungsakten konstituiert und abgegrenzt wird. Und schließlich (4) auf die Subjekti-
> vität als Achse eines äußernden Subjekts als […] Adressant sowie eines hörenden,
> lesenden Subjekts als Adressat, die durch den Äußerungsakt als Beziehung gesetzt
> wird" (Wrana 2006, S. 126).

So verstanden ist die diskursive Praktik eine Funktion, genauer: eine Aussagefunktion (Foucault 1981, S. 128), und keine Struktur. Eine Struktur ist ein Beziehungsgefüge zwischen Elementen- Eine Funktion ist „eine Beziehung von Zuständen, die auseinander hervorgehen" (Wrana 2006, S. 126). Diese Bündel von Beziehungen werden in ihrem Vollzug hergestellt. Sind sie vollzogen, sind die Instanzen des Äußerungsaktes – der Adressant, der Adressat, das Netz der Bedeutungen, das referenzielle Feld – nicht mehr, was sie zuvor waren. Die diskursive Praktik vollzieht also eine Transformationen. Sie kann demnach keine im Text lokalisierbare und abgrenzbare Einheit sein. Eben dadurch zeichnet sich die Performativität der diskursiven Praktiken bzw. der Äußerungsakte aus. „Der Äußerungsakt ist dabei jener zitternde, singuläre Moment, in dem sich vollzieht, was unter der Bedingung

der Wiederholbarkeit und der Wiederholung als diskursive Praktik sichtbar wird"
(Wrana 2006, S. 126).
Die Analyse diskursiver Äußerungen besteht demnach in einer vergleichenden
Analyse diskursiver Praktiken. Dies ergibt sich daraus, dass die Äußerungen aus
den diskursiven Praktiken hervorgehen und in diesen realisiert werden, das heißt,
in der Art und Weise, wie das Bündel von Beziehungen konstituiert wird, und welche Elemente dabei in Beziehung gebracht werden. Gesprochenes oder Geschriebenes wird dann nicht von der textuellen Materialität, sondern von der Performativität her begriffen, d.h. von den Formen der Produktion in der Sprechhandlung.
Was materiell in Form von Sätzen vorliegt, wird in der Analyse diskursive Praktiken verstanden, die, wie Foucault (1981) sagt, das konstituieren bzw. herstellen,
wovon sie lediglich zu sprechen scheinen (vgl. ebd., S. 74).

> „Die Stärke der Diskursanalyse besteht nun darin, zum einen diese Konstruktions-
> prozesse im Detail nachzuzeichnen und zum anderen darin, diese Herstellung nicht
> ausgehend von der autonomen Autopoiesis eines Subjekts zu denken, sondern noch
> die Wirklichkeit der Subjektivität als im Akt der Äußerung hergestellt zu betrach-
> ten" (Wrana 2006, S. 126).

Die Gegenstandsbestimmung der Diskursanalyse als Dechiffrierung von diskursiven Praktiken rekurriert unweigerlich erneut auf die Frage der Realität.

5.4 Der Diskurs als Signifikantenkette

Die folgenden Ausführungen zur diskurspragmatischen Kritik an einem ausschließlich symbolischen bzw. semiotischen Diskursbegriff lehnt sich an Anger-
müllers (2007b, S. 73ff.) Ausführungen an. Um die Konstituierung von Bedeutung
im Horizont der Signifikantenkette darzustellen, ist zunächst Lacans Zeichenbegriff zu erläutern: Lacan nimmt Saussures Zeichenbegriff auf, unterwirft ihn aber
einer Reihe von Modifikationen (vgl. Evans 2002, S. 350ff.). Bei Saussure besteht
die Sprache (langue) aus zwei Elementen: Signifikat (dem begrifflichen Element)
und Signifikant (dem lautliche Element). Die beiden Elemente sind arbiträr, aber
unauflösbar miteinander verflochten. Während Saussure die wechselseitige Be-
dingtheit von Signifikat und Signifikant herausstellt, sieht Lacan die Beziehung
zwischen diesen beiden Elementen als instabil an. Weiterhin geht Lacan von einer
Ordnung von Signifikanten aus, in der die Signifikanten vor den Signifikaten existieren. Dies zerschlägt den Zeichenbegriff von Saussure, denn für Lacan ist die
Sprache nicht aus Zeichen zusammengesetzt, sondern aus Signifikanten. Demnach

lehnt Lacan die Vorstellung eines abstrakten Zeichenbegriffs, dessen Inhalt unabhängig von Kontext und Verwendungsweise bestimmt wird, ab. Er diskutiert insbesondere die Fragen, wie im Diskurs die Relation von Eigenem und Anderen verhandelt wird (imaginäre Dimension) und wie die Unmöglichkeit der vollständigen symbolischen Schließung diskursive artikuliert wird (reale Dimension). Dabei wird insbesondere die Heterogenität und Instabilität der symbolischen Ordnung betont, deren Brüche die Räume markieren, die nach Schließung durch immer weitere Diskursakte und -fakte verlangen. Äußerungen werden zu diskursiven Lösungen für jene „(Nicht-)Orte" (Angermüller 2007b, S. 74), die sich nicht zum Ganzen in die symbolische Ordnung integrieren lassen. Es sind demnach Ereignisse des Diskurses, in denen sich die konstitutiven Lücken des Symbolischen artikulieren.

Anhand der Signifikantenkette erläutert Angermüller (ebd.) die artikulatorische Verschränkung von Äußerung und dem unverschließbaren Mangel des Symbolischen. Eine Signifikantenkette sind die „spezifisch sequenzierten Zeichen, die das Subjekt benutzt, wenn es sich symbolisch betätigt" (ebd., S. 74). Grundsätzlich sind Signifikanten linear miteinander verkettet. Wenn Subjekte sprechen oder schreiben, werden Signifikanten in der Zeit sequentiell angeordnet. Die Linearität der Verknüpfung der Signifikanten ist daran beteiligt, den Sinn des Gesagten zu konstituieren – das Signifikat. Wenn Subjekte die Reihenfolge der Signifikanten ändern, dann wechselt auch meistens die Bedeutung. Allerdings hat eine Signifikantenkette nicht nur lineare Verläufe, sondern es befinden sich an jedem Element der horizontalen Kette auch vertikale Kettenteile. Diese vertikalen oder zirkulären Elemente der Kette erzeugen die Mehrfachbedeutungen und Nebenbedeutungen der Wörter und Sätze, die Konnotationen (vgl. Nemitz 2014d). Somit rückt das Modell der Signifikantenkette die auftauchenden Aspekte der symbolischen Ordnung in den Fokus und verweist damit auf die Dimension des Diskurses. Auf der einen Seite legt die Vorstellung der Linearität nahe, dass die Signifikantenkette der Fluss der Rede ist, in welchem die Signifikanten in Übereinstimmung mit den Gesetzen der Grammatik kombiniert werden (vgl. Evans 2002, S. 272). Auf der anderen Seite suggeriert die Vorstellung von Zirkularität, dass die Signifikantenkette eine Reihe von Signifikanten ist, die durch Assoziationen verbunden sind. Sie wäre dann nur ein Weg durch das Netzwerk der Signifikanten, welches die symbolische Ordnung des Subjekts konstituiert. Für Lacan ist die Signifikantenkette allerdings sowohl linear als auch zirkulär:

> „Es gibt in der Tat keine signifikanten Kette (diachronische Kette), mit der nicht auf jeder Setzung einer Einheit eine ganze Aneinanderfügung von relevanten Zusammenhängen (synchronische Kette) verbunden und an diesem Punkt ‚vertikal' darangehängt ist" (Lacan zit. nach Evans 2002, S. 272).

Lacan bringt im Begriff der Signifikantenkette die beiden Typen der Relation (syntagmatisch und assoziativ) zusammen, die zwischen Zeichen bestehen können. Diese Inblicknahme der symbolischen Ordnung in Bezug auf die Signifikantenkette verweist auf die dynamische Offenheit der Struktur: Es werden verschiedene Elemente „zu einem ‚unvollständigen' Ganzen, das nach Mehr-Diskurs strebt" (Angermüller 2007b, S. 74) verbunden.

Das Zeichen hat auch eine soziale Funktion, die auf das Register des Imaginären verweist. Denn das Zeichen ist an einen Empfänger gerichtet. Als Basis des Symbolischen beeinflusst das Zeichen die Verbindung der Subjekte. Damit ist jedoch kein intersubjektives Verstehen gemeint, das auf der Produktion einer konsensuellen Basis bzw. auf einem geteilten Sinn beruht. Vielmehr wird angenommen, dass die kommunizierten Zeichen grundsätzlich auf eine gewisse Art und Weise am Empfänger vorbeigehen.

> „Das Zeichen ist wie eine Flaschenpost zu verstehen, deren Botschaft in die Welt entlassen wird, ohne dass klar ist, wer, wann und wie sie ihren Empfänger erreicht; es ist nicht einmal klar, ob sie ihren Adressaten jemals erreicht" (ebd., S. 75).

Das Zeichen ist also so lange nicht vollständig, wie es bei seinem anderen eingegangen ist. Der mit der Flaschenpost angerufene andere ist ein imaginärer anderer, an dem das Zeichen in einer gewissen Ausdehnung vorbeigeht, „denn dieser erhält das Zeichen je nach imaginärer Brechung des Diskurses in seiner wirklichen Bedeutung, d.h. in umgekehrte Form" (ebd.). Da als imaginärer anderer zahlreiche und beliebige Subjekte eingesetzt werden können, erreicht das Zeichen einen letztgültigen Zielpunkt.

Zuletzt geht die Theorie der Signifikantenkette von einem Mangel des Realen aus, das dem Diskurs immer wieder entwischt. Dabei realisiert der Diskurs keine in sich selbst ruhende Struktur; „er bringt ein Ensemble von Elementen hervor, die um letztendlich unvernähbare Risse, Lücken und Brüche organisiert sind, und die Vernähung des einen Risses bringt notwendig einen neuen Riss zu Vorschein" (ebd.).

Forschungsfeld 6

In diesem Kapitel wird das Forschungsfeld der vorliegenden Dissertation beschrieben. Es werden aktuelle politische Transformationen und Debatten der Übergangsgestaltung und die Rolle der Jugendberufshilfe bzw. der Jugendsozialarbeit rechtlich und faktisch dargestellt.

6.1 Übergangsgestaltung, Jugendberufshilfe ...

Arbeitsmarktbezogene Jugendhilfe kann nicht ausschließlich im Kontext des Kinder- und Jugendhilferechts (Sozialgesetzbuch VIII) betrachtet werden, da die Jugendhilfe im Konzert der Arbeitsmarktförderung nur ein Akteur von vielen ist. Daher soll hier dargelegt werden, in welchen aktuellen Transformationsprozessen sich die Übergangsgestaltung von der Schule in die Ausbildung bzw. in den Beruf befindet und welche Folgen dies für die Jugendhilfe mit sich bringt. Ziel ist es, die gegenwärtige politische Relevanz des Handlungsfelds der Übergangsgestaltung hervorzuheben. Im Folgenden wird von Jugendberufshilfe gesprochen, da der Begriff ein weites Verständnis von arbeitsmarktbezogener Jugendhilfe impliziert, welcher alle Angebote bzw. Maßnahmen einbezieht, in denen sozialpädagogische Fachkräfte handelnd eingebunden sind. Dies geschieht in Anlehnung an die Begriffsbestimmung des Jugendberufs von Fülbier (2001):

„JBH (Jugendberufshilfe M.H.) umfasst Hilfen, Maßnahmen und Projekte, die jungen Menschen beim Übergang von der Schule in die Berufsausbildung und beim Übergang von der Ausbildung in die Berufstätigkeit bzw. in Arbeit behilflich sind. Ferner gehören beschäftigungswirksame Maßnahmen und qualifizierende Beschäftigungsprojekte für noch nicht qualifizierte junge Menschen, für die eine Berufsausbildung nicht (mehr) in Frage kommt, zum Handlungsfeld" (ebd, S. 486).

Die Jugendberufshilfe ist eine Aufgabe der Jugendhilfe, der Arbeitsförderung sowie der allgemeinbildenden und berufsbildenden Schulen. In keinem anderen Handlungsfeld der Jugendhilfe ist das Gemengengelage von Rechtsgrundlagen so ausgeprägt wie in der Jugendberufshilfe Dennoch findet sich in keiner rechtlichen Norm der Begriff „Jugendberufshilfe". Während im Sozialgesetzbuch zur Arbeitsförderung (SGB III) die Berufsorientierungsmaßnahmen, die berufsvorbereitenden Bildungsmaßnahmen und die ausbildungsbegleitende Hilfe sind, die für die JBH relevant sind, sind es im SGB II die Leistungen zur Eingliederung in Arbeit. Im Kinder- und Jugendhilferecht ist es vor allem der Paragraph 13, welcher explizit die Eingliederung in die Arbeitswelt betont. Weiterhin ist der Paragraph 11 zur Jugendarbeit im Kinder- und Jugendhilferecht (SGB VIII) relevant. Hier heißt es in Absatz 3, dass die arbeitsweltbezogene Jugendarbeit zu den Schwerpunkten gehört Die Definition von Fülbier (ebd.) legt auch offen, dass die Jugendberufshilfe eine Nahtstelle zwischen Schule und Arbeitswelt darstellt. Aufgrund der allgemeinen Konjunktur von präventiven Konzeptionen (vgl. z.B. das Modellvorhaben der Landesregierung NRW und der Bertelsmann Stiftung „Kommunale Präventionsketten") fokussiert sich die Übergangsgestaltung von der Schule in den Beruf vermehrt auf Maßnahmen der Berufsorientierung, die vor allem in der allgemeinbildenden Schule durchgeführt werden. Dadurch sind Vermengungen von Schulsozialarbeit und Jugendberufshilfe in der praktischen Ausführung die Regel. In Anlehnung an Fülbier (ebd.),[21] der die Jugendberufshilfe noch in fünf Arbeitsbereiche einteilt, lässt sich nach aktuellen sozialpolitischen Trends – vor allem hinsichtlich der verstärkten Fokussierung auf die Prävention und der Veränderungen innerhalb der Übergangsgestaltung von der Schule in den Beruf – die Jugendberufshilfe in sechs Handlungsfelder einteilen:

---

21 Galuske (2001, S. 888) schematisiert die Handlungsfelder der Jugendberufshilfe in vier Bereiche:„Beratung von arbeitslosen bzw. von Arbeitslosigkeit bedrohten Jugendlichen und jungen Erwachsenen, Berufsvorbereitung, Berufsausbildung (außerbetriebliche Ausbildung, ausbildungsbegleitende Hilfen), Beschäftigung (Arbeitsbeschaffungsmaßnahmen, Arbeit statt Sozialhilfe usw.)". Diese Einteilung der Tätigkeitsfelder der Jugendberufshilfe lässt den gesamten Bereich der Berufsorientierung außen vor.

1. Allgemeinbildung
   a. Sprachkurse
   b. Schulabschlusskurse
2. Berufsorientierung
   a. Schulbezogene Jugendberufshilfe
3. Berufsvorbereitung
   a. Berufsvorbereitende Bildungsmaßnahmen
   b. Einstiegsqualifizierung
   c. Berufsschulangebote nach Landesrecht
4. Berufsausbildung
   a. Ausbildungsbegleitende Hilfen
   b. Berufsausbildung in außerbetrieblichen Einrichtungen
5. Berufliche Weiterbildung und Beschäftigung
   a. Aktivierungshilfen
   b. Nachqualifizierung
6. Weitere Angebote
   a. Austauschmaßnahmen

Durch das Inkrafttreten des *Gesetzes zur Verbesserung der Eingliederungschan-cen am Arbeitsmarkt* am 1. April 2012 haben sich die rechtlichen Grundlagen für die Jugendberufshilfe verschoben und teilweise auch grundlegend geändert. Die folgenden Paragraphen aus der Arbeitsförderung (SGB III) bilden die gegenwär-tigen Rechtsgrundlagen für die durch die Bundesanstalt für Arbeit geförderten Maßnahmen zur Integration in den Arbeitsmarkt: § 75 SGB III ausbildungsbe-gleitende Hilfen, § 76 SGB III Berufsausbildung in außerbetrieblichen Bildungs-maßnahmen, § 51 SGB III berufsvorbereitende Bildungsmaßnahmen, und wieder hinzugekommen ist mit § 80a SGB III die Möglichkeit zur Förderung von Ju-gendwohnheimen; diese Regelung war bereits im § 55 Arbeitsförderungsgesetz (AFG), dem Vorgänger des SGB III, festgelegt. Diese Paragraphen regeln den för-derfähigen Personenkreis, den Umfang der Förderung sowie die Zielsetzungen der Maßnahmen. Des Weiteren führt die Bundesanstalt für Arbeit mit Runderlassen Durchführungsanweisungen zu den jeweiligen Maßnahmen ein. In der Folge sind die Möglichkeiten der Einflussnahme für die Jugendberufshilfe bei der Ausgestal-tung der Angebote eingeschränkt und die sozialpädagogischen Fachkräfte haben nur einen sehr engen Spielraum, in dem sie ihre professionellen Handlungskonzep-te entfalten können.

Eine weitere Neujustierung von Angeboten zur Integration in den Ausbil-dungs- und Arbeitsmarkt stellen die Regelungen zur Zulassung von Trägern und Maßnahmen nach den §§ 176 ff. SGB III, § 443 SGB III und § 16 SGB II dar.

Demnach benötigen alle Träger, die Arbeitsfördermaßnahmen nach dem SGB III
oder § 16 SGB II durchführen, eine Träger- und Maßnahmezulassung durch anerkannte Zertifizierungsagenturen, die von der Deutschen Akkreditierungsstelle
GmbH anerkannt sind. Damit wird das Ziel verfolgt, „die Qualität arbeitsmarktli-
cher Dienstleistungen und damit die Leistungsfähigkeit und Effizienz des arbeitsmarktpolitischen Fördersystems nachhaltig zu verbessern" (BMAS 2012, S. 2).
Die Trägerzulassung erfolgt über eine sog. „Fachkundige Stelle" (ebd.) und die
Zulassungsvoraussetzung gliedert sich in vier Bereiche (vgl. ebd.):

1. Trägerstruktur: Der Träger wird aufgefordert seine wirtschaftliche Liquidität
   wie auch seine fachliche und finanzielle Kompetenz nachzuweisen.
2. Effektivität- Effizienznachweis: Hier müssen die regionalen Vernetzungen auf
   dem Ausbildungs- und Arbeitsmarkt sowie die angewandten Methoden, also
   inwieweit arbeitsmarktrelevante Entwicklungen bei der Durchführung von
   Maßnahmen berücksichtigt werden, angegeben werden. Weiterhin müssen die
   bisher durchgeführten Maßnahmen vom Träger und deren Ergebnisse nachge-
   wiesen werden. Auch müssen Bewertungen abgeschlossener Maß nahmen von
   Betrieben oder Teilnehmenden vorgelegt werden.
3. Personalstruktur: Die formale Qualifikation, die Berufserfahrung sowie die
   Bewertung der Fachkräfte durch Teilnehmende des gesamten Personals wird
   beim Zulassungsverfahren des Trägers mit berücksichtigt.
4. Qualitätsprüfung: Die Träger sind verpflichtet, ein System zur Sicherung der
   Qualität anzuwenden.

Die bisherige Ausschreibungspraxis der Bundesagentur für Arbeit bei Maßnahmen
der Arbeitsförderung mit Vergabeunterlagen führt bei den Bildungseinrichtungen,
die Präventions- oder Integrationsmaßnahmen im Handlungsfeld Übergang von
der Schule in die Berufsausbildung anbieten, zu prekären Arbeitsbedingungen für
Fachkräfte und in Folge dessen zu niedrigen Lohnniveaus, die eine kontinuierliche
Beschäftigung qualifizierter Mitarbeiter_innen nur begrenzt ermöglichen. Dieses
Problem wird durch die Neuregelungen von Trägern und Maßnahmen aufgrund
der kostenintensiven Auflagen und dem enormen bürokratischen Aufwand nicht
entschärft.

Ein derzeit politisch-medial stark in Erscheinung tretendes Thema aus dem
Bereich Eingliederung in den Arbeitsmarkt ist die Übergangsgestaltung von der
Schule in den Beruf. Die Übergangsprozesse werden ausgehend von zwei Schwel-
len betrachtet: Die erste Schwelle markiert den Übergang der Jugendlichen und
jungen Menschen von der Schule in die Ausbildung. Die zweite dagegen befindet sich lebensbiographisch in einem späteren Stadium und meint den Übergang

von der Ausbildung in den Beruf. In einem Transformationsprozess befindet sich insbesondere die erste Schwelle. Grundsätzliche Ziele sind hier insbesondere: die Sicherung des Fachkräftenachwuchses und die Vermeidung von Jugendarbeitslosigkeit bzw. Arbeitslosigkeit junger Menschen durch anerkannte bzw. fachliche Ausbildung (insbesondere die Duale Ausbildung).

Zum ersten Mal als empirisch als Teilsystem des Berufsbildungssystems erfasst, wird der Übergang von der Schule in den Beruf (unterhalb des Hochschulsystems im *Bildungsbericht 2006*. Dabei wird das Übergangssystem durch Maßnahmen kategorisiert, die nicht zu einem anerkannten Ausbildungsabschluss führen, „sondern auf eine Verbesserung der individuellen Kompetenzen von Jugendlichen zur Aufnahme einer Ausbildung oder Beschäftigung ziel[en]" (Konsortium Bildungsberichterstattung 2006, S. 79). Das im Bildungsbericht repräsentierte Übergangssystem erfasst dabei ausschließlich Maßnahmen und Bildungsgänge, die Jugendliche nach ihrer Schulpflicht in Anspruch nehmen können. Nach Veröffentlichung des *Bildungsberichts 2006* entsteht eine weitreichende mediale und öffentliche Debatte um die Gestaltung des Übergangs von der Schule in den Beruf.

Bereits 2007 nimmt der Innovationskreis berufliche Bildung in seiner Veröffentlichung *10 Leitlinien zur Modernisierung der beruflichen Bildung* (BMBF 2007) drei Aspekte auf, die zum Übergangsprozess gehören sollten: (1) Erstens soll die fehlende Ausbildungsreife einiger Schulabgänger_innen durch eine Stärkung von Berufsorientierung, durch die Einführung einer koordinierten Gesamtstrategie zwischen Betrieben und Schulen in der Region sowie durch die individuelle Betreuung und Begleitung vor allem von lernschwächeren und abschlussgefährdeten Schüler_innen, verbessert werden. (2) Zweitens soll die Ausbildungsvorbereitung für Benachteiligte durch eine bessere Abstimmung und praxisnahe Orientierung der Förderinstrumente von Bund, Ländern und Kommunen sowie durch eine regionale Netzwerkbildung der Träger optimiert werden. (3) Drittens sollen auch die Wege in betriebliche Ausbildung optimiert werden, und zwar dadurch, dass diese – insbesondere auch für Altbewerber_innen – durch Subventionen von Betrieben (Einstiegsbegleitung) und durch die Erprobung von Ausbildungsbausteinen in zehn bis zwölf wichtigen Berufen des dualen Systems angeregt werden. Hier ist durch die Einbeziehung des Handlungsfelds Schule bereits eine Erweiterung der Thematisierung des Übergangsprozess gegenüber dem *Bildungsbericht 2006* zu verzeichnen. Die eingeschlagene Richtung heißt: Prävention statt Reaktion. Zielgruppen sind hier insbesondere benachteiligte Jugendliche, die vor allem als lernschwächer und mit Migrationshintergrund bezeichnet werden.

Ebenfalls im Jahr 2007 verabschiedet der Hauptausschuss des Bundesinstituts für berufliche Bildung seine *Handlungsvorschläge für die berufliche Qualifizierung benachteiligter junger Menschen* (BiBB 2007). Als benachteiligt gelten hier insbesondere junge Menschen, die noch nicht ausbildungsreif sind, eine fehlende Berufseignung haben oder lernbeeinträchtigt sind. Weiterhin werden zum Kreis der Benachteiligten Un- und Angelernte sowie allgemein sozial Benachteiligte (z.B. Jugendliche und junge Menschen mit Migrationshintergrund) gezählt. Als Ziel wird genannt – ebenfalls in einer Kooperation von Bund, Land und Kommunen – ein zusammengefasstes System der beruflichen Integrationsförderung zu implementieren, welches „die Entwicklung der Persönlichkeit [...], die Förderung von positiven Arbeits- und Wertehaltungen, die Verbesserung der Allgemeinbildung und den Erwerb von Schlüsselkompetenzen" (ebd., S. 3) fördert.

Im selben Jahr fordern Vertreter_innen aus Kommunen, Betrieben, Stiftungen, Verbänden, Instituten und zivilgesellschaftlichen Projekten – auf Anregung der Freudenberg Stiftung und unter Mitwirkung des Bundesministeriums für Bildung und Wissenschaft – in der *Weinheimer Initiative 2007*, dass die

> „öffentliche Verantwortung für Bildung, Ausbildung und Zukunftsperspektiven –
> nicht nur, aber vor allem – durch Lokale Verantwortungsgemeinschaften und Kom-
> munale Koordinierung wahrgenommen wird" (ebd., S. 2).

Der Aufgabenbereich für die lokalen Verantwortungsgemeinschaften ist weitläufig: Präventive Förderungen sollen verhindern, dass Jugendliche am Ende der Sekundarstufe I scheitern. Es soll erreicht werden, dass sie bei Schulentlassung „über eine ihren Begabungen und Fähigkeiten entsprechende Bildungs- und Ausbildungsperspektive verfügen" (ebd.). Die *Weinheimer Initiative* setzt sich dafür ein, dass Jugendliche ihre eigene Zukunft selbst in die Hand nehmen. Dabei erwartet sie Bereitschaft und Engagement der Jugendlichen.

2009 befasst sich eine *Vereinbarung der Partner des Nationalen Paktes für Ausbildung und Fachkräftenachwuchs in Deutschland, der Bundesagentur für Arbeit und der Integrationsbeauftragten der Kultusministerkonferenz* mit dem Thema: „Ausbildungsreife sicherstellen – Berufsorientierung stärken". Die in der Vereinbarung formulierten Ziele fokussieren darauf, dass jeder Jugendliche Bildungschancen und berufliche Perspektiven haben sollte und dass jeder Jugendlichen durch nachhaltige Maßnahmen erreicht werden sollte. Damit ist die Vereinbarung das erste politische Dokument, das nicht explizit auf sozial Benachteiligte und individuell Beeinträchtigte zielt, sondern *alle* Jugendlichen anspricht. Plädiert wird dafür, dass Erfahrungen aus einzelnen Projekten von Schulen, Wirtschaft und Bundesagentur für Arbeit genutzt und in stabilen Netzwerken gebündelt werden. Vor allem für Schüler_innen mit Lernproblemen sollen Praxisklassen bundesweit bedarfsgerecht angeboten werden.

Weiterhin fordert die Vereinbarung die Kooperation zwischen Schulen und Betrieben auszubauen, eine systematische und nachhaltige Berufsorientierung einzuführen und das Übergangsmanagement durch eine regionale Koordinierung zu optimieren.

Die Bertelsmann Stiftung bringt 2010 in Kooperation mit fünf sich engagierenden Bundesländern die *Eckpunkte der Initiative Übergänge mit System* heraus. Ziel der Initiative ist es, im Übergangsprozess von der Schule in die Ausbildung ein „transparentes System" (ebd., S. 2) zu installieren, welches sich in zwei Anschlussperspektiven für Schulabgänger_innen gliedert:

> „Für nicht ausbildungsreife Jugendliche werden zielgruppenadäquate und kreative Ansätze genutzt, um Ausbildungsreife herzustellen. Die Erreichung der Ausbildungsreife ist verbindlich mit dem Angebot verbunden, eine abschlussorientierte Berufsausbildung anzutreten.

> Für ausbildungsreife Jugendliche ohne Ausbildungsplatz werden keine Übergangsmaßnahmen vorgesehen, sondern sie werden in einem der drei Segmente Duale Ausbildung, Ausbildung durch Schulen oder Ausbildung bei Bildungsträgern ausgebildet" (ebd., S. 2).

Die Initiative will so die unüberschaubare Vielfalt von Maßnahmen und Projekten auf den verschiedenen Zuständigkeitsebenen (Bund, Land, Kommune) reduzieren und ausbildungsreifen Jugendlichen ohne Ausbildungsplatz konkrete Ausbildungsinhalte aus anerkannten Ausbildungsberufen vermitteln. Noch nicht ausbildungsreife Jugendliche sollen in Verbindung mit einer individuellen Förderung einen Ausbildungsabschluss erkennen und erreichen können. An der Bertelsmann-Initiative beteiligten sich im folgenden Jahr drei weitere Bundesländer. Es erscheint das *Rahmenkonzept zu der Initiative Übergänge mit System*. Der Ansatz zielt auf die Veränderung des bestehenden Übergangssystems und ist in den Kontext strukturpolitischer Modelle zur Sicherung des Fachkräftenachwuchses einzuordnen (vgl. BiBB 2012, S. 393).

Als erstes Flächenland implementiert Nordrhein-Westfalen seit 2012, aufbauend auf den genannten Zielen der Bertelsmann-Initiative, ein „Neues Übergangssystem Schule – Beruf in NRW" implementiert. In den *Leitlinien zur Verbesserung des Übergangs Schule – Beruf* des Hauptausschusses des Bundesinstituts für Berufsbildung erreicht das Thema „Übergangsgestaltung Schule – Beruf" den Status eines Standardthemas im Feld der Berufsbildungspolitik. Der Bereich Übergangsgestaltung erstreckt sich demnach hier nicht mehr lediglich auf sozial be-

nachteiligte und individuell beeinträchtigte Jugendliche (vgl. BiBB 2012, S. 377).
Das Ziel ist nun vielmehr, allen jungen Menschen das Angebot zu machen, eine
vollqualifizierende Berufsausbildung zu absolvieren und sie damit zum Berufsabschluss zu führen. Aus Sicht des Hauptausschusses sollte die Übergangsgestaltung
an folgenden Leitlinien ausgerichtet werden:

- Der Beginn eines gelingenden Übergangs soll sich durch eine frühzeitige Vor-
  bereitung, Potenzialanalysen und Kompetenzfeststellungen auszeichnen.
- Durch individuelle Beratung soll eine realisierbare Ausbildungsperspektive
  entwickelt werden.
- Die Einbindung der Wirtschaft durch Berufs- und Betriebspraxis in die Übergangsgestaltung soll forciert werden.
- Es soll eine regionale Koordinierung aller Beteiligten stattfinden.
- Möglichst bundesweit standardisierte Qualifizierungselemente, z.B. Ausbil-
  dungs- und Qualifizierungsbausteine, sollen sicherstellen, dass Maßnahmen
  und Angebote zum Übergang in eine anerkannte Berufsausbildung und zu
  einem Berufsabschluss führen.

Der *Datenreport zum Berufsbildungsbericht 2012* (vgl. ebd. S. 373ff.) beschreibt
die Übergangsgestaltung von der Schule in die Ausbildung in einem engeren und
einem weiteren Sinne. Der Übergangsbereich im engeren Sinne

> „umfasst Maßnahmen und Bildungsgänge, die der Vorbereitung oder Hinführung
> auf eine Berufsausbildung dienen und die sich an Jugendliche wenden, die nicht
> unmittelbar in eine Ausbildung im dualen Berufsbildungssystem einmünden. Aus-
> genommen sind vollzeitschulische Maßnahmen ohne starke berufspraktische Kom-
> ponenten" (ebd., S. 374).

Demgegenüber beinhaltet der Übergangsbereich im weiteren Sinne „zusätzlich
vollzeitschulische Maßnahmen ohne starke berufspraktische Komponenten und
Berufsorientierungsmaßnahmen" (ebd.). In den vergangenen Jahren ist also der
Zeitraum, der im Fokus der Programmierung steht, ausgedehnt worden, indem im
Schulunterricht integrierte Berufsorientierungsmaßnahmen einbezogen wurden.
Diese Maßnahmen gelten als Schlüssel zur Reduzierung der Anzahl von Jugendlichen im Übergangsbereich, da sie Berufswahlkompetenzen und Ausbildungsreife
verbessern und vermitteln sollen. Dies soll den direkten Übergang von der Schule
in die Ausbildung, ohne Warteschleifen im Übergangssektor, ermöglichen.
    Deutlich geworden ist, dass die Ausbildungs- bzw. Arbeitsmarktintegration
ganz wesentlich von der Arbeitsförderung (SGB III) und der Grundsicherung

(SGB II) gestaltet und organisiert wird. Die Jugendhilfe im Allgemeinen und die Jugendberufshilfe im Besonderen spielen nur eine marginale Rolle im Konzert der beruflichen Integration. In Nordrhein-Westfalen z.b. stehen im neu installierten Übergangssystem Schule – Beruf insgesamt 19 Angebote zur Verfügung, wovon lediglich ein Angebot vom Ministerium für Familie, Kinder, Jugend, Kultur und Sport des Landes Nordrhein-Westfalens finanziert wird. Die anderen 18 Angebote verteilen sich auf das Ministerium für Arbeit und Integration (drei Angebote), das Ministerium für Schule und Weiterbildung (fünf Angebote) sowie die Bundesagentur für Arbeit (neun Angebote).

6.2 … und die Jugendsozialarbeit

Im Kinder- und Jugendhilfegesetz (Sozialgesetzbuch VIII - SGB VIII), welches im Jahr 1990 vom Bundestag verabschiedet wird und das bis dahin gültige Jugendwohlfahrtsgesetz (JWG) ablöst[22], findet das Handlungsfeld der Jugendsozialarbeit die erste rechtliche Normierung. Der Begriff der Jugendpflege wird durch den Begriff der Jugendarbeit ersetzt. Die Jugendfürsorge wird im Wesentlichen in die „Hilfen zur Erziehung" überführt (vgl. Wabnitz 2009, S. 17). Die rechtliche Grundlage der Jugendsozialarbeit bildet seitdem der § 13 SGB VIII. Dieser ist aber nicht unabhängig von verfassungsrechtlichen, sozialrechtlichen (insbesondere von den Sozialgesetzbüchern) sowie Kinder- und Jugendhilferechtlichen Strukturvorgaben zu betrachten. Deshalb soll zunächst eine Einordnung des § 13 SGB VIII in eben diese Strukturvorgaben erfolgen, um anschließend Vor- und Nachrangregelungen des § 13 SGB VIII im sozialrechtlichen Rahmen darzustellen. Darauf aufbauend soll der Leitparagraph der Jugendsozialarbeit näher betrachtet werden.

Im § 1 Abs. 3 SGB VIII werden „insbesondere" (ebd.), demnach nicht abschließend, die wesentlichen Ziele der Jugendhilfe dargestellt. Die formulierten Leitziele der Jugendhilfe weisen jedoch auf die gesamte konzeptionelle Bandbreite der Jugendhilfe hin:

> „Von der bloßen Reaktion auf soziale Problemlagen (Benachteiligung vermeiden oder abbauen) bis hin zur aktiven Gestaltung positiver Lebensbedingungen für junge Menschen (,beitragen', ,erhalten', ,schaffen')" (Proksch 2001, S. 216).

Die Jugendhilfe hat entsprechend § 1 Abs. 1 SGB VIII den gesetzlichen Auftrag,

---

22 Das Gesetz trat am 1. Januar 1991 in den westlichen Bundesländern und bereits am 3. Oktober 1990 in den fünf neuen Bundesländern in Kraft.

das Recht jedes jungen Menschen auf Förderung seiner Entwicklung und auf Erziehung zu einer eigenverantwortlichen und gemeinschaftsfähigen Persönlichkeit
zu gewährleisten. Dieses Mandat der Jugendhilfe ist bereits durch folgende Be-
stimmungen im Grundgesetz (GG) verankert:

- Art. 1 Abs. 1 GG: Achtung und Würde des Menschen
- Art. 2 Abs. 1 GG: Recht auf freie Entfaltung der Persönlichkeit
- Art. 6 Abs. 1 GG: Schutz von Ehe und Familie
- Art. 6 Abs. 2 GG: Natürliche Recht und Pflicht der Eltern zur Pflege und Er-
  ziehung der Kinder. Staatliches Wächteramt (vgl. ebd., S. 213).

Die in diesen Grundrechten normierten Ansprüche verpflichten die staatliche Gemeinschaft, basale Anforderungen zur Entwicklung junger Menschen sicher- und
bereitzustellen.

Das Handlungsfeld der Jugendsozialarbeit (§ 13 SGB VIII) ist, ebenso wie das
der Jugendarbeit (§ 11 SGB VIII) und das des erzieherischen Kinder- und Jugend-
schutzes (§ 14 SGB VIII), die allgemeine Förderung. „Allgemeine Förderung
meint, dass im Sinne § 1 dieses Gesetzes (SGB VIII KB/MH) die Angebote so gestaltet sein sollen, dass sie den in § 1 Abs. 1 genannten Zielen entsprechen" (Münder 2009, S. 145). Demnach sollen die Leistungen der Jugendsozialarbeit ebenfalls
und vor allem auf die Entwicklung und Erziehung zu einer eigenverantwortlichen
und gemeinschaftsfähigen Persönlichkeit ihrer Adressaten_innen zielen. Für die
Adressaten_innen und die Zielperspektive der Jugendsozialarbeit sind sozialrecht-
lich, neben den SGB VIII (Kinder- und Jugendhilfe) vor allem Regelungen aus den
Bereichen der Grundsicherung für Arbeitssuchende (SGB II) sowie der Arbeitsförderung (SGB III) relevant. Für junge Menschen mit Behinderung kommen Normierungen aus dem SGB IX (Rehabilitation und Teilhabe behinderter Menschen)
hinzu, hier besonders die Leistungen zur Teilhabe am Arbeitsleben (§§ 33 ff. SGB
IX). Oft kommt es zwischen diesen Rechtskreisen zu Unstimmigkeiten der Zuständigkeitsfrage. Um zu vermeiden, dass der Leistungsberechtigte während der
Klärung der Zuständigkeitsfrage Frage materielle Not erleidet, ist im § 43 SGB
I (Allgemeiner Teil) die Möglichkeit auf vorläufige Leistungen normiert. Da die
Jugendsozialarbeit zum Grundangebot einer kommunalen Kinder- und Jugend-
hilfestruktur gehört, liegt die Gestaltung und Verantwortung von Angeboten im
Rahmen der Jugendhilfeplanung und der finanziellen Förderung der Jugendsozial-
arbeit in den Händen der örtlichen Träger der öffentlichen Jugendhilfe (vgl. ebd.).
Die Jugendsozialarbeit stellt, u.a. neben der Jugendarbeit (§ 11 SGB VIII) oder
den Hilfen zu Erziehung (§ 27 ff. SGB VIII), eine Leistung der Jugendhilfe dar.

Daher sind die Leistungen der Jugendsozialarbeit rechtlich davon abhängig, dass
die Adressaten_innen diese Angebote auch in Anspruch nehmen wollen.
Abgrenzungen der Jugendsozialarbeit zu anderen Leistungen der Kinder- und
Jugendhilfe ergeben sich vor allem aus dem Adressat_innenkreis: Im Gegensatz
zur Jugendarbeit, insbesondere zur arbeitswelt-, schul- und familienbezogenen Jugendarbeit (§ 11 Abs. 3 Nr. 3), geht es bei der Jugendsozialarbeit nicht um alle
Jugendlichen bzw. jungen Erwachsenen, sondern um junge Menschen mit sozialen
Benachteiligungen und/oder individuellen Beeinträchtigungen. Somit überschnei-
den sich Jugendarbeit und Jugendsozialarbeit allerdings auch, da die Jugendarbeit
sich an alle jugendlichen richtet, also auch an den Adressat_innenkreis der Jugendsozialarbeit. Insofern sollten sich Jugendarbeit und Jugendsozialarbeit ergänzen (vgl. Bernzen 2008, S. 22). Der Unterschied zwischen Jugendarbeit und
Jugendsozialarbeit ist anhand den Themen der jeweiligen Angebote zu sehen. Der
Jugendsozialarbeit geht es insbesondere um die Integration in Schule, Beruf und
Wohnen sowie die Beseitigung von Benachteiligung. Jugendarbeit hingegen befasst sich nicht vorwiegend mit den sozialen Problemen ihrer Adressaten_innen,
sondern ist vor allem an der Schaffung außerschulischer Bildungs- und Freizeit-
angeboten interessiert (vgl. ebd.).
Dazu der § 13 SGB VIII im Wortlaut:

„(1) Jungen Menschen, die zum Ausgleich sozialer Benachteiligungen oder zur
Überwindung individueller Beeinträchtigungen in erhöhtem Maße auf Unterstützung angewiesen sind, sollen im Rahmen der Jugendhilfe sozialpädagogische Hilfen
angeboten werden, die ihre schulische und berufliche Ausbildung, Eingliederung in
die Arbeitswelt und ihre soziale Integration fördern.

(2) Soweit die Ausbildung dieser jungen Menschen nicht durch Maßnahmen und
Programme anderer Träger und Organisationen sichergestellt wird, können geeignete sozialpädagogisch begleitete Ausbildungs- und Beschäftigungsmaßnahmen
angeboten werden, die den Fähigkeiten und dem Entwicklungsstand dieser jungen
Menschen Rechnung tragen.

(3) Jungen Menschen kann während der Teilnahme an schulischen oder beruflichen
Bildungsmaßnahmen oder bei der beruflichen Eingliederung Unterkunft in sozialpädagogisch begleiteten Wohnformen angeboten werden. In diesen Fällen sollen auch
der notwendige Unterhalt des jungen Menschen sichergestellt und Krankenhilfe
nach Maßgabe des § 40 geleistet werden.

(4) Die Angebote sollen mit den Maßnahmen der Schulverwaltung, der Bundesagentur für Arbeit, der Träger betrieblicher und außerbetrieblicher Ausbildung sowie der Träger von Beschäftigungsangeboten abgestimmt werden."

Der § 13 SGB VIII ist allgemein ein subjektiver Rechtsanspruch, der den Träger der öffentlichen Jugendhilfe auf verschiedene Art in die Pflicht nimmt. Rechtsanspruch haben im Sinne von § 13 SGB VIII junge Menschen mit einer sozialen Benachteiligung und/oder einer individuellen Beeinträchtigung. Rechtsansprüche zeichnen sich im Wesentlichen aus durch

"Tatbestandsvoraussetzungen, die erfüllt sein müssen, damit dann im Einzelnen die Rechtsfolgen, die das Gesetz bezeichnet, zur Anwendung kommen" (Münder 2009, S. 142).

Absatz 1 und Absatz 4 sind Soll-Rechtsansprüche (oder Regelansprüche). Das bedeutet, dass im Regelfall die Leistung zu erbringen ist und nur in außergewöhnlichen Fällen davon abgesehen werden kann. Der öffentliche Träger ist in der Beweispflicht, wenn er nicht leisten will. Finanzmangel ist keine Begründung zur Verwehrung der Leistung (vgl. ebd., S. 142). Absatz 2 und Absatz 3 sind Kann-Leistungen oder sog. Ermessensansprüche.

Vor dem Inkrafttreten der Grundsicherung für Arbeitssuchende (SGB II) am 1. Januar 2005 waren die Angebote der Jugendsozialarbeit nach § 13 Abs. 1 und Abs. 2 SGB VIII die zentralsten Angebote zur Übergangsgestaltung von der Schule in die Berufsausbildung oder Erwerbsarbeit (vgl. Bernzen 2008, S. 42). Die gesetzliche Neuregelung führte dazu, dass einige Kommunen ihre Leistungen zur arbeitsweltbezogenen Jugendsozialarbeit eingeschränkt haben, in der Annahme, dass die Förderungen im Rahmen der Grundsicherung für Arbeitssuchende (SGB II) stattfindet (vgl. Jordan u.a. 2012, S. 162). Aus diesem Grund gibt es spezifische Vor- und Nachregelungen, die die Anwendung der gesetzlichen Regelungen vereinfachen sollen: (1) § 10 Abs. 1 SGB VIII (Verhältnis zu anderen Leistungen und Verpflichtungen) regelt, dass die Verpflichtung anderer, insbesondere der Träger anderer Sozialleistungen und der Schulen, vom SGB VIII nicht berührt werden; demnach Vorrangig sind. (2) Der § 10 Abs. 3 SGB VIII regelt im ersten Satz grundsätzlich einen Vorrang des SGB VIII vor der Grundsicherung für Arbeitsuchende (SGB II). Im zweiten Satz wird allerdings die Nachrangigkeit von Jugendhilfeleistungen gegenüber spezifischen Maßnahmen der Grundsicherung für Arbeitssuchende (SGB II) festgelegt. Die Vorrangigkeit des § 13 SGB VIII gilt insbesondere für sozialpädagogische Hilfen, da es sich um eine genuine Aufgabe der Jugendsozialarbeit handelt. Nachrang hat die Jugendsozialarbeit vor allem bei

Maßnahmen des SGB II, die einen direkten Bezug zum Arbeitsmarkt haben (vgl. Schäfer 2009: 169). (3) § 13 Abs. 2 SGB VIII legt einen Vorrang von Ausbildungs- und Beschäftigungsmaßnahmen anderer Trägern und Organisationen fest. Nur wenn sie nicht durch andere Träger und Organisationen sichergestellt sind, können geeignete sozialpädagogisch begleitete Maßnahmen zur Ausbildung und/oder Beschäftigung im Rahmen des SGB VIII angeboten werden.

Somit haben die Fördermöglichkeiten der Jugendsozialarbeit einen Nachrang gegenüber der Arbeitsförderung und somit lediglich eine ergänzende Funktion. Aufgrund dieser Nachrangigkeit der Jugendsozialarbeit gegenüber Programmen der Arbeitsmarktpolitik und Sonderprogrammen sehen sich die Kommunen als ihr wesentlicher Finanzier entlastet – Streichungen und Kürzungen vor allem im Feld der sozialpädagogisch orientierten Ausbildungs- und Beschäftigungsförderung sind die Folge (vgl. Fülbier et al. 2001, S. 285). So werden nach Aussagen des Landschaftsverband Westfalen-Lippe (2011) z. b. lediglich 5 Prozent der Gesamtkosten für die Übergangsgestaltung von der Schule in die Ausbildung von der Jugendsozialarbeit finanziert und liegen damit auch in ihrer Verantwortung. Festzuhalten ist allerdings auch, dass die Nachrangigkeit von Angeboten der arbeitsweltbezogenen Jugendsozialarbeit nur bei gleichen Zielperspektiven der Maßnahmen rechtlich gilt. „Nur da, wo zweckgleiche Maßnahmen in unterschiedlichen Leistungsnormen eingearbeitet sind und ein und dieselbe Person erreichen sollen, kann von Leistungskonkurrenz gesprochen werden" (Hampel 2010, S. 6). Die Jugendhilfe ist also nicht davon befreit Angebote im Bereich Jugendsozialarbeit zu erstellen. Sie ist auch keine „Annexleistung" (ebd.) der Grundsicherung für Arbeitsuchende oder der Arbeitsförderung, da sie vor allem die Förderung der persönlichen Entwicklung zur eigenverantwortlichen Persönlichkeit verfolgt (vgl. § 1 SGB VIII) und nicht primär die Integration in den Arbeitsmarkt zum Ziel hat.

Eine differenzierte Darstellung der geschichtlichen Zusammenhänge der Jugendsozialarbeit fehlt bisher (vgl. Hermanns 2005, S. 242). Eine solche Geschichtsschreibung gestaltet sich allerdings aus gleich mehreren Gründen auch äußerst schwierig. Zunächst wurden Maßnahmen des Handlungsfelds der Jugendsozialarbeit bereits weit vor Einführung des Begriffs durchgeführt (vgl. Breuer 2001, S. 65). So gab es beispielsweise schon im Zeitalter der Industrialisierung Maßnahmen zur Bekämpfung von beruflicher und gesellschaftlicher Desintegration von Jugendlichen, die heute als Jugendsozialarbeit bezeichnet würden. Weiterhin erschweren die unterschiedlichen Handlungsfelder mit ihren jeweils eigenen spezifischen Geschichten eine allgemeine Darstellung der Historie der Jugendsozialarbeit. Auch an dieser Stelle kann lediglich (erneut) auf diese Forschungslücke hingewiesen, jedoch aufgrund der genannten Gegebenheit keine ausführliche geschichtliche Darstellung geliefert werden. Als Anregung soll lediglich darauf

verwiesen werden, dass eine forschungsgeschichtliche Analyse der Handlungs-
formen und Institutionalisierungsprozesse der Jugendsozialarbeit weitreichende
Erkenntnisse für die heutigen Handlungsfelder verspricht. Eine solche Forschung
könnte z. b. die späte Konstituierung unter dem gemeinsamen Dach der Jugendsozialarbeit fokussieren.
    Der Begriff der Jugendsozialarbeit wurde nach dem Zweiten Weltkrieg ein-
geführt. Er ist das Resultat der Weiterentwicklung des Selbstverständnisses vom
Selbsthilfewerk der Jugend und seiner Adressaten_innen am Anfang der 1950er
Jahre. Adressat_innen in der Nachkriegszeit waren insbesondere elternlose, ob-
dachlose, heimatlose sowie arbeits- bzw. berufslose Jugendliche. Eine einheitli-
che Bezeichnung für ein neues Handlungsfeld innerhalb der Jugendhilfe, neben
der Jugendpflege und Jugendfürsorge, wurde dadurch nahe gelegt, dass die Träger
und Fachkräfte ihre Arbeit nicht lediglich als kriegsfolgenbedingte – und damit
zeitlich begrenzte – Aufgabe, sondern als ein grundsätzlich notwendiges Handlungsfeld der Jugendhilfe annahmen (vgl. ebd.). Allerdings dauerte es bis zur
Einführung des Kinder- und Jugendhilferechts (KJHG) im Jahr 1991, bis die Jugendsozialarbeit auch eine rechtliche Verankerung fand. Da sich im Fachdiskurs
bislang keine eindeutige Definition des Begriffs Jugendsozialarbeit durchgesetzt
hat (wahrscheinlich weil die Jugendsozialarbeit ein Handlungsfeld kennzeichnet,
das keinen begrifflich eingrenzbaren thematischen oder Adressaten_innenorien-
tierten Fokus aufweist, wie es z. b. bei den erzieherischen Hilfen oder der Kinder-
und Jugendarbeit der Fall ist), ist eine Annäherung an die Jugendsozialarbeit über
ihre rechtliche Bestimmung im Rahmen des Kinder- und Jugendhilfegesetzes eine
Möglichkeit (vgl. Galuske 2001, S. 886). So wird die Jugendsozialarbeit im Bezug
auf ihre rechtliche Verankerung (§ 13 SGB VIII) von Galuske (ebd.) wie folgt bestimmt:

> „Unter Jugendsozialarbeit lassen sich jene Maßnahmen und Angebote der Jugendhil-
> fe zusammenfassen, die sich vorrangig und unmittelbar der beruflichen und sozialen
> Integration von sogenannten sozial benachteiligten bzw. individuell beeinträchtigten
> Jugendlichen und jungen Erwachsenen am Übergang von der Schule ins Erwerbs-
> system widmen" (ebd.)

Wie Fülbier und Schnapka (1991) feststellen, scheitern bisher alle Bemühungen
einer Definition der Jugendsozialarbeit, die all ihrer Handlungsfelder gerecht wird.
Der Vorteil der Jugendsozialarbeit besteht nach ihnen in ihrer „Wandlungsfähig-
keit [...] mit der sie auf gesellschaftliche Entwicklungen vor allem im Sozialisationsfeld ‚Beruf' zu reagieren vermag" (ebd., S. 282). Trotz dieser Feststellung
der Kontingenz im Aufgabenfeld der Jugendsozialarbeit bieten auch Fülbier und

Schnapka eine Definition von Jugendsozialarbeit auf Grundlage des § 13 SGB VIII an:

„Jugendsozialarbeit ist eine Aufgabe der Jugendhilfe zur gesellschaftlichen und beruflichen Integration junger Menschen. Sie übernimmt dabei einerseits eine Anwaltsfunktion, die alle junge Menschen bei der Integration in das Sozialisationsfeld Beruf im Blickfeld hat. Andrerseits bietet sie konkrete Hilfen zur sozialen und beruflichen Integration für bestimmte Adressatengruppen an, die mit gravierenden Nachteilen in der Konkurrenz um Ausbildungs- und Arbeitsplätze umgehen müssen" (ebd.).

Fülbier und Schnapka (ebd.) machen demnach eine Anwaltsfunktion bei der Bestimmung von Jugendsozialarbeit aus, die sich auf alle jungen Menschen bei der Integration in den Arbeitsmarkt bezieht und die konkrete Maßnahmen zur sozialen und beruflichen Integration für einen bestimmten Adressaten_innenkreis anbieten soll. Galuske (2001) hingegen konzentriert sich auf die spezifischen Formen der Angebote und auf die spezifische Adressaten_innengruppe der Jugendsozialarbeit. Dabei macht Galuske (ebd.) stark, dass die Jugendsozialarbeit innerhalb der Jugendhilfe zu verorten ist. Demnach bestimmt sich die Jugendsozialarbeit insbesondere über ihre Angebots- und Maßnahmenformen, die insbesondere berufliche Integration zum Ziel haben, sowie über die Benennung eines spezifischen Adressaten_innenkreises. Hinzuzufügen ist, dass die Jugendsozialarbeit aufgrund der arbeitsmarkt-, bildungs-, jugend- und migrationspolitischen Schnittmengen und den daraus folgenden vielfältigen rechtlichen Bezugnahmen über die rechtliche Fixierung der Kinder- und Jugendhilfe im Sozialgesetzbuch VIII hinausgeht.

Da die Jugendsozialarbeit rechtlich im Kinder- und Jugendhilfegesetz (SGB VIII) verankert ist, gelten auch für sie die allgemeinen Grundsätze dieser Rechtsordnung: Kommunale Selbstverwaltung, Subsidiaritätsprinzip, Förderung der freien Träger (§ 74 SGB VIII), Anerkennung von freien Trägern (§ 75 SGB VIII) etc. Das Anliegen hier ist nicht, die Grundlagen der Träger- und Organisationsstrukturen der Kinder- und Jugendhilfe darzustellen, sondern die Träger und Organisationsformen der Jugendsozialarbeit zu erörtern.

Den (fach)politisch und fachlich bedeutendsten Zusammenschluss der Jugendsozialarbeit bildet der Kooperationsverbund Jugendsozialarbeit. Dieser ist ein aus sieben Bundesorganisationen und Spitzenverbänden bestehende Zusammenschluss der am 1. Juli 2007 seine Tätigkeit aufnahm. Nach der Selbstdarstellung auf der eigenen Internetpräsenz (www.jugendsozialarbeit.de) geht es dem Kooperationsverbund Jugendsozialarbeit vor allem um die Bündelung von Kompetenzen, die Weiterentwicklung von Fachlichkeit, qualifizierte Politikberatung und um die Sensibilisierung der Öffentlichkeit für die Lebenslagen benachteiligter Jugendli-

cher. Dabei agieren die Mitgliedsverbände und -organisationen des Kooperations-
verbundes subsidiär und eigenverantwortlich, arbeitsteilig und kooperativ. Für die
fachliche Weiterentwicklung übernimmt jedes der sieben Mitglieder die Feder-
führung für die Bearbeitung relevanter Themenfelder der Jugendsozialarbeit: (1)
Die Arbeiterwohlfahrt (AWO) vertritt im Bereich Bildung die Teilbereiche „Allgemeine Bildung" sowie „Potenzialanalysen und Kompetenzfeststellung". (2) Das
Deutsche Rote Kreuz (DRK) widmet sich dem Schwerpunkt „Schulbezogene Jugendsozialarbeit". (3) Die Bundesarbeitsgemeinschaft der Evangelischen Jugendsozialarbeit (BAG EJSA) ist federführend für die Themenkomplexe „Junge Mig-
ranten/-innen" und „Europäische Jugendpolitik und Förderprogramme" zuständig.
(4) Die Bundesarbeitsgemeinschaft der örtlich regionalen Träger der Jugendsozialarbeit (BAG ÖRT) verantwortet die Bereiche „Übergangsmanagement" und „Integrationsförderung nach dem SGB II". (5) Der PARITÄTISCHE Gesamtverband
befasst sich mit dem Schwerpunkt „Arbeitsmarktpolitik und Jugendsozialarbeit".
(6) Der Internationale Bund (IB) repräsentiert die Themen "Berufliche Integrationsförderung (Schwerpunkt SGB III)" und „Übergänge Schule-Beruf". (7) Die
Bundesarbeitsgemeinschaft der katholischen Jugendsozialarbeit (BAG KJS) hat
den Handlungsschwerpunkt „Jugendwohnen". Die sieben Bundesweiten Organisationen der Jugendsozialarbeit in Deutschland übernehmen vor allem anwaltli-
che Funktionen für die Adressaten_innen und sensibilisieren so die Öffentlichkeit für die Lebenslagen benachteiligter Jugendlicher. „Als Kooperationsverbund
beobachten sie die fachlichen Entwicklungen, geben Impulse und schaffen eine
Plattform zur Weiterentwicklung der Jugendsozialarbeit in Deutschland" (IjAB
2008, S. 702). Indirekt sind auch die Landesarbeitsgemeinschaften für Jugendsozialarbeit, die weiter unten beschrieben werden, im Kooperationsverbund Jugendsozialarbeit vertreten.

Weitere Akteure der Jugendsozialarbeit, die bundesweit agieren, sind z.B. das
Christliche Jugenddorfwerk e.V., das bereits 1947 gegründet wurde und sich vor
allem in der beruflichen Bildung (Berufsvorbereitung, Berufsausbildung, Hilfen
zur Beschäftigung u. v. m), schulischen Bildung (schulischer Ersatz für z.B. Le-
gastheniker oder Schulverweigerer) und in der Förderung für Menschen mit Be-
hinderungen (Förderschulen, Wohnheime, Werkstätten) betätigt.

Des Weiteren gibt es Bundesorganisationen, die auf einzelne Handlungsfelder
der Jugendsozialarbeit fokussiert sind. Hier sind insbesondere die Katholische
Arbeitsgemeinschaft Migration, die IN VIA Katholischer Verband für Mädchen-
und Frauensozialarbeit – Deutschland e.V., die Bundesarbeitsgemeinschaft Street-
work/Mobile Jugendarbeit e.V. und Off Road Kids e.V. – Perspektiven für Stra-
ßenkinder in Deutschland zu nennen.

Die Bundesarbeitsgemeinschaft der katholischen Jugendsozialarbeit (BAG KJS) ist durch acht Landesarbeitsgemeinschaften mitorganisiert: Baden-Württemberg, Bayern, Berlin/Brandenburg, Region Nord (Bremen, Hamburg, Mecklenburg, Niedersachsen, Schleswig-Holstein), Hessen/Rheinland-Pfalz/Saarland, NRW, Thüringen und Sachsen. Die Bundesarbeitsgemeinschaft der örtlich regionalen Träger der Jugendsozialarbeit (BAG ÖRT) setzt sich demgegenüber nicht aus Vertretern der einzelnen Bundesländer zusammen, sondern aus rund 80 gemeinnützigen freien Trägern der Jugendsozialarbeit aus den Bundesländern Berlin, Brandenburg, Hamburg, Mecklenburg-Vorpommern, NRW, Sachsen, Sachsen-Anhalt, Schleswig-Holstein, Bayern und Thüringen.

Auf Landesebene gibt es die Landesarbeitsgemeinschaften der örtlich regionalen Träger der Jugendsozialarbeit Mecklenburg-Vorpommern e.V. (LAG ÖRT M-V) sowie Thüringen/Sachsen e.V. Diese setzen sich, wie auch die Bundesarbeitsgemeinschaft der örtlich regionalen Träger der Jugendsozialarbeit (BAG ÖRT), aus gemeinnützigen Trägern der Jugendsozialarbeit der entsprechenden Bundesländer zusammen. Weiterhin sind sechs Landesarbeitsgemeinschaften der Jugendsozialarbeit organisiert: Bayern, Berlin/Brandenburg, Hessen, Niedersachsen, Nordrhein-Westfalen, und Sachsen. In den Landesarbeitsgemeinschaften sind die zahlreichen zumeist freien Träger der Jugendsozialarbeit auf Ebene des Bundeslandes vertreten.

Die Landesarbeitsgemeinschaften treten für die Interessen ihrer Adressaten_innen gegenüber Politik, Verwaltung und Gesellschaft auf Landesebene ein. Ein weiteres Arbeitsfeld der Landesarbeitsgemeinschaften ist die Weiterentwicklung und Gestaltung der Förderung der vielschichtigen Bereiche der Jugendsozialarbeit im jeweiligen Bundesland. Ferner werden auch Projekte zur Zusammenarbeit der Träger auf Landesebene und Fachveranstaltungen angeboten. Diese Landesarbeitsgemeinschaften tauschen sich in regelmäßigen Abständen über aktuelle Entwicklungen aus und planen gemeinsame Initiativen. Dabei sind die Landesarbeitsgemeinschaften in unterschiedlichen Rechtsformen organisiert. Die Landesarbeitsgemeinschaft Baden-Württemberg, Hessen und Sachsen z.B. sind eingetragene Vereine (e.V.).

Dem Thema der konzeptionellen Weiterentwicklung, Begleitung und des Aufbaus zum Verlauf von Maßnahmen im Handlungsfeld der Jugendberufshilfe hat sich der international tätige und nicht gewinnorientierte Verein zur Förderung kultureller und beruflicher Bildung von Jugendlichen und jungen Erwachsenen – BBJ e.V. gewidmet. Die Aufgaben des BBJ in bundesdeutschen Kontext orientieren sich an den Zielformulierungen des Kinder- und Jugendhilfegesetzes (SGB VIII), des Arbeitsförderungsgesetzes (SGB III) und der Grundsicherung für Arbeitssuchende (SGB II), um insbesondere Adressat_innen der Jugendsozialarbeit bzw.

der Jugendberufshilfe in den regulären Arbeitsmarkt zu integrieren. Neben den konzeptionellen, planerischen und beratenden Funktionen werden vom BBJ auch eigene Projekte selbst durchgeführt.

Die Trägerstruktur der Jugendsozialarbeit auf kommunaler Ebene ist vielfältig. Dabei können die freien Träger unterschiedliche Rechtsformen annehmen. Neben vor allem gemeinnützigen Vereinen sind natürliche Personen (z.B. Einzelunternehmen), gemeinnützige Gesellschaften mit Beschränkter Haftung (gGmbH), Stiftungen, andere juristische Personen des Privatrechts (z.B. AG, GmbH), andere juristische Personen des öffentlichen Rechts (z.B. Gebietskörperschaften, Kirchengemeinden) im Handlungsfeld der Jugendsozialarbeit zu finden. Dabei haben die meisten Einrichtungen im Feld der Jugendsozialarbeit der Rechtsform des gemeinnützigen Vereins. Wenn die Einrichtungen der schulischen und berufsbezogenen Jugendsozialarbeit gemäß § 13 Abs. 1 und 2 SGB VIII betrachtet werden, dann waren z.B. im Jahr 2006 in NRW die gemeinnützigen Vereine mit 41 von insgesamt 73 Einrichtungen vertreten (vgl. Information und Technik Nordrhein-Westfalen 2009, S. 12). Jugendsozialarbeit ist im Bereich der Trägerstruktur innerhalb der Jugendhilfe eher randständig. In NRW z.B. stehen 4097 Einrichtungen der Jugendarbeit gegenüber 131 Einrichtungen der Jugendsozialarbeit. Dabei gibt es zahlreiche Städte und Kreise wie z.B. Dortmund, Remscheid, Aachen, Bottrop Unna, Lippe oder Rhein-Sieg-Kreis, die keine Einrichtungen der Jugendsozialarbeit haben (vgl. ebd., S. 37f.).

Grundsätzlich lässt sich festhalten, dass die Jugendsozialarbeit, wie auch die Kinder- und Jugendhilfe allgemein, in ihrer Ausübung unter kommunaler Verantwortung steht und damit auch von der Kommune finanziert wird. Jedoch übernehmen Bund und Länder ebenfalls Finanzierungleistungen der Jugendsozialarbeit, z.B. durch fachliche Anregungen, Projekte oder modellhafte Förderungen. Zentrale Finanzierungsquellen von Leistungen der Jugendsozialarbeit ergeben sich nicht ausschließlich aus dem Kinder- und Jugendhilfegesetz, sondern unterliegen einer Mischfinanzierung. Die unterschiedliche Finanzierung von Leistungen der Jugendsozialarbeit ergibt sich aus den bereits genannten Sozialgesetzbüchern zur Grundsicherung für Arbeitssuchende (SGB II), Arbeitsförderung (SGB III) und Rehabilitation und Teilhabe behinderter Menschen (SGB IX). Diese werden ergänzt durch verschiedene Bundesprogramme (z.B. durch den Kinder- und Jugendplan des Bundes oder durch diverse Bundesinitiativen), Landesprogramme (z.B. Initiative zur Fachkräftesicherung in NRW) und kommunale Mittel sowie durch europäische Förderprogramme (Europäischen Sozialfonds – ESF). Dies hat zur Folge, dass Leistungen der Jugendsozialarbeit oft unter anderen Zielperspektiven als der Förderung zur eigenverantwortlichen und gemeinschaftsfähigen Persönlichkeit, wie sie in § 1 des Kinder- und Jugendhilfegesetzes formuliert wird, durchgeführt werden. Der Bund hat nach § 83 SGB VIII als fachlich zuständige oberste Behörde die Aufgaben, die Tätigkeit der Jugendhilfe anzuregen und zu fördern, soweit sie von überregionaler Bedeutung ist und ihrer Art nach nicht durch ein Land allein wirksam gefördert werden kann. Der Bund kann z. b. durch spezifische Fachveranstaltungen oder Veröffentlichungen die Jugendhilfe allgemein oder zu einzelnen Bereichen anregen. Die Förderungen belaufen sich zumeist auf finanzielle Zuwendungen mit Mitteln aus dem Bundeshaushalt, insbesondere für „bundeszentrale Einrichtungen, die im gesamten Bundesgebiet Wirkung entfalten […] sowie […] Maßnahmen im internationalen Bereich, Modellvorhaben und Forschungsprojekte zur Erprobung neuer Wege in der Jugendhilfe" (Borsche 2001, S. 240). Der Kinder- und Jugendplan des Bundes ist das wichtigste Instrument für die bundesweite Förderung und Anregung der Jugendhilfe. Er wird vom Bundesministerium für Familie, Senioren, Frauen und Jugend finanziert und ist im Bundeshaushaltsplan des Bundesministeriums einsehbar. Im ersten Satz des Abs. 1 des Förderprogramms und –ziel der Jugendsozialarbeit übernimmt der Kinder- und Jugendplan des Bundes den entsprechenden Gesetzestext zur Jugendsozialarbeit aus dem SGB VIII Abs. 1 im Wortlaut. Im nächsten Satz werden die Jugendlichen, „die außerhalb der Familie in sozialpädagogisch begleiteten Wohnformen oder vergleichbaren Einrichtungen der Jugendhilfe untergebracht sind" einbezogen. Im letzten Satz des ersten Abschnittes wird festgehalten, dass sich die Jugendsozialarbeit auch an junge Menschen mit Migrationshintergrund wendet. Im zweiten Abschnitt wird dargelegt wodurch sich Modellmaßnahmen der Jugendsozialarbeit auf Bundesebene auszeichnen haben. Dort ist „insbesondere" relevant, dass sozialpädagogische Ansätze junge Menschen zur Berufsvorbereitung und Ausbildung befähigen sowie das Bildungs- und Beratungsangebote die berufliche Integration ausbildungsloser- und arbeitsloser junger Menschen fördern. Weiterhin sollen sozialpädagogische Hilfestellungen bei der Bewältigung von Folgeproblemen der Ausbildungs- und Arbeitslosigkeit, zur Förderung der Persönlichkeitsentwicklung und zur sozialen Integration angeboten werden. Im Bundeshaushaltsplan 2011 des Bundesministeriums für Familie, Senioren, Frauen und Jugend findet sich die Jugendsozialarbeit als eigenständige Position wieder. Auch weitere Aufgabengebiete der Jugendsozialarbeit, wie Jugendhilfe und Schule und Integration junger Menschen mit Migrationshintergrund, sind extra aufgeführt. Dies macht eine exakte Analyse der Zuwendungen des Bundes an die Jugendsozialarbeit schwierig, da nicht ersichtlich ist, was konkret unter den Punkt Jugendsozialarbeit verstanden wird. Während die Jugendsozialarbeit im Jahr 2009 noch mit 54.559.000 Euro vom Bund gefördert wurde, sollte demnach die Förderung im Jahr 2010 auf 9.125.000 Euro und im Jahr 2011 auf 8.250.00 Euro reduziert werden (vgl. BMFSFJ 2011, S. 16). Das Handlungsfeld Jugendhilfe und Schule, das teilweise zur Jugendsozial-

arbeit zählt, hat auch eine signifikante Einsparung hinnehmen müssen: Im Jahr
2010 wurde dieser Bereich mit 717.000 Euro finanziell gefördert, im Jahr 2012
sollten es nur noch 270.000 Euro sein. Im Aufgabenfeld der Jugendsozialarbeit
wurden vom Bundesministerium für Familie, Senioren, Frauen und Jugend die
Eingliederungsprogramme zur Integration junger Menschen mit Migrationshintergrund mit den höchsten Zuwendungen unterstützt: Im Jahr 2010 flossen hier
41.496.000 Euro und im Jahr 2012 sollen es 41.500.000 Euro sein (vgl. BMFSFJ
2012, S 16). Die bundesweite Koordinations- und Steuerungsfunktion der Bundes-
förderung bzgl. der Jugendsozialarbeit kommt dadurch zum Ausdruck, dass die
Wohlfahrtsverbände seit 2010 kontinuierlich mit 18.800.00 Euro finanziell unterstützt werden (vgl. ebd.). Insbesondere das DRK und die Arbeiterwohlfahrt, die
beide auch Mitglieder des Kooperationsverbunds Jugendsozialarbeit sind, führten
Maßnahmen und Projekte im Aufgabengebiet der Jugendsozialarbeit durch. Weiterhin wird der Kooperationsverbund Jugendsozialarbeit durch Zuwendungen aus
dem Kinder- und Jugendplan gefördert .

Zum Adressat_innenkreis der Jugendsozialarbeit soll hier keine weitere Interpretation der juristisch implementierten Begriffe („sozial Benachteiligte" und
„individuell Beeinträchtigte") angeboten werden. Stattdessen werden die Adres-
saten_innen im Nexus von Politik und Wissenschaft (re)produziert. Mit anderen
Worten: In dieser Arbeit wird nicht vom einzelnen Benachteiligten ausgegangen,
sondern der aktive Prozess der Herstellung von Benachteiligung im politischen
Raum fokussiert, sozusagen „Doing Benachteiligung". Dennoch ist es notwendig
eine Bestimmung der Termini vorzunehmen, um einen Ausgangspunkt der (aktiven) gesellschaftspolitischen Herstellung von Adressat_innen der Jugendsozialarbeit zu diskutieren.

Mit den administrativ festgelegten Begriffen „soziale Benachteiligung" und
„individuelle Beeinträchtigung" (§ 13 SGB VIII) sind die Merkmale der Adres-
sat_innen von Jugendsozialarbeit benannt. Demnach wenden sich die Angebote
der Jugendsozialarbeit nicht an alle Jugendliche, sondern an jene, die einen besonderen sozialpädagogischen Förderungsbedarf zur Bewältigung von Integra-
tionsproblemen im Bereich von Wohnen, Arbeit oder Schule aufweisen. Bothmer
bestimmt die Termini der „sozialen Benachteiligung" und „individuellen Beeinträchtigung" wie folgt:

„Mit ‚sozialer Benachteiligung' sind pauschal all die gesellschaftlichen Faktoren und Bedingungen gemeint, die eine Minderung der Chancen auf gleichberechtigte Teilhabe an der Gesellschaft bewirken. (...) Grundsätzlich sind Armut, Herkunft aus sozial problematischen Familienverhältnissen, fehlende oder schlechte Schulabschlüsse, Delinquenz und mangelnde oder unzureichende deutsche Sprachkenntnisse als Faktoren sozialer Benachteiligung zu nennen. Aber allein die Tatsache, ausländischer Herkunft oder weiblichen Geschlechts zu sein oder aus einer besonders strukturschwachen Region zu kommen, kann sich bereits als soziale Benachteiligung auswirken. (...) Mit individueller Beeinträchtigung sind beispielsweise Lernschwäche und Lernbehinderung, Verhaltensauffälligkeit, (ehemalige) Drogenabhängigkeit gemeint". (zit. nach Galuske 1999, S. 63).

Zusammenfassend lässt sich sagen, dass sich sozialen Benachteiligungen aus Problemlagen ergeben, die in sozialen Zusammenhängen entstehen, wie z. B. mangelnde Ausbildungsplätze. Demgegenüber liegen individuelle Beeinträchtigungen in der Person selber. Demnach ist die Ausgangsfrage zur Konstituierung von Adressat_innen der Jugendsozialarbeit: Wie sind Ursachenkomplexe des „Scheiterns" – verstanden als Nicht-Integration in hegemonial kulturelle Lebenslaufmuster – zu deuten?

Während in den 1980er Jahren der Benachteiligtenbegriff vor allem durch eine Defizitorientierung und die Deutung von Ursachen des „Scheiterns" beim Individuum gekennzeichnet war, liegt der gegenwärtige Fokus auf der Kompetenzorientierung. Diese Neujustierung zur Kompetenzorientierung soll vermehrt die strukturellen Probleme als Ursachen von Benachteiligung in den Blick nehmen. Auch von sozialpädagogischer Seite wurde bereits gefordert, den Begriff der Benachteiligung sozialstrukturell zu wenden und für eine Kompetenzorientierung zu öffnen (vgl. Arnold et al. 2005, S. 94f.). Eine solche kompetenzorientierte und sozialstrukturelle Öffnung scheint zumindest auf administrativer Ebene erfolgt zu sein. Der *Datenreport zum Berufsbildungsbericht 2012* wendet sich zum ersten Mal von der sogenannten „Benachteiligtenförderung" hin zu „Angebote[n] für alle Jugendliche, die einer Unterstützung bedürfen – in welcher Weise auch immer" (ebd., S. 231). Weiterhin wird formuliert, dass die

„traditionellen Ansätze, Benachteiligungen und Defizite zu definieren und zum Ausgangspunkt von Förderung zu machen, [...] zunehmend abgelöst [werden], stattdessen stehen Kompetenzen im Mittelpunkt. Strukturelle Probleme als Ursache von Benachteiligung rücken stärker in den Blick" (ebd.).

Eine strukturbezogene Zuschreibung des „Scheiterns" müsste auch zu strukturbezogenen Präventions- und Interventionsmaßnahmen Maßnahmen führen, die zum Ziel haben, Möglichkeitsräume für Adressat_innen zu erweitern.

Diskursanalytische Instrumente

In diesem Kapitel wird das Instrumentarium einer postfundamentalistisch-diskursanalytischen Forschungsperspektive zur Relationierung von sozialpädagogischer Praxis mit sozialpolitischen Programmatiken dargestellt. Es wurde bereits erwähnt, dass es sich in Anlehnung an Wrana (2006), Langer (2008), Maier Reinhardt (2008) und Lücke (2002) um eine textlinguistische und semiotische Herangehensweise handelt, die einen linguistic turn und practice turn vollzieht: den linguistic turn insofern, dass das Soziale in seiner sprachlichen Konstitution betrachtet wird und den practice turn insofern, dass das Sprachliche als Handlung, als Soziale Praxis verstanden wird. Diskursanalytisch bedeutet dies, dass das Textmaterial auf seine Äußerungsakte und Artikulationen hin analysiert wird. Es gilt dabei zu beobachten, wie in der sozialpädagogischen Praxis und in den sozialpolitischen Programmatiken (verstanden als symbolische Ordnung nach Zizek) Bedeutungselemente figuriert werden.

Am Beginn der Diskursanalyse steht eine Reflektion des Gruppendiskussionsverfahrens (vgl. Bohnsack et al. 2010, Nentwig-Gesemann 2010) vor dem Hintergrund der im vorherigen Kapitel dargelegten diskursanalytischen Perspektive auf sozialpädagogische Praxis. Während die Gruppendiskussion als Erhebungsmethode in weiten Bereichen den Annahmen Bohnsacks (2007) folgt, werden die Auswertungsstrategien diskursanalytisch reformuliert. Dies geschieht insbesondere im Bezug auf die theoretisch-methodologischen Fundierungen, die Bohnsack für die Gruppendiskussion als Methode rekonstruktiver Sozialforschung (2007) formuliert hat. Während Bohnsack die „Dokumentarische Methode" (Bohnsack 2010) als Auswertungsstrategie von Gruppendiskussionen empfiehlt, wird hier die Figurenanalyse als Auswertungsstrategie angewandt. Diese stellt eine Operationalisierung diskursiver Praktiken dar (vgl. Wrana 2006, S 138ff.). Im Weiteren werden die Eingangsstimuli der Gruppendiskussion, die Vignette und die Leitfragen methodologisch eingefangen sowie der Feldzugang und das Vorgehen bei der Erhebung der Gruppendiskussionen dargestellt. Die Darstellung der Figurenanalyse wird beispielhaft am analysierten Material vollzogen, um so den Grad der Offenheit bei der Ergebnisproduktion zu ermöglichen. Dabei wird die Figurenanalyse an zentralen Stellen an die weiter oben (vgl. Kapitel 4) ausformulierte diskursanalytische Perspektive rückgebunden, um theoretisch-methodologische Reflexionen der forscherischen Praxis zu messen und so die forscherische Anwendbarkeit der Ausarbeitungen zu erproben. Dabei kommt es erneut zu Irritationen, Verwerfungen, Infragestellungen oder Ergänzungen, die benannt werden, um den Prozesscharakter dieser Forschungsarbeit zu betonen.

7.1   Korpusgenerierung

Da der Korpus aus verschieden Materialarten besteht, wird im Folgenden – in Anlehnung an Apel et al. 1995 – von primärem und sekundärem Material gesprochen. Damit erfolgt keine Wertung des analysierten Materials, sondern es werden die unterschiedlichen Produktionsweisen des Forschungsmaterials betont. So handelt es sich beim primären Material um die politischen Programmatiken zur Übergangsgestaltung Schule-Beruf in NRW; also um Material, auf das direkt zugegriffen werden kann. Demgegenüber wurde das sekundäre Forschungsmaterial forschungsmethodisch erhoben und durch Transkriptionen für die weitere Analyse materialisiert. Da die Gruppendiskussion mit einer Vignette und Leitfragen als Stimuli durchgeführt wurde, wird das hier gewonnene Material in sekundäres Material I (Vignettendiskussion) und sekundäres Material II (Leitfragendiskussion) differenziert. Somit ergibt sich folgender Analysekorpus:

Primäres Material	Sekundäres Material	
	I. Vignettendiskussion (Transkription)	II. Leitfragen (Transkription)
Kein Abschluss ohne Anschluss – Übergang Schule – Beruf in NRW. Zusammenstellung der Angebote und Instrumente (2012)	Hauptschule	Hauptschule
	Förderschule (Förderschwerpunkt Lernen)	Förderschule (Förderschwerpunkt Lernen)
	Jugendwerkstatt	Jugendwerkstatt

Abbildung 1 Analysekorpus

Bei der Konstruktion des Datenkorpus ist es ein Anliegen, dass – wie Kessl (2013, S. 101) konstatiert – keine Zeitdiagnosen der gegenwärtigen wohlfahrtsstaatlichen Gestaltungsweisen und Transformationen gesetzt werden. Daher wird nicht von z.B. dem aktivierungspolitischen Diskurs (vgl. Lessenich 2008, Kessl 2005) ausgegangen, um daran anschließend die Gebrauchsweisen sozialpädagogischer Fachkräfte eben dieser Lesart zu untersuchen. Vielmehr werden die sozialpolitischen Programmatiken als Materialisierungen der sozial stabilisierenden Bedeutungsmuster betrachtet, in denen historisch-spezifische Regelmäßigkeitsmuster analysiert werden. Ein Determinationsverhältnis von sozialpolitischen Programmatiken und sozialpädagogischer Praxis wird verhindert, indem beide Dimensionen unabhängig voneinander bezogen auf diskursive Praktiken analysiert werden und die Ergebnisse erst im Anschluss relationiert werden. So wird versucht, den aktiven Anteil sozialpädagogischer Praxis bei der Herstellung von Möglichkeitsbedingungen für Adressat_innen zu extrahieren. Dadurch soll weiterhin ermöglicht werden, aktuell stattfindende wohlfahrtsstaatliche Transformationsprozesse des „Neuen Übergangssystems Schule-Beruf in NRW" in ihrer Gleichzeitigkeit zu den Rationalisierungsweisen der im Feld tätigen sozialpädagogischen Fachkräfte zu dechiffrieren. Die Rationalisierungsweisen sozialpädagogischer Fachkräfte können gegenüber den sozialpolitischen Steuerungsrationalitäten keineswegs ausgeblendet und als unproblematisch betrachtet werden. Folglich gilt es – wie Wrana (2012, S. 236) feststellt –, den Forschungsgegenstand zu erweitern: Nicht nur die Praktiken der Produktion diskursiver Artefakte, also der diskursiven Form und die der politischen Steuerungsrationalitäten, gilt es zu untersuchen, sondern auch die Praktiken der Formierung, also die der sozialpädagogischen Fachkräfte. Dabei ist die Dimension der Form und Formierung in ihrer Gleichzeitigkeit zu betrachten. Denn die diskursive Form, bestehend aus politischen Steuerungsrationalitäten im

Feld der Übergangsgestaltung, und die diskursive Formierung der sozialpädagogischen Praxis stellen zentrale Dimensionen der Herstellung von Rahmenoptionen
für Adressat_innen im Feld dar. Allerdings unterliegen die Äußerungen der diskursiven Form und der diskursiven Formierung unterschiedlichen Bedingungen:
Die öffentlichen Diskurse sind in ein Netz von institutionellen Regeln und Kontrollen eingebunden. Sie werden geschrieben, um von einem Publikum gelesen zu
werden und entfalten zu diesem Zweck eine bestimmte Rhetorik.

Trotz unterschiedlicher Produktionsbedingungen des primären und sekundären
Materials gelten diskursanalytisch ähnliche Zusammenhänge. Während die konzeptionellen Äußerungen in ein Netz von institutionellen Regeln und Qualitätskontrollen eingebunden sind und als gereinigt von der Alltagskommunikation angesehen werden, gilt die alltägliche Interaktion häufig als unsauber und irrational.

Die Argumentationen, Metaphern, semantischen Differenzen und narrativen
Figuren, die im primären und sekundären Material zu finden sind, mögen auf einer
abstrakten Ebene potenzielle Eigenschaften der Sprache sein. "Aber tatsächlich
sind sie der sozialen Praxis nicht äußerlich und regulieren diese, vielmehr sind sie
selbst Resultat des Gesellschaftlichen und damit zugleich in das Spiel der Iterabilität verstrickt" (Wrana 2006, S. 148). Diese Anforderung an die Materialkombination wird in Orientierung an der von Apel et al. (1995) entwickelte Methode
des „Wissenschaftlichen Quellentextes" bearbeitet. Das Verfahren dient dazu, Materialien unterschiedlicher erhebungsmethodischer Herkunft für die Analyse zusammenzuführen. Dazu wird das Material auf Basis theoretischer Modelle, die vor
allem ein Begriffsinstrumentarium und einen Rahmen für die Auswertung liefern,
bearbeitet. Daraus folgt, dass der wissenschaftliche Quellentext nicht gleich dem
Korpus ist, sondern bereits ein erstes eigenständiges Analyseergebnis darstellt.

Eine offene Korpus-Generierung, wie sie Glasze (2007, S. 48) vorschlägt, war
hier aus forschungspragmatischen und sozial-strukturellen Gegebenheiten nicht
möglich. Ein offener Korpus ermöglicht einen Teil des Kontextes, der implizit oder
explizit im Material geäußert wird, des geschlossenen Korpus' in die Analyse zu
integrieren (vgl. ebd.) Dies ist sicherlich ein sinnvolles Vorgehen, allerdings verlangt es ein hohes Maß an forscherischer Flexibilität und Zugangsmöglichkeiten
zu Forschungsfeldern. Außerdem ist die sozialpädagogische Praxis, insbesondere
im Feld des Übergangs von der Schule in den Beruf, durch konkrete sozialpolitische Programme prästrukturiert.

7.2   Das Gruppendiskussionsverfahren

Das Gruppendiskussionsverfahren wurde aus Praxis- bzw. Feldrelevanten und forschungspragmatischen Gegebenheiten als Erhebungsmethode gewählt: Die Praxis im Feld der Übergangsgestaltung wird von unterschiedlichen Professionen und Einrichtungen gestaltet. So sind z.b. Ausbilder_innen verschiedenster Berufszweige, Sozialpädagog_innen, Pädagog_innen der Erwachsenbildung, Lehrer_innen oder Verwaltungsangestellte an Prozessen der Übergangsgestaltung beteiligt. Schulen, Jugendhilfe, Bundesagentur für Arbeit, Handwerkskammer oder Bildungseinrichtungen sind nur einige Institutionen, die das Feld der Übergangsgestaltung mit unterschiedlichen Aufträgen und Zielen formen. Diese Interprofessionalität und Interinstitutionalität bei der Gestaltung von Praxis im Übergangsprozess gilt es bei der Analyse zu berücksichtigen. Da es forschungspragmatisch einen zu hohen Aufwand bedeutet, die organisational-administrative Rahmung mit in die empirischen Analyse einzubeziehen, nehmen nur Fachkräfte an der Gruppendiskussion teil, die auch real in einer Einrichtung zusammenarbeiten. So wird gewährleistet, dass die Teilnehmer_innen ihre berufliche Praxis unter denselben administrativ-konzeptionellen Bedingungen ausüben. Sofern die Teilnehmer_innen der Gruppendiskussion aus einem institutionell-organisationalen Arbeitszusammenhang kommen, werden ihre spezifischen Äußerungen aus ihrem institutionell-organisationalen Entscheidungssettings generiert. Das heißt auch: Wenn eine Gruppendiskussion mit sozialpädagogischen Fachkräften aus unterschiedlichen Einrichtungen durchgeführt wird, ist die Wahrscheinlichkeit höher, dass die organisationale Rahmung zur Reflexion ihrer alltäglichen Berufspraxis weniger oder gar keine Berücksichtigung findet. Die Sozialpädagog_innen würden dann wahrscheinlich eher in eine stark normativ aufgeladene Diskussion einsteigen, ohne die rechtlich-administrativen, organisationalne und Interprofessionellen Bedingungen ihrer Praxis zu berücksichtigen. Daher wird das institutionell-organisationale Setting beibehalten.

Die Gruppendiskussion zielt auf die Erhebung handlungskonzeptioneller Verarbeitungsmuster und damit auf Problematisierungsweisen sozialpädagogischer Fachkräfte zu ihrer ausgeübte Praxis. Die Erhebungsmethode der Gruppendiskussion erlaubt es, wie jede Form der Interviewtechnik, Reflexionen über die ausgeübte Praxis zu analysieren. Damit wird die sozialpädagogische Praxis nicht in actu – im Vollzug – analysiert, sondern auf der Reflexionseben der professionellen Subjekte. Damit eröffnet das Gruppendiskussionsverfahren ein besonderes Erkenntnispotenzial. Denn wenn davon ausgegangen wird, dass die sozialpädagogische Praxis von etwas vor dem Vollzug liegenden strukturiert wird – u.a. von subjektiven Reflexionen, „die nur noch retrospektiv betrachtet und erzählend und beschreibend rekonstruiert werden können" (Nentwig-Gesemann 2010, S. 261) –, dann ermöglicht das Gruppendiskussionsverfahren die Analyse solcher Reflexionen unter simulierten realen Bedingungen. Einzelinterviews lassen demgegenüber die dynamischen Bedingungen interprofessioneller Teams und häufig auch die organisationalen Rahmungen außen vor.

Das Feld der sozialpädagogischen Praxis ist nicht einfach und auch nicht determinierend geschichtet, sondern durch vielfache Beziehungen ausgestaltet. Die Problematisierungsweisen professioneller sozialpädagogischer Subjekte bezüglich ihrer ausgeübten Praxis ist eine dieser Dimensionen. Diese Dimension gilt es aber nicht isoliert von den anderen, wie z. B. der politischen Programmatiken, zu untersuchen.

Die Problematisierungsweisen sind abhängig von der Situation, der organisationalen Rahmung und der Position des professionellen Subjekts im interprofessionellen Team. Eine sozialpädagogische Fachkraft, die an einer Schule angestellt ist, befindet sich in einer anderen Position und in einem anderen institutionellen Setting, als ein/e Sozialpädagog_in, der/die für externen Kooperationspartner tätig ist. Und wenn dann wohlmöglich noch die/der Schulleiter_in als Vorgesetzte/r an der Gruppendiskussion teilnimmt, ist anzunehmen, dass die an der Schule angestellte Fachkraft und dem/der Schulrektor_in hierarchisch unterstellt ist und sich aufgrund dieser Position anders äußert, als eine externe sozialpädagogische Fachkraft.

7.3   Die Vignette

Die konstruierte Vignette als Eingangsstimulus simuliert eine Teamsitzung, die die Fachkräfte der vertretenen Berufsgruppen auch regelmäßig in ihren Praxiseinrichtungen durchführen. Somit wird, dem erklärten Ziel der Vignettenforschung entsprechend, eine möglichst „reale" Situation simuliert (vgl. Wilson/While 1998). Die Vignette dient als Einstieg zur Narration über die berufliche Praxis. Vignetten sind Beispielsituationen, die die Teilnehmenden zu differenzierten Positionierungen animieren. Schnurr (2003) beschreibt Vignetten in der Sozialforschung als eine Falldarstellung, „die als Stimulus in Befragungen verwendet wird" (ebd. S. 393). Die Vignettenmethode kommt insbesondere in professionsanalytischen Forschungen zur Anwendung, die auf die Rekonstruktion von implizitem Wissen und auf die „Relevanz und Sinngebungsmuster von Professionellen bzw. Professionen zielen" (ebd., S. 394). Durch ihren Konstruktionscharakter setzt eine Vignette Thematisierungen. Die Vignette für die vorliegende Forschung wurde inhaltlich möglichst kurz gefasst und offen gehalten, um den Teilnehmer_innen die Möglichkeit zu geben, selbst Thematisierungen zu setzen. Zu viele Kontextinformationen zum bisherigen Fallverlauf in der Vignette bergen zusätzlich die Gefahr, dass die Diskussionsteilnehmer_innen zunächst viel Zeit darauf verwenden, ein (gemeinsames) Verständnis des Falls zu erarbeiten. Es besteht dann ein hohes Risiko, dass die Teilnehmenden den Fall in einer für die Forschungsfrage unergiebigen Weise kommentieren, zum Beispiel: „Wie konnte das passieren? Wurden die Instrumente richtig angewandt? Wer hat da Fehler gemacht?" Weiterhin sollte, so wie es Schnurr (2003, S. 397) vorschlägt, möglichst auf Urteils- und Handlungsalternativen verzichtet werden. Stattdessen sollte die Wahl der sprachlichen Ausdrucksweise zur Beurteilung des Falls sowie die der Handlungsweise den Diskussionsteilnehmer_innen selbst überlassen werden.

Die Gruppendiskussionsteilnehmer_innen haben auf Basis der vorgegebenen Vignette, die zugleich begrenzte und unvollständige Merkmale eines Falls aufweist, den Fall zu beurteilen und sollen auf angemessene Handlungsweisen schließen (vgl. Schnurr 2003, S. 397). Da die Gruppendiskussionen in einer Hauptschule, einer Förderschule mit den Förderschwerpunkt Lernen und einer Jugendwerkstatt duchgeführt wurden, musste die Vignette an die spezifischen Einrichtungen angepasst werden. Dies stellt keinen Nachteil im Forschungsprozess da, im Gegenteil: Im Verständnis des Autors dieser Arbeit, erhöht sich das Potenzial einer Vignettenforschung sogar, wenn mehrere Vignetten eingesetzt werden, die sich derart unterscheiden, dass das Spektrum des Forschungsfragehorizonts möglichst breit abgedeckt ist. So wird im erhobenen Material der Umgang mit bestimmten Beurteilungskriterien (z. B. Normalitätsfiktionen) ersichtlich und kann analysiert werden. Zudem wurden die Vignetten gemäß der Erfahrungen der bereits durchgeführten Gruppendiskussionen modifiziert. So hat sich z. B. ergeben, dass der Schüler Philipp in der Vignette „Hauptschule" in der 9. Schulklasse ist, während er in der Vignette „Förderschule" bereits in der 10. Klasse ist. Grund dafür ist, dass in der Gruppendiskussion „Hauptschule" immer wieder betont wurde, dass der Schüler ja noch Zeit hat, bis er aus dem Schulsystem entlassen wird. Durch die Änderung des Schuljahrs in der Vignette „Förderschule" sollten die Teilnehmer_ innen vor andere zeitliche Herausforderungen gestellt werden. Die Konstruktion der Vignette geschah in Anlehnung an Wilson und While (1998) und beruht auf Erfahrungen von den im Feld tätigen Fachkräften. Um sicher zu gehen, dass die Vignetten sich so nah wie möglich an Situationen aus dem Berufsalltag der Fachkräfte orientieren, wurden sie mit Fachkräften, die nicht am Forschungsprozess teilnehmen, abgeglichen. Hierzu wurden Fachkräfte aus gleichen aber nicht denselben Institutionen befragt. Aus der Befragung ergaben sich folgende Vignetten:

Vignette „Hauptschule"
Philipp ist 15 Jahre alt und besucht das 1. Halbjahr der 9. Klasse einer Hauptschule. Seit sieben Tagen befindet er sich in einem Betriebspraktikum als Mau-
rer. Als die Klassenlehrerin und die sozialpädagogische Fachkraft gemeinsam
mit Philipp und einem Vertreter der Maurerfirma das Praktikum besprechen,
sagt Philipp: „Mir gefällt der Beruf des Maurers nicht. Ich hab keinen Bock
darauf. Was ich nach der Schule mache, weiß ich sowieso nicht. Und ob ich
überhaupt einen Ausbildungsplatz kriege, weiß ich auch nicht. Daher sehe ich
keinen Sinn dafür."
• Wie schätzen Sie die Situation von Philipp ein?
• Was glauben Sie, sind die Ursachen für die Situation von Philipp?
• Wie würden Sie handeln?

Vignette „Förderschule"
Philipp ist 16 Jahre alt und besucht das 1. Halbjahr der 10. Klasse einer Förderschule (Schwerpunkt: Lernen). In der 8. Klasse hat Philipp eine dreiwöchige
Berufsfelderkundung absolviert. Diese Berufsfelderkundung wurde von einem
außerbetrieblichen Träger durchgeführt. Philipp hat die Berufe des Gartenbau-
helfers, des Metallbearbeiters sowie des Holzbearbeiters kennengelernt.
Seit sieben Tagen befindet Philipp sich nun in einem vertiefenden Betriebspraktikum als Holzbearbeiter. Dieses Praktikum soll insgesamt drei Wochen lang in
einem Betrieb stattfinden. Als die Klassenlehrerin und die sozialpädagogische
Fachkraft gemeinsam mit Philipp und einem Vertreter des Betriebs das Prakti-
kum besprechen, sagt Philipp: „Mir gefällt der Beruf des Holzbearbeiters nicht.
Ich hab keinen Bock darauf. Was ich nach der Schule mache, weiß ich sowieso
nicht. Und ob ich überhaupt einen Ausbildungsplatz kriege, weiß ich auch nicht.
Daher sehe ich keinen Sinn dafür."
• Wie schätzen Sie die Situation von Philipp ein?
• Was glauben Sie, wie es zu der Situation von Philipp gekommen ist?
• Wie würden Sie handeln?

Vignette „Jugendwerkstatt"

Stephanie ist seit zwei Monaten Teilnehmerin einer Jugendwerkstatt. Diese bietet drei verschiedene Arbeitsbereiche mit insgesamt fünf Berufsfeldern an. Durch eine Küchenmeisterin erlangen die Jugendlichen Einblick in das Berufsfeld der Köchin bzw. der Beiköchin und Hauswirtschafterin. Weiterhin verfügt die Jugendwerkstatt über eine eigene Kfz-Werkstatt, die Einblicke in die Berufe der Bürokauffrau und der KFZ-Servicemechatronikerin anbietet. Außerdem kann der Beruf des Garten- und Landschaftsbauers von den Jugendlichen erfahren werden. Einmal in der Woche findet in den Räumlichkeiten der Werkstatt ein Stützunterricht statt. Dieser Unterricht wird von Stützlehrern oder Stützlehrerinnen einer externen Einrichtung durchgeführt.

Zudem finden regelmäßig individuelle Beratungsgespräche mit den Jugendlichen und allen Akteuren innerhalb der Jugendwerkstatt statt. Bei so einem Beratungsgespräch sagt Stephanie: „Was soll das Ganze hier? Ich hab keinen Bock darauf. Ich bekomme eh nie eine Ausbildung."

• Wie schätzen Sie die Situation von Stephanie ein?
• Was glauben Sie, wie es zu der Situation von Stephanie gekommen ist?
• Wie würden Sie handeln?

Da einigen Teilnehmer_innen der Gruppendiskussion das Forschungsprojekt nur über Dritte bekannt war, wurde vor Diskussionsbeginn das Dissertationsprojekt vorgestellt. Dabei erfuhren die Teilnehmer_innen, dass sich über die anschließende Gruppendiskussion Einblicke in die berufliche Praxis zum Übergangsprozess von der Schule in die Ausbildung erhofft werden. Es wurde betont, dass es nicht um die Bewertung ihrer beruflichen Praxis geht, sondern dass das Forschungsinteresse den alltäglichen Erfahrungen von professionellen Subjekten im Prozess der Berufsorientierung und Berufsvorbereitung gilt. Diese Notwendigkeit der forschungsethischen Klarstellung des Forschungsziels ist oft ein zentrales Problem von Forschungsvorhaben. Denn zu detaillierte Vorinformationen erhöhen die Wahrscheinlichkeit, die Reflexionen der Teilnehmer_innen über ihre ausgeübte Praxis zu beeinflussen. Weiterhin können zu viele Anhaltspunkte zum Forschungsvorhaben auch die Orientierung der Teilnehmer_innen dahingehend einschränken, dass sie die Erwartungen des forscherischen Subjekts zu antizipieren versuchen. In der Diskussion könnten die Teilnehmer_innen dann nachfragen, ob dies oder jenes überhaupt noch relevant für das Thema ist oder ob es erlaubt ist, darüber zu diskutieren (vgl. Kutscher 2003, S. 388). Um die Wahrscheinlichkeit solcher Tendenzen zu reduzieren, wurde nicht erläutert, dass das Interesse auch der Relationierung sozialpädagogischer Praxis mit sozialpolitischer Programmierung gilt – auch weil die anderen Berufsgruppen (Ausbilder_innen und Lehrkräfte) sich dadurch vielleicht vernachlässigt gefühlt hätten und schon demotiviert in die Diskussion eingestiegen wären.

Als nächstes wurde den Teilnehmer_innen der geplante Ablauf der Gruppendiskussion vorgestellt. Die Diskussion war in zwei Teile gegliedert und auf Wunsch bestand die Möglichkeit einer Pause zwischen den Teilen. Im ersten Teil wurde die Vignette mit den dazugehörigen Fragen von den Teilnehmer_innen diskutiert (sekundäres Material I). Im zweiten Teil wurden den Teilnehmer_innen die folgenden offenen Fragen zum Übergangsprozess von der Schule in die Ausbildung gestellt (sekundäres Material II):

> Leitfaden nach der Vignettendiskussion
> 1. Welche Ziele sind Ihnen im Übergangsprozess von der Schule in die Ausbildung wichtig?
> 2. Welche Angebote halten Sie im Übergangsprozess für sinnvoll?
> 3. Was ist für Sie, im Übergangsprozess von der Schule in die Ausbildung, Erfolg?

Zu Beginn der Gruppendiskussion erhielten die Teilnehmer_innen zunächst die Vignette in schriftlicher Form. Anschließend wurde die Vignette von der Moderation laut vorgelesen und es folgte eine 10-minütige Einzelbeschäftigung der Teilnehmer_innen mit der Vignette. Die Teilnehmer_innen sollten sich hier erste Gedanken zur Problematik und zu möglichen Antworten auf die Fragen machen. Dann wurde die Vignetten-Diskussion eingeläutet. Während der Vignettendiskussion gab die Moderation keine weiteren Kontextinformationen zum Fall. Auftretenden Nachfragen zum Fall wurde mit der Anregung begegnet, die fehlenden Informationen gemeinsam in der Gruppe zu erarbeiten. Dabei sollten sich die Diskussionsteilnehmer_innen darauf einigen, welche weiteren Informationen notwendig sind, um die Fallsituation einschätzen zu können und das weitere Handeln zu begründen. Im weiteren Diskussionsverlauf wurden die Teilnehmer_innen immer wieder gebeten, deutlich zu machen, auf welche hinzugefügten Informationen sie ihre Fallbearbeitungsentscheidungen stützen. Damit wurde versucht, den Zusammenhang zwischen den verwendeten Falldaten aus der Vignette und den von der Gruppe hinzugefügten Fallbearbeitungsentscheidungen transparent zu halten. Das Ziel der passiven Moderation war es, „Fokussierungsmetaphern" (Nentwig-Gesemann 2010, S. 262), also „interaktiv besonders dichte, indexikalische und metaphorisch-szenisch ‚aufgeladene' Passagen" (ebd.) zu fördern. Doch natürlich beeinflusst selbst eine passiv geführte Moderation schon durch die Aufgaben- und Zielstellung sowie die körperliche Anwesenheit eines/r Moderator_in die Gruppendiskussion. Letztlich ist das, „was in einer Diskussion stattfindet [...] immer eine Performance der Gruppe *vor* der/dem Forscher/in (ebd., S. 263).

Die Aufzeichnung der Diskussion begann schon während der Einzelbeschäftigung mit der Vignette und erfolgte durch ein Tonbandgerät und eine Videokamera. So sollte sichergestellt werden, dass nachvollziehbar ist, welche/r Berufsgruppenvertreter_in (Ausbilder_inne, Sozialpädagogen_inne oder Lehrer_innen) wann spricht. Zudem sollte die Videoaufnahme ermöglichen, unklare akustische Ereignisse angemessener einzuordnen.

Da die Analyse insbesondere semantisch-thematische Aspekte fokussiert, lehnt sich die Transkription an die Regeln der Standardorthographie an. Diese Orientierung an der Standardorthographie erlaubt ein zügiges und einfaches Transkribieren, lässt allerdings Besonderheiten, wie Auslassungen oder Angleichungen, außen vor (vgl. Langer 2010, S. 518). Die Transkription folgte folgenden Regeln (angelehnt an Kuckartz 2010, S. 38ff. und der Erweiterung von Dresing und Pehl 2012, S. 25):

Transkriptionsregeln

Die Interviewende Person wird mit einen „I" gekennzeichnet. Die teilnehmen-den Berufsvertreter_innen werden nach ihren ausgeübten Beruf und ihrem Ge-schlecht angegeben. Eine weibliche Lehrerin wird z.B. als „Lehrerin" angege-ben und ein männlicher Ausbilder wird als „Ausbilder" angegeben.

Es wird wörtlich transkribiert. Vorhanden Dialekte werden ins Hochdeutsche Übersetzt.

Die Sprache und Interpunktion wird leicht geglättet, d.h. an das Schriftdeutsch angepasst. Bspw. aus „Wat′n das?" wird „Was ist denn das? Oder „KFZti" wird zu „KFZ-Mechaniker".

Wort- und Satzabbrüche sowie Stottern werden geglättet bzw. ausgelassen.

Die Satzform wird beibehalten, auch wenn sie syntaktische nicht richtig ist.

Alle Angaben, die einen Rückschluss auf andere Diskussionsteilnehmer_innen erlauben, werden anonymisiert.

Verständnissignale der nicht sprechenden Diskussionsteilnehmer_innen wie „mmh, aha, ja, genau, ähm" etc. werden nicht transkribiert.

Lautäußerungen der sprechenden Person (wie etwa Lache oder Seufzen) wer-den nicht transkribiert.

Jeder Sprecherbeitrag erhält eigene Absätze. Zwischen den Sprechbeiträgen der Gruppendiskussionsteilnehmer_innen wird eine Leerzeile eingefügt. Auch kurze Einwürfe werden in einem eigenen Absatz transkribiert

Am Ende eines Absatzes werden Zeitmarken eingefügt.

(…)	Pause
ORTSNAH	Betonung
(unv.)	Unverständliches Wort
(unv., Handygeräusche)	Längere unverständliche Passagen werden möglichst mit einer Ursache versehen
(KFZ-Mechaniker?)	Wenn ein Wortlaut vermutet wird, es aber nicht sicher Verstanden wird

Schon während der Transkription wurden erste Assoziationen, Irritationen, Fra-gen, Beobachtungen und Auswertungsideen in Form von Memos zur Gruppendis-kussion festgehalten (vgl. Langer 2010, S. 517).

7.4 Narratologie – Operationalisierung diskursiver Praktiken

Da die forschungspraktische Tätigkeit anhand von Materialisierungen in Form von Transkriptionen und politischen Programmierungen vollzogen wird, bedarf es einiger theoretischer Transformationsarbeit, um die Analyseform zur Untersuchung textueller Strukturen in eine zu verwandeln, die diskursive Praktiken zum Forschungsgegenstand hat (vgl. Wrana 2006: 141). Es gilt also nun die ontologischen Festsetzungen in ein adäquates Analyseinstrumentarium theoretisch zu transferieren und die Konklusionsbedingungen offenzulegen. Es sind demnach die empirischen Auswertungsstrategien plausibel darzustellen, die sich an die postfundamentalistisch-diskursanalytische Perspektive anlehnen. Hierbei wird sich an der neueren Erzählforschung (vgl. Nünning/Nünning 2002, Angermüller 2003, Wrana 2006, Glasze 2007, Arnold 2012, Maier Reinhard et al. 2012, Viehöver 2012) orientiert.

Das Ziel der Narratologie bzw. Erzählforschung ist eine „systematische Darstellung der strukturellen Zusammenhänge des Erzählens" (Glasze 2007, S. 45). Neuere Ansätze der Narratologie (vgl. Nünning/Nünnig 2002) betrachten Narrationen als Konzepte einer sozialen Epistemologie und Ontologie: Narrationen stellen Realität her, und dies eben nicht nur in fiktionalen Texten, sondern auch in realen (vgl. Viehöver 2003, Angermüller 2003, Birk/Neumann 2002). Eine Narration zeichnet sich dadurch aus, dass sie etwas Gegebenes in etwas Begründbares verwandelt und zugleich einen Maßstab bietet, um die Qualität des Begründeten messen und beurteilen zu können (vgl. Arnold 2012, S. 18).[23] Im Folgenden werden narrative Muster in Anlehnung an Glasze (2007) und Angermüller (2003) als regelmäßige Verbindungen von semantischen Elementen gefasst, die Beziehungen einer spezifischen Beschaffenheit bzw. Qualität herstellen.

Die neuen Erzähltheorien befassen sich insbesondere mit der Frage nach der Konstitution von Bedeutungen bzw. Identitäten, wobei von einer relationalen Konstitution von Identitäten und damit von einer notwendigen, aber letztlich unmöglichen Abgrenzung von „dem Anderen" ausgegangen wird.

---

23 Eine Gegebenheit nach Arnold (2012, S. 18) ist z.B., dass Menschen heute in einer staatlichen Gemeinschaft zusammenleben. Um dieses Faktum allerdings beurteilbar machen zu können, musste eine Erzählung entstehen, um die Bedeutung staatlicher Gemeinschaften begründen zu können. „Einer dieser narrativen Diskurse war im 17. Jahrhundert die Erzählung vom Naturzustand und einem (fiktiven) Gesellschaftsvertrag als Ursprung des Staates, den die noch im Naturzustand lebenden Menschen abschlossen, um sich gegen Überfälle ihrer Nachbarn zu schützen" (ebd.).

„Narrationen können danach als Artikulationen im Sinne der Diskurstheorie [...]
analysiert werden, die eine Beziehung zwischen Elementen herstellen, Grenzen
etablieren, auf diese Weise eine temporäre Fixierung leisten, Bedeutung und damit
Identität konstituieren" (Glasze, [47]).

Aufgrund der eingenommenen Perspektive und insbesondere der darin enthal-
tenden Annahmen zum „schwachen Subjekt" (Kessl/Klein 2010, S. 77) sowie
dem spezifischen Realitätsverständnis kann sich hier nicht an die – im Rahmen
von Gruppendiskussionen häufig angewandte – Rekonstruktive Sozialforschung
(Bohnsack 2007) und die daran anknüpfende dokumentarische Methode angelehnt werden. Die Rekonstruktive Sozialforschung – die von Jakob und Wensierski
(1997) innerhalb der Sozialpädagogik diskutiert wurde – bezieht sich methodologisch auf einen sozialphänomenologischen Konstruktionsbegriff, der von einem
„starken Subjekt"" ausgeht und soziale Realität als das bestimmt, was die Subjekte
als real definieren.

„Der Begriff der Rekonstruktiven Sozialpädagogik zielt auf den Zusammenhang all
jener methodischen Bemühungen im Bereich der Sozialen Arbeit, denen es um das
Verstehen und die Interpretation der Wirklichkeit als einer von handelnden Subjekten sinnhaft konstruierten und intersubjektiv vermittelten Wirklichkeit geht" (Wensierski 2010, S. 175).

Die diskurstheoretische Kritik am handlungsmächtigen bzw. autonomen Subjekt
lässt sich nicht mit Methodologien in Einklang bringen, welche die Handlungs-
und Deutungspotenziale der Subjekte hervorheben. Wie weiter oben festgesetzt
gilt in dem hier angewandten Subjektverständnis, das Subjekt zwar als kreativ
und verantwortlich für seine Entscheidungen, aber keineswegs als „Herr in seinem eigenen Haus" (vgl. Zizek 2008c, S. 29). Rekonstruktive Ansätze können auf
unterschiedliche philosophische Positionen bezogen werden, die insbesondere
auf Hermeneutik und Phänomenologie zurückgehen. Dabei gehen sie (ganz allgemein gesprochen), wie Angermüller et al. (2014d; S. 466) ausführen, von der
grundlegenden Möglichkeit des Sinnverstehens aus. Sie stützen sich auf interpretative Strategien des Verstehens vom gemeinten und latenten Sinn, wie z.B. die
sozialphänomenologische Wissenssoziologie (vgl. Berger/Luckmann 1990), die
Objektive Hermeneutik von Oevermann (vgl. Overmann/Allert et al. 1979) oder
das Kodierverfahren der Grounded Theory (vgl. Glase/Strauss 1998). Demgegenüber fokussieren dekonstruktive Ansätze die Kritik des sinnstiftenden Subjekts
und richten den „Blick auf Aporien, die aus dem Versuch resultieren, das Spiel
der Zeichen zu zentrieren" (Angermüller et al. 2014d, S. 466). Dabei schließen

sie an sprachtheoretische Tendenzen von Ferdinand de Saussure (1967) und Ludwig Wittgenstein (2003) an. Während Rekonstruktive Ansätze die Erfassung des Sinns eines Gegenstandes für andere fokussieren, geht es dekonstruktivistischen Perspektiven um die Problematisierung der Unterstellung einer einheitlichen Bedeutung mit der Idee grundlegender Differenz.[24]

Die „formale-qualitative Methodologie", wie sie Angermüller (2007, S. 97ff.) aus der frankophonen Theoriediskussion in den deutschen Kontext eingeführt hat, ist eine Alternative zu Rekonstruktiven Ansätzen. Sie bietet die Möglichkeit, temporäre Bedeutungsfixierungen als Effekt zu analysieren. Sie diskutiert Subjekt- und Sinnbegriffe in diskurstheoretischer Perspektive und versucht die Implikationen in Anlehnung an sprachwissenschaftliche Analysestrategien anzuwenden. Hier wird statt eines rekonstruktiv-interpretativen Zugangs ein Empirie-Begriff entwickelt, der die „opake Materialität symbolischer Formen" (ebd., S. 104) und nicht den gemeinten Sinn analysiert. Daher geht es in der vorliegenden Analyse nicht um die Frage, welche Sinn der Text hat bzw. was der Autor mit dem Geäußerten meint. Es geht vielmehr um die Frage nach dem „Wie": Wie wird die Realität konstelliert? Die Formen bilden eine materiale Oberfläche ohne einen primären Handlungsträger dahinter (Sinn, Macht, Gesellschaft, Struktur etc.). Die „formal-qualitative Methodologie" (ebd.) zielt auf die Extrahierung von Regelmäßigkeiten, die quer zu individuellen und kollektiven Erfahrungszusammenhängen liegen. „Statt um die Rekonstruktion sozial geteilter Wissensvorräte (‚was?'), geht es der Diskursforschung um Regeln, mit denen der diskursive Prozess erklärt werden kann (‚wie?')" (ebd., S. 105). Dabei kann die Formalisierung sprachlicher – aber auch kultureller oder sozialer – Gegenstände – die Techniken, Gesetze und Mechanismen aufdecken, nach denen Realität hergestellt wird. Formalisierung ist dabei die Beschreibung des Analysematerials nach einer formalen Analytik (vgl. Angermüller 2014b, S. 151). Aus diesem Grund arbeitet der formal-qualitative Ansatz mit den graphischen Formen des Textes, wobei er den Moment der Interpretation möglichst auf das Ende des Forschungsprozesses verschiebt.

Während die Textanalyse Sinn als dem Text immanent betrachtet, reflektiert die Diskursanalyse den Kontext von Äußerungen (vgl. Angermüller 2001). Es geht hier somit um die Analyse von Sinn als Netz von Bedeutungsbezügen innerhalb des erhobenen Materials, unabhängig von der Intentionalität seiner Sprecher_innen. Damit verschiebt sich der Analysefokus von der Intentionalität zur Iterabilität.

---

24 Eine solche Gegenüberstellung der beiden Ansätze ist durchaus problematisch, da in beiden Perspektiven Brüche, Spannungen und Differenzen vorhanden sind. Aber um die Trennlinien voneinander zu unterscheiden, wird diese Darstellungsform dennoch gewählt.

„Die Iterabilität impliziert aber nicht die identische Wiederholung, jeder Äußerungsakt ist neu und wiederholt zugleich. Auch wenn das Geborgte ein heteronomes Gut
ist, ist das Borgen ein Akt, der das Geborgte wiederaneignet und notwendig transformiert" (Wrana 2006, 129.)

Nicht die wörtliche, sondern die strukturähnliche Wiederholung bildet eine diskursive Praktik. Diskurse werden, wie weiter oben dargestellt, demnach nicht als
Struktur begriffen, welche das Handeln bzw. die Praxis steuern, vielmehr stellen
sie als performative bzw. diskursive Praktik die Realität erst her. Diese Performativität sozialpädagogische Praxis „kommt aber nicht der Situativität zu, sondern
ihrer Eigenschaft, in einer Praxis geborgt und zitiert zu sein" (Maier Reinhardt
et al. 2012, S.77); es geht also darum, was Derrida und Butler als Iterabilität bezeichnen.

   Die sozialpädagogische Praxis vollzieht sich demnach in einem es übersteigen-
den Kontext, an dessen (Re-)Konfiguration sie aber auch gleichzeitig mitwirkt.
Durch die Kontextualisierung diskursiver Praktiken verändert sich auch die Betrachtungsweise von Texten. Texte werden als Artikulation einer sozialen Praxis
betrachtet; sie stehen also immer in einem Kontext. Diese Einbeziehung des Kontextes ist der zentrale Unterschied der Diskursanalyse zur Textanalyse. Wenn also
sozialpädagogische Praxis als diskursive Praktik vorausgesetzt wird und diese sich
durch Kontextbedingungen auszeichnet, dann ist es notwendig sozialpädagogische
Kontextbedingungen in die Analyse einzubeziehen. Nur so ist es möglich, die
spezifische Konstruktionsleistung sozialpädagogischer Praxis gegenüber anderen
diskursiven Praktiken zu dechiffrieren. Zur Rekonstruktion sozialpädagogischer
Praxis wird daher eine zentrale Kontextbedingung mit in die Analyse einbezogen:
Das sozialpolitische Setting in Form von Programmatiken. Daher beschäftigt sich
die der Analyse mit zwei Formen diskursiver Praktik: mit der sozialpädagogischen Praxis und mit den sozialpolitischen Programmierungen. Diese diskursiven
Praktiken werden nach der Analyse verglichen, um so den spezifischen aktiven
Anteil sozialpädagogischer Praxis bei der Konstitution von Realitätsbedingungen
ihrer Adressat_innen zu bestimmen. Zur Rekonstruktion der diskursiven Praktiken sozialpädagogischer Praxis und der sozialpolitischen Programmatik werden
die Äußerungsakte über diskursive Figuren operationalisiert.

   Wrana (2012, S. 207f.) betont zur Methodologie diskursiver Figuren, dass diese
es in einer formalisierten Weise erlaubt nachzuzeichnen, wie innerhalb von Artikulationen Bedeutungen gebraucht, die Gegenstände des Sprechens entworfen und
Subjekte positioniert werden. Diskursive Figuren werden

„ausgehend von semiotischen und pragmatischen Strukturschemata isoliert und kartografiert, somit arbeitet die Figurenanalyse die Konstruktionsweise von Äußerungsakten als Beschreibungen von Merkmalen der Bedeutungskonstitution heraus" (ebd., S. 207).

Zwar ordnen diskursive Figuren semantische Elemente, jedoch nicht auf der Ebene eines Gesamtdiskurses. Sie sind vielmehr als „pragmatischer Moment" (ebd.) eines Äußerungsaktes zu verstehen, der eine Äußerung hervorbringt. Dabei sind sie strukturiert und strukturierend zugleich. Ihre strukturierende Funktion besteht darin, dass sie im Vollzug der diskursiven Praktik eine Ordnung konstituieren, indem sie Sinnbezüge konstellieren, symbolische Titel bzw. Subjektpositionen setzen und Gegenstände konstruieren. Ihr strukturierter Charakter zeichnet sich dadurch aus, dass sie nicht im Moment des Äußerungsaktes kreativ neu geschaffen werden. Sie sind im Sinne der Iterabilität immer eine Rekonstellierung von Elementen und Relationierungen einer Praxis, die dem Äußerungsakt vorausgeht. „Die Figurenanalyse erlaubt daher, die Eigenschaft von Äußerungen, wiederholt und zugleich einzigartig zu sein, also ihre Iterabilität, empirisch zu konkretisieren" (ebd.). Die Figurenanalyse eignet sich – wie es Maier Reinhard (2008) betont – insbesondere zur Analyse des Verhältnisses von sozial stabilisierenden Problematisierungsweisen und der (re)produzierenden oder transformierenden Gebrauchsweisen sozialer Akteur_innen. Die Anlehnung der Figurenanalyse an die Narratologie zeichnet sich – wie die Iterabilität – durch einen „temporalisierten" (Angermüller 2002, S. 202) bzw. „flexiblen" (Viehöver 2012, S. 85) Strukturbegriff aus. Dieser beinhaltet, dass eine Wiederholung diskursiver Figuren immer zu einer neuen Wiederholung führen muss, da sich wiederholte Figuren durch temporale Differenzen unterscheiden. Daher kann von einer fertigen und stabilen Struktur nicht ausgegangen werden.

Diskursive Figuren stellen somit eine mögliche Operationalisierung diskursiver Praktiken dar (vgl. Wrana 2006). Sie sind – so Wrana (2006, S. 141) weiter – im Text lokalisierbare Figurationen von Elementen. Diese Figuration ist das Produkt eines Äußerungsaktes.

„Wenn der Äußerungsakt als wiederholbar und wiederholter Akt eine diskursive Praxis darstellt, also ein wiederholtes Konstellieren einer Reihe von Elementen auf eine bestimmte Weise, dann ist die diskursive Figur die Konstellation, die aus diesem Akt resultiert" (ebd., S. 139).

Diskursive Praktiken lassen sich untersuchen, indem man die Figuren als ihre produzierte Spur analysiert. Die Methodologie diskursiver Figuren erlaubt es, in einer formalisierten Weise nachzuzeichnen, wie in Artikulationen Bedeutungen gebraucht werden, wie die Gegenstände des Sprechens entworfen werden und wie Subjekte positioniert werden. Diskursive Figuren werden durch semantische Elemente geordnet. Sie werden nicht als ein Gesamtdiskurs verstanden, sondern als pragmatischer Moment eines Äußerungsaktes, der Äußerungen hervorbringt. Die Figurenanalyse nach Maier Reinhard, Höhne und Wrana (ebd.) erlaubt, die Eigenschaft von Äußerungen, wiederholt und zugleich einzigartig zu sein, also ihre Iterabilität, empirisch zu konkretisieren.

> „Erst wenn es gelingt, die Figur oder Struktur in einer Kette von Äußerungsakten verschiedener Sprecher an verschiedenen Orten wieder zu finden, kann von einer diskursiven Praktik gesprochen werden" (Maier Reinhard 2008, S. 252).

Figuren bezeichnen die Ebene der Wiederholung in Variationen und damit die Ebene möglicher Verallgemeinerung. Demnach ist der Diskurs ein Konglomerat von Wiederholungen verschiedener Art. Dabei gibt es ganz unterschiedliche Figuren, die aus dem Analysematerial extrahiert werden können. Wrana (ebd.) nennt insbesondere: narrative Figuren, differenzielle Figuren, argumentative Figuren, metaphorische Figuren und konzeptionelle Figuren. Beim empirischen Material dieser Forschungsarbeit liegt der Fokus vor allem auf konzeptionelle, differenzielle und narrative Figuren.

7.4.1 Das semiotische Viereck – konzeptionelle und differenzielle Figuren

Wie Angermüller (2003, S. 200ff.) darstellt, geht die formal-strukturale Linguistik seit Saussure von der Annahme aus, dass sprachliche Formen nicht von Subjekten ausgehen, sondern gewissen „transindividuelle Regeln" (ebd., S. 200) gehorchen, durch die kleinste sprachrelevante Unterscheidungen zu großen Bedeutungssystemen kombiniert werden können. „Bedeutung, so die Annahme, ist immer ein Produkt differentiell konstituierter Systeme" (ebd.). Die Linguistik Hjelmslevs' (1974) führt diese Annahme der sprachlichen Formen weiter und geht von dem allgemeinen „Primat der ‚Form' über die ‚Substanz' aus" (Angermüller 2003, S. 201). Hjelmslevs verändert die Definition des Zeichens von Saussure, der das Zeichen als die arbiträre Relation von Materialität (Signifikant) und Idee bzw. Bedeutung (Signifikat) sieht, zu einer Unterscheidung zwischen Ausdrucksebene (Signifikant) und Inhaltsebene (Signifikat). so kann Sprache als rein relational betrachtet werden.

„Die sprachliche ‚Substanz' (das ‚Was') füllt die sprachlichen Elemente insofern signifizierend aus, als diese nur relational, differentiell bzw. oppositional kombinierende Struktur vorkommen kann und daher immer ‚geformt' sein muss" (ebd., S. 201).

Die Formung jeder sprachlichen Substanz beinhaltet, dass sprachliche Äußerungen und damit jede Bedeutung auf ein System von Relationen und Differenzen zurückgeführt werden kann (vgl. ebd.). Ausgehend von diesen Annahmen, hat Hjelmslevs' Schüler Greimas (1971) eine Bedeutungstheorie entwickelt, die darauf zielt, das System der zeichenhaften Differenzen formal zu analysieren. Greimas (ebd.) stellt die kleinste konstitutive Bedeutungsstruktur als „semiotisches Viereck" dar. Er wendet das semiotische Viereck auf verschiedenste sprachliche Phänomene an und eröffnet auch die Möglichkeit großflächige textuale Ordnungen als Narrativstruktur zu beschreiben. Das semiotische Viereck meint in Greimas' Lesart die drei elementaren Oppositionen, welche sprachliche Elemente miteinander eingehen können: Kontradiktorität, Kontrarität und Präsupposition. (vgl. Angermüller 2003, S. 2004).

Die grundlegendste dieser Oppositionen ist die kontradiktorische, die eine Assertation, also eine Behauptung, negiert. Von dieser können alle anderen Oppositionen abgeleitet werden. „Die Unterscheidung zweier Terme ist kontradiktorisch, wenn die eine Seite bezeichnet (‚assertiert') wird und die andere nicht (denn der negierte Term bezeichnet das Ausgeschlossene)" (ebd.). Eine kontradiktorische Opposition wird formal dargestellt als das Verhältnis zweier Terme A vs. Nicht-A. Von einer Relation der Präsupposition kann ausgegangen werden, wenn zwischen zwei Termen Nicht-A und B eine Beziehung der Form „Wenn B, dann Nicht-A" festgestellt werden kann (oder auch: „Nicht-A präsupponiert B" bzw. „B impliziert Nicht-A"). Eine konträre Opposition ist formal die Unterscheidung zweier Terme, deren kontradiktorische Terme jeweils den anderen Term präsupponieren. Wenn dabei die Ebene der konträren Opposition erreicht wird, entstehen „elementare Bedeutungseffekte" (ebd.), die auf die „operationale Verkettung und rekursive Schließung der drei fundamentalen Unterscheidungen zurückgeführt" (ebd.) werden. In Anlehnung an Höhne (2003) lässt sich dieser operationale Prozess nach Greimas wie folgt visualisieren.

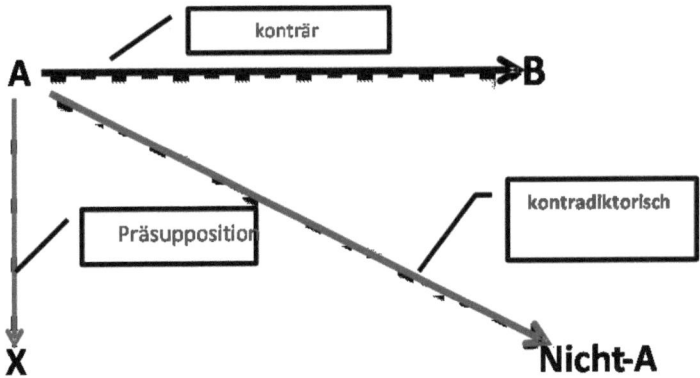

Abbildung 2   Die differenzielle Figur

In Worten (vgl. Angermüller 2003, S. 203): Wenn Term A und B konträr sind, spannen die Positionen eine semantische Kategorie auf. B impliziert dann Nicht-A und A impliziert dann Nicht-B. Von einer elementaren Bedeutungsstruktur kann also erst ausgegangen werden, wenn der kontradiktorische Term zu A B präsupponiert bzw. wenn der kontradiktorische Term zu B A präsupponiert.

Nach Höhne (2003) werden auf der horizontalen Achse zwei Elemente konträr zueinander in Beziehung gesetzt. Relationen der Kontrarität zeichnen sich durch mindestens ein gemeinsames Merkmal aus, aufgrund dessen sie erst in eine Oppositionsbeziehung gebracht werden können (Äquivalenz). Auf der diagonalen Achse wird jeweils die Negation als kontradiktorische Beziehung eingetragen, die quasi den absoluten Ausschluss bzw. die absolute Differenz markiert. Daran soll verdeutlicht werden, dass jedes Merkmal prinzipiell sowohl in der konträren als auch in der kontradiktorischen Position stehen kann. Der Ausgangsbegriff ist durch weitere Prädikationen konkret bestimmt. In einem Strickleitersystem entsteht ein Strukturmuster durch weitere Prädikationen bzw. Differenzen die in einem Diskurs vorgenommen werden.

Die graphische Darstellung des semiotischen Vierecks stellt nach Angermüller (2003, S. 204) und Schulz (2012, S. 17) keine vorgängige Tiefenstruktur dar, die sich auf der diskursiven Oberfläche wieder findet. Wenn das semiotische Viereck als eine Tiefenstruktur behauptet wird, dann wäre eine determinstisches Gesetz die Folge, welche die Oberflächenphänomen, also das geäußerte, erzwingen würde. „Tatsächlich gibt es diese Tiefenstruktur nicht" (Schulz 2012, S. 17): Die Ebene der Narration ist als Abstraktion des Rezipienten vielmehr von der Textoberfläche abhängig, da sie nur aufgrund des positiven Wortlauts Erscheinungen rekonstruiert werden kann. Anders ausgedrückt: „Das Geschehene entsteht erst durch den Wortlaut, weil Handlungen und dargestellte Welt allererst durch ihn vermittelt werden" (ebd.). So „determinieren" (Angermüller 2003, S. 204) sich die Terme erst „im Vollzug" (ebd.) der Operation. Die semiotischen Operationen „rotieren" gleichsam, „weil sie immer wieder auf die Ursprungsterme zurückkommen und sich erst in dieser zirkulären Bewegung gegenseitig stabilisieren" (ebd.). Dabei ist ein Term nicht substantiell als eine Einheit gegeben, sondern ein Produkt aller anderen Terme. Die Iterabilität begründet sich darin, dass kein Term ohne einen potentiellen Hintergrund sowohl diachroner als auch synchroner Operationen signifizieren kann. Erst in der Wiederholung gerinnen die Positionen der elementaren Bedeutungsstruktur zu einer temporär gefestigten Bedeutungsstruktur. Diese Form des „temporalisierten Strukturbegriffs" (ebd.) besagt, dass sich wiederholte Operationen durch ihre temporale Differenz unterscheidet. Daher muss die Wiederholung einer alten Operation immer zu einer neuen Operation führen. „Mit Blick auf die Hervorbringung von Sinneffekten […] ist es somit irrelevant, auf welche sinnhaften Inhalte eine gegebene Äußerung zurückverweist.; entscheidend ist, wie an eine gegebene Äußerung angeschlossen wird" (ebd., S. 204).

Der operative Prozess des semiotischen Vierecks wird als Erweiterung von konzeptionellen Figuren in differentielle Figuren aus dem Material extrahiert. In den konzeptionellen Figuren entfalten sich Konzepte, indem Objekten Eigenschaften zugewiesen werden oder Beziehungen zwischen Eigenschaften und Objekten postuliert werden (vgl. Maier Reinhard et al. 2012, S. 78). Sie dienen also der Rekonstruktion von Praktiken der begrifflichen Konzeption und der Strukturierung von Gegenständen des Sprechens. An der konzeptionellen Figur des Betriebspraktikums lässt sich dies im primären und sekundären Material verdeutlichen. Dazu wird zunächst das primäre Material direkt zitiert:

**Primäre Quelle – „Neue Übergangsgestaltung Schule – Beruf NRW"
(2013, S. 34)**
„Über ein Betriebspraktikum lernen die Schüler/-innen die Berufs- und
Arbeitswelt anhand von definierten Aufgaben unmittelbar kennen. Sie setzen
sich über eine längere Zeit praxisorientiert mit ihren eigenen Fähigkeiten und
den betrieblichen Anforderungen auseinander.
Betriebspraktika tragen dazu bei,
ein zeitgemäßes Verständnis für die Arbeitswelt [...] zu entwickeln (Sachkompetenz)
ihre Eignung für bestimmte Tätigkeiten realistischer ein[zu]schätzen
Chancen auf dem Arbeitsmarkt entdecken [zu können]
ihre Berufsvorstellungen [...] vertiefen bzw. korrigieren [zu] können (Urteilskompetenz)
Schlüsselqualifikationen weiter[zu]entwickeln [...]"

Die Eigenschaften, die auf Basis der Programmierung dem Betriebspraktikum zu
geschrieben werden, lassen sich wie folgt paraphrasieren:

1. Berufs- und Arbeitswelt kennenlernen.
2. Auseinandersetzung mit eigenen Fähigkeiten und betrieblichen Anforderungen
3. Entwicklung von Sachkompetenz und Schlüsselqualifikationen
4. Realistische Einschätzung von Eignungen
5. Chancen entdecken
6. Urteilskompetenz

Im sekundären Material konzeptualisiert eine sozialpädagogische Fachkraft im
Rahmen der Vignettendiskussion das Betriebspraktikum wie folgt:

Sekundäre Quelle I – Transkription „Hauptschule"
Sozialpädagogin: „Ich finde, das ist eine ganz klassische Situation. Ich mache mein erstes Betriebspraktikum. Ich habe bestimmte Erwartungen und sehe, dass das, was ich vorher erwartet habe oder gedacht habe, sich nicht erfüllt. Dass er jetzt sagt, ob ich ein Ausbildungsplatz kriege oder so weiß ich noch nicht, da ist eben ganz klar die Feststellung, nein musst du jetzt ja auch noch gar nicht. Du bist in Klasse 9 und wenn du jetzt feststellst, dieser Beruf entspricht nicht deinen Interessen oder deinen Fähigkeiten, dann ist das ja auch eine Erfahrung. Das ist doch auch eine gute Erfahrung sagen zu können, ich hab das ausprobiert und weiß deshalb, dass ich das nicht weiterverfolgen muss. [...] Das andere ist mit ihm dann noch mal zu gucken, komm du hast jetzt noch eine Woche, du hast das jetzt für dich festgestellt, aber es gibt ja noch andere Dinge die du in dieser Woche ausprobierst. Nämlich zu zeigen, dass du zuverlässig bist, du mit bestimmt ein gutes Zeugnis haben willst, also Praktikumsbeurteilung [...]."

Die Eigenschaften, welche die Sozialpädagogin dem Betriebspraktikum zuschreibt, lassen sich wie folgt paraphrasieren:

1. Erwartungen prüfen
2. Interessen und Fähigkeiten feststellen
3. Ausprobieren
4. Schlüsselqualifikationen unter Beweis stellen
5. Gute Praktikumsbeurteilung erhalten

Dadurch, dass die Eigenschaften nicht einfach einem Objekt zugeschrieben werden, sondern vielmehr aus dem Horizont einer spezifischen diskursiven Praxis stammen, lassen sich differenzielle Figuren formalisieren (vgl. Maier Reinhard et al. 2012, S. 80). Demnach sind die Eigenschaften Erweiterungen der konzeptionellen Figuren. Hier ist vor allem zu prüfen, wie der diskursive Horizont der politischen Programmatik und der sozialpädagogischen Praxis zueinander stehen. Auf welches diskursive Kontextwissen beruft sich die Programmierung zum *Neuen Übergangssystem Schule – Beruf in NRW* und auf welches die Sozialpädagogische Praxis? Wie ist das Verhältnis zu bestimmen? Sind Affirmationen, Brüche oder gar Wiedersprüche erkennbar?

Bevor diese Fragen angegangen werden können, müssen die differenziellen Figuren aus dem primären und sekundären Material extrahiert werden. Bei den konzeptionellen und differenziellen Figuren handelt es sich um zwei miteinander

verschränkte Gesten: „Sie schreiben einem Gegenstand Eigenschaften zu und konnotieren diese Eigenschaften miteinander, zugleich setzen sie diese Eigenschaften
in eine Differenz und grenzen sie gegen ein je Anderes ab" (ebd.). Das Unterscheiden und das Konnotieren, zwei grundlegende semantische Akte, sind demnach
miteinander verschränkt. So werden oft ganze Gegenstandsfelder in eine binäre
Ordnung gebracht. Äußerungen erlangen folglich ihre Bedeutung nicht einfach aus
den subjektiven Wissenshorizonten oder der Intentionalität, sondern im Kontext
von Wissensfeldern und Bedeutungshorizonten, die sozial ge- und verteilt sind.
Interessant ist, ob sich die Äußerungen sozialpädagogischer Fachkräfte an die der
politischen Steuerungsrationalitäten anlehnen oder aus dem professionellen Kontext hergeleitet werden. Die vorliegende Analyse muss also, wenn sie Verstehens-
vorgänge und nicht nur deren formale Voraussetzungen erfassen will, hypothetisch
Wissenskontexte unterstellen, die im untersuchten Prozess sichtbar werden und
diese Hypothese im weiteren Verlauf der Analyse komparativ prüfen. Sie ist also
unweigerlich interpretativ. In der diskursiven Praxis ist die forscherisch insze-
nierte Gruppendiskussion ein Moment unter anderen. Sie setzt diskursive Formationen
zugleich voraus und produziert sie performativ. Somit stellt sich bei der Analyse die empirische Frage, welche konkreten Wissenskontexte in den analysierten
Äußerungen gesetzt werden. Auf diese Frage antwortet der Interpretationsschritt,
eine konzeptionelle Figur mit ihren Eigenschaften auf die differenzielle Figur des
Gegensatzes zu beziehen. Dieser interpretativ unterstellte Kontext ist im weiteren
Verlauf der Analyse zu rechtfertigen, insofern der Wissenskontext von den folgenden Äußerungsakten aufgegriffen und weiter prozessiert wird.

7.4.2   Das Aktantenmodell – Die narrative Figur

Der Abschnitt zeigt anhand eines Transkriptionsausschnitts beispielhaft, inwie-
fern eine narrative Diskursart eine bestimmte „Praxisform" (Meier Reinhard et.
al. 2012, S. 90) ist, die die Dinge auf eine bestimmte Weise zur Sprache bringt.
Die folgende Äußerung stammt von der Sozialpädagogin innerhalb der Gruppendiskussion „Hauptschule".

Sekundäre Quelle I – Transkription „Hauptschule"

Sozialpädagogin: „Für mich ist aber, sobald bei diesem Thema Übergang Schule und Beruf eigentlich weniger das Thema Ganztag oder Nicht-Ganztag, Sekundar oder nicht-Sekundar, das ist so ein klassisches schulpolitisches Thema, mir geht es auch ganz viel darum, was jetzt geplant ist, das System Übergangsmanagement Schule und Beruf. Dass es so in dieser Form zu starr ist. Also wir hatten ein Treffen, wo wir uns auch die einzelnen Dinge angeguckt haben und da kann ich nur sagen, es kann an einer Schule gut sein oder für Jugendliche gut sein, in ihrer Freizeit ein freiwilliges Praktikum zu machen. Es kann aber nicht gut sein, das zur Pflicht zu machen in bestimmten Schulformen, ohne zu überlegen: Wie wird das denn betreut? Oder was ich auch in diesem neuen Übergangsmanagement, nicht erst da, sondern schon lange, absolut vergesse, es heißt immer: „Jedem Schüler eine Ausbildung". Da ist ja ganz viel mit gemeint, da sind auch die ganzen Maßnahmen mit gemeint. Was aber nicht geguckt wird, was brauchen wir, um sie auf den Weg zur Ausbildungsreife zu begleiten. Und da kann es einfach sein, dass wirklich auch mal überbetriebliche Praktikumsplätze zur Verfügung gestellt werden müssen, ohne dass wir nach Finanzierungen suchen müssen. Also früher haben wir dann auch hier AKÜ und jetzt kooperieren, also ganz genau geguckt, bei welchem Schüler empfiehlt es sich jetzt wirklich zunächst ein überbetriebliches Praktikum zu machen, was für den Schüler wichtig ist und auch von der unternehmerischen Seite her wichtig ist. Diese Plätze gibt es heute nicht mehr, d.h. wir können die gar nicht passend und zielgenau vermitteln, begleiten oder betreuen an so einem Punkt. Stattdessen wird ein System geplant, wo es Pflicht für alle wird. Aber für alles ist das dann auch gar nicht richtig unbedingt. Da finde ich Politik wirklich zu sehr: Boah, das ist es jetzt und danach müsst ihr arbeiten, ohne zu gucken, wo gibt es Punkte, wo man wirklich vor Ost gucken muss, Schule, Klasse, einzelne Schülerin, einzelner Schüler" (Transkript Hauptschule).

Diese Sequenz lässt sich u.a. als Narration analysieren. Und auch, wenn aus ihr mehr als nur diese narrative Figur extrahiert werden kann, bezieht sich der Abschnitt zur Darstellung zunächst ausschließlich darauf. Die Erzählung der Sozialpädagogin hat das Ziel, eine Antwort auf eine Frage zu liefern. Die Frage lautet: Was brauchen die pädagogischen Fachkräfte, um Schüler_innen auf dem Weg zu Ausbildungsreife zu begleiten.

Das Aktantenmodell nach Greimas (1971, S. 157ff.) stellt laut Arnold (2012, S. 20) die Minimalbedingung einer Narration dar. Um sämtliche Erzählformen erfassen zu können, orientiert sich dieses Modell nicht an der Oberflächenstruktur einzelner Narrationen, sondern versucht, die gemeinsame Basisstruktur des Narrativen zu beschreiben. Aber auch hier gilt wie bei den differenziellen Figuren, dass es keine Tiefenstruktur gibt, welche die Wortlaute der Oberflächenstruktur erzwingt (vgl. Schulz 2012, S. 17). Wenn die Modelle der differenziellen und der narrativen Figur nicht aus der Existenz einer Tiefenstruktur hergeleitet werden können, dann braucht es eine andere Begründung. Diese Begründung liefert das weiter oben ausführlich dargestellte Konzept der Iterabilität.

Das Aktantenmodell soll – nach Arnold (2012, S. 20) – die Frage behandeln, welches mentale Modell Zuhörer oder Leser benötigen, um etwas als Narration zu verstehen: „Mithilfe welchen Modells gelingt es Rezipienten manchmal trotz unvollständiger Informationen durch Interpolation diese zu vollständigen Erzählungen zu ergänzen?" (ebd.). Aktanten werden verstanden als „Handlungs- bzw. Interaktionsprinzipien, die zum Inventar einer Geschichte gehören" (Schulz 2012, S. 16). Diese Aktanten lassen sich als Strukturposition auf eine Struktur von Positionen und Funktionen beziehen und können von individuellen Akteuren, Gruppen, Institutionen, Artefakten und Konzepten eingenommen werden (vgl. Maier Reinhard et al. 2012, S. 90). Während Arnold (2012, S. 16f.) das Aktantenmodell Greimas' als ein relationales Modell von sechs Aktanten darstellt, führen Meier Reinhard et. al. (2012, S. 90ff.) es als ein relationales Modell mit acht Aktanten ein. Meier Rainhard et al. (ebd.) erweitern das Modell von Arnold (2012, S. 16ff.) um den Aktanten des Ordonanten (Auftraggeber) und des Benefizianten (Nutznießer). Somit erhalten die Aktanten, die bei Arnold (2012) als Adressanten und Adressaten bezeichnet werden, bei Maier Reinhard (2012, S. 90ff.) eine andere Bedeutung.

Die Bedeutungsstruktur einer Narration konstituiert sich aus den jeweiligen vier Beziehungen der acht Aktanten zueinander. „Das Aktantenmodell beschreibt jene Bedeutungsstruktur, die hinzutritt, wenn diese einzelnen Elemente zu einer Erzählung zusammengefügt werden" (Arnold 2012, S. 18). Zentral für das Aktantenmodell ist die Relation zwischen dem sogenannten „Subjekt" (im Sinne des Protagonisten der Narration) und seinem „Objekt". Das Subjekt begehrt ein Objekt und dieses Begehren initiiert jene Suche des Subjekts nach dem Objekt. Durch dieses Begehren des Subjekts und dem Wunsch das Objekt zu erreichen, bleibt die Erzählung am Laufen. In der oben aufgeführten Sequenz stellt die sozialpädagogische Fachkraft das Subjekt dar, das die Herstellung von Ausbildungsreife für Hauptschüler_innen als Ziel (Objekt) ausruft. Das bedeutet, dass das narrative Subjekt (hier das professionelle sozialpädagogische Subjekt) die Position des Handlungsträgers innehat. Im Folgenden soll nicht von dem individuellen „Subjekt" gesprochen werden, sondern von der „Subjektposition", also der Position, von welcher die Narration ausgeht. Dabei ist es durchaus möglich, dass die Narration nicht nur von einer Subjektposition ausgeht, sondern sich die unterschiedlichen Subjektpositionen im Diskussionsverlauf gegenseitig bestätigen. Subjekt und Objekt existieren in diesem Beziehungsgefüge nur als relationale Begriffe. „Denn mit ‚Subjekt' ist hier immer schon ein Subjekt mit einem Begehren nach einem (für ihn wertvollen) Objekt gemeint" (Arnold 2012, S. 21.) Auch das Objekt kann etwas Konkretes sein, wie z.b. ein Liebespartner oder Geld, doch ist es oft etwas Allgemeineres wie Wahrheit, Reichtum, Anerkennung, Gesundheit oder auch Liebe. So ist es auch möglich, dass ein Gegenstand, eine Person oder gar eine Situation nur ein „aktantielles ‚Wertobjekt'" (ebd.) einer Narration ist, wenn es von einem Subjekt begehrt wird. Nun stellt sich die Frage: Wie kommt ein Subjekt zu seinem Objekt? Hier tritt zunächst ein dritter Aktant hinzu: der Ordonant bzw. die Ordonanten (Auftraggeber). Die Beziehung zwischen Subjekt und Objekt wird durch die Relation zum Ordonanten begründet. Mit diesem Auftraggeber schließt das Subjekt einen Vertrag. Sowohl der Ordonant als auch der Vertrag sind allerdings nur in einem übertragenden Sinne zu verstehen. Es geht hier vielmehr um eine Selbstverpflichtung. Das Subjekt erhält nämlich sein Begehren durch den Ordonanten. Allerdings ist diese Beziehung zwischen Subjekt und Ordonant als nichtdeterministisch zu betrachten.

> „[D]as Subjekt wird nicht gezwungen, dieses Begehren anzunehmen, es muss sich selbst dazu verpflichten, es muss das Begehren als sein Begehren annehmen – so als ob es aus freien Stücken in einen Vertrag einwilligen würde" (Arnold 2012, S. 22).

Das Begehren des Subjekts, das es als Selbstverpflichtung annimmt, kann dabei unterschiedliche Gestalten annehmen. Das Subjekt kann das „Wertobjekt" (ebd., S. 24) für sich selbst erringen wollen oder aber auch für andere. Im ersten Fall ist das Subjekt nicht nur Subjekt, sondern auch der aktantielle Benifiziant (Nutznießer) des Objekts; im letzteren ist der Benefiziant jene Instanz, für die das Subjekt handelt.

In dem aufgeführten Beispiel will die Sozialpädagogin vordergründig die Ausbildungsreife für Schüler_innen der Schule erreichen. „[W]as brauchen wir, um sie auf den Weg zur Ausbildungsreife zu begleiten" (Zeile 13). Das „wir" bezieht die anderen Teilnehmer der Gruppendiskussion (Ausbilder und Lehrer_in) mit in die Narration ein. Es eröffnet ihnen eine Möglichkeit zur Gegennarration oder zur Bestätigung eben dieser Narration. Da sich im weiteren Verlauf der Analyse erwiesen hat, dass auch die anderen Diskussionsteilnehmer das Ziel der Ausbildungsreife verfolgen, können auch sie als Subjekte angegeben werden. Die von Arnold (ebd.) nicht erwähnte relationale Eben zwischen Ordonanten und Benefizianten bildet somit die Legitimationsebene der Narration. Hier wird das narrative Objekt von einem Ordonanten an einen Benefizianten kommuniziert (vgl. Maier Reinhard et al. 2012, S. 91). Die Auftraggeber in der Narration der sozialpädagogischen Fachkraft sind insbesondere das die sozialpädagogische Praxis rahmende Kinder- und Jugendhilferecht (Sozialgesetzbuch VIII), die Übergangskonzeption der Schule, da die Fachkraft direkt an der Schule angestellt ist, sowie das Landesschulrecht und die sozialpolitischen Regulierungen aus arbeitsmarktpolitischen Kontexten. Die offensichtlichen Benefizianten sind die Schüler_innen, aber nicht nur sie. Auch die Fachkräfte sind Benefizianten, denn ohne die Regulierungsformen und die soziale Anerkennung der Übergangsproblematik wären ihre Arbeitsinhalte und damit ihre Beschäftigungsstellen obsolet. Einen weiteren Nutznießer stellt das hegemoniale politische System dar, da so der Fortbestand der gegenwärtigen sozialen Ordnung gesichert wird. Die Selbstverpflichtungen der Subjekte müssen in einer Narration nicht explizit erwähnt werden, da Erzählungen stets soziale Wissensfelder bei ihren Hörern oder Lesern voraussetzen. Um eine Narration zu vervollständigen, ergänzen die Leser_innen oder Hörer_innen selbständig, was nicht explizit ausgesprochen wurde.

Auf dem Weg zum Objekt stellt das Subjekt „Adjuvanten" (Greimas 1971, S. 163) und „Opponenten" (ebd.) auf die Bühne der Erzählung. Es sind die „Widersacher" (Arnold 2012, S. 23) und die „Helfer" (ebd.) des Subjekts beim Erreichen des begehrten Ziels. Dabei ist die Funktion der Opponenten von wichtiger Bedeutung für die Erzählung: Die Auslöschung der Widersacher wäre der „Tod" für die Erzählung. Denn nur so lange es Widersacher gibt, die das Subjekt daran hindern sein Wertobjekt zu erreichen, gibt es noch eine Narration. Die Aktanten zur Unterstützung oder Behinderung des Subjekts bei der Zielerreichung sind dabei nicht vordefiniert. Sie werden erst in der Erzählung auf die Bühne gebracht. In der Erzählung der Sozialpädagogin treten zahlreiche Adjuvanten auf. Beispielhaft für die Adjuvanten sei das „freiwillige Praktikum in der Ferienzeit" (Zeile 7f.) und deren „Betreuung" (Zeile 9) sowie „überbetriebliche Praktikumsplätze" (Zeile 14) genannt. Opponenten tauchen z.B. in Zeile 15 auf, wo die Suche nach Finanzierungsmöglichkeiten als Hindernis beschrieben wird.

Schließlich eine letzte Relation, in der von einem Adressanten zu einem Adressaten die Geschichte selbst kommuniziert wird (vgl. Greimas 1971, S. 162ff.). Der Adressant in der vorliegenden Sequenz ist die erzählende Sozialpädagogin. Die Adressaten sind die Zuhörer, also die Diskussionsteilnehmer sowie der Forscher. Allerdings meinen Adressant und Adressat nicht die Erzähler und Rezipienten als Personen, „sondern deren Konstruktion im Akt des Erzählens" (Maier Reinhard et al. 2012, S. 92). Adressaten sind hier also nicht die leiblichen Teilnehmer der Diskussion (inkl. des anwesenden Forschers), sondern die Instanz, welche die Narration der Sozialpädagogin und damit auch die Sozialpädagogin selbst als legitime Erzählerin einer Geschichte von zukünftiger (sozial)pädagogischer Praxis anerkennen kann und soll.

Die vorhergehende Analyse der Aktanten-Konstellation innerhalb der Narrationssequenz erlaubt es, narrative Figuren zu formalisieren. Grafisch lässt sich die narrative Figur der besprochenen narrativen Sequenz folgendermaßen darstellen (vgl. Meier Reinhard et al. 2012, S. 92):

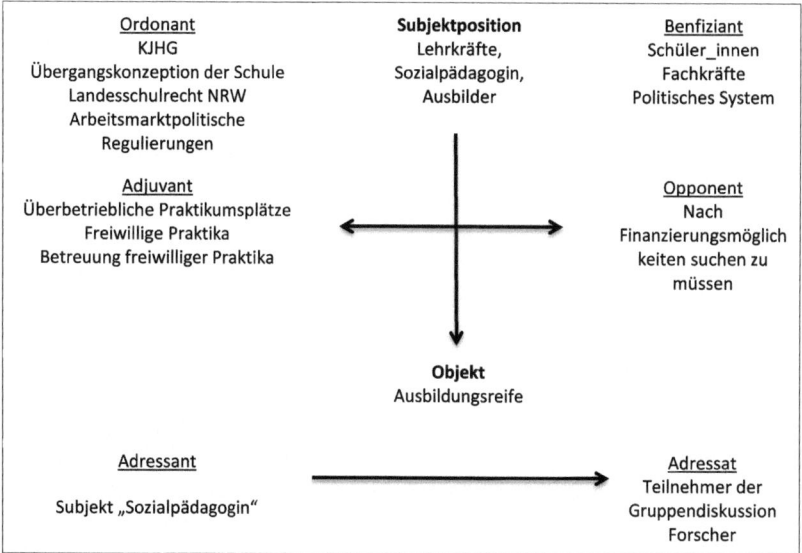

Abbildung 3 Narrative Figur Hauptschule - Ausbildungsreife

Veränderungen und Varianten einer Narration können die aktantiellen Rollen neu ordnen. Erzählungen lassen dem/r Hörer_in bzw. Leser_in „Interpretationsspielräume" (Arnold 2012, S. 24). Durch diese können die Rezipienten zwischen mehreren Möglichkeiten wählen. So kann ein und dieselbe Erzählung unterschiedlich gelesen werden. Was sich dabei verändert – so wie es Arnold (ebd) beschreibt –, sind die Gründe, welche die Rezipienten der Narration entnehmen. Trotz eines Interpretationsspielraums lassen sich die Gründe in fünf Arten ordnen, denn fünf der acht Aktantenrollen stehen für einen spezifischen Gehalt, innerhalb einer Narration etwas zu erklären:

„1. Das Wertobjekt beantwortet die Frage: *Was will das Subjekt erreichen? Was ist das Ziel seiner Handlungen?*

2. Der Auftraggeber beantwortet die Frage: *Welche Personen, Organisationen und Werten fühlt sich das Subjekt in seinem Handeln verpflichtet?*

3. Der Empfänger beantwortet die Frage: *Für wen handelt das Subjekt? Wer soll am Ende profitieren?*

4. Die Widersacher beantworten die Frage: *Warum ist das Subjekt gescheitert bzw. warum war es so schwierig das Ziel zu erreichen?*

5. Die Helfer beantworten die Frage: *Was waren die Bedingungen für den Erfolg bzw. warum konnte das Subjekt seine Niederlage so lange hinauszögern?*" (ebd., S. 24. Hervorheb. im Org.)

Somit liefert das Aktantenmodell nach Greimas (1971, S. 157ff.) in der Lesart von Arnold (2012, S. 24) auch ein Modell der potenziellen Gründe, die sich mithilfe des narrativen Diskurses konstruieren lassen. Jede Narration impliziert ein Begründen und jedes Begründen auch eine gewisse Form des Erzählens. Daran anschließend, lässt sich die Narrative Figur mit Maier Reinhard et al. (2012, S 90ff.) zusammenfassend wie folgt beschreiben: Die Narrative Figur stellt eine diskursive Strategie der Positionierung da, die die Bedeutungen bzw. Identitäten und Differenzen sozialer Akteure im Diskurs konstituiert. Sie ist eine bestimmte Art, die Dinge zur Sprache zu bringen. Dabei lassen sich die Aktanten auf die Struktur ihrer eigenen Positionen und Funktionen innerhalb der Narration beziehen. Diese aktantiellen Strukturpositionen können von Subjekten, Gruppen, Institutionen, Konzepten und Artefakten eingenommen werden. Im Akt des Erzählens werden die Aktanten konstelliert und arrangiert. Sie werden vom Erzähler auf eine Bühne gestellt, ihnen wird Handlungsmacht und je eine spezifische Rolle in der Narration zugeschrieben.

Das Aktantenmodell nach Greimas (1971) mitsamt seiner Erweiterungen lässt sich als offenes heuristisches Instrument anwenden, um die Handlungskonfigurationen von Narrationen zu dechiffrieren. Dabei können die konzeptionellen, differenziellen und narrativen Figuren nicht ausschließlich über einzelne Sätze oder Abschnitte extrahiert werden, sie verteilen sich im gesamten Textverlauf. Andersherum kann es auch möglich sein, dass in nur einem Satz alle drei Figurentypen vorhanden sind. Anhand der folgenden Aussage der sozialpädagogischen Fachkraft in der Förderschule (vgl. Zeilen 347 bis 350) lässt sich dies exemplarisch darstellen:

> „Und die Ausbildungsreife muss natürlich hergestellt werden, wenn sie nach der Schule, und das ist bei den meisten so, noch nicht vorhanden ist. Dass die erstmal reifer und erwachsener werden müssen, um überhaupt zuverlässig, pünktlich und diese ganzen Schlüsselqualifikationen zu haben, die man für eine Ausbildung braucht".

Hier lassen sich zunächst Aspekte der konzeptionellen Figur des/der Förderschüler_in (vgl. KF1F) herausarbeiten. So ist bei ihnen meistens keine Ausbildungsreife vorhanden, sie müssen erwachsener werden. Weiterhin wird das Objekt innerhalb der narrativen Figur als die Herstellung von Ausbildungsreife expliziert (vgl. NF4F). Dazu müssen die Förderschüler_innen erwachsen sein, das bedeutet: „zuverlässig, pünktlich und diese ganzen Schlüsselqualifikationen" haben. Dieses „erwachsen sein" stellt ein Adjuvant zur Erreichung des Objekts, der Herstellung von Ausbildungsreife, dar. Damit wird das „erwachsen sein" mit den Schlüsselqualifikationen konnotiert (vgl. KF2F) und im weiteren Textverlauf zum „kindlich sein" differenziert und mit Bedeutung stabilisiert.

Sozialpädagogische Praxis zwischen Affirmation, Transformation und Paradoxie

8

Insgesamt wurden 80 Figuren extrahiert[25], die sich wie folgt aufteilen:

	Konzeptionelle Figur	Differenzielle Figur	Narrative Figur
Werkstatt	7	1	7
Hauptschule	9	5	4
Förderschule	6	4	5
Programmatik	16	3	18

Bereits im Vorwort des Konzepts *Neues Übergangssystem Schule – Beruf in NRW* des Ministerium für Arbeit, Integration und Soziales des Landes Nordrhein-West-

---

25 Die Darstellung der Figuren erfolgt im Anhang nach folgendem Prinzip: Narrative Figuren werden abgekürzt mit NF, differenzielle Figuren mit DF und konzeptionelle Figuren mit KF. Diese werden dann jeweils nummerisch gekennzeichnet und mit dem Kürzel des Transkripts versehen. Die Hauptschule trägt das Kürzel H, die Förderschule F, die Jugendwerkstatt W und die Programmatik ein P. So ist z.B. die Beschriftung der ersten narrativen Figur der Hauptschule wir folgt gekennzeichnet: NF1H. Bei den narrativen und differenziellen Figuren ist in Klammern die Seitenzahl der Programmatik angegeben und bei den Transkripten handelt es sich um die Zeilenzahlen. Bei den konzeptionellen Figuren sind diese Angaben vor den extrahierten Eigenschaft angegeben.

falen (M.A.I.S.) sind zentrale Zielstellungen dargestellt: Es geht darum „erfolg-reicher als bisher" die „Wettbewerbsfähigkeit der Unternehmen" zu stärken, Ju-gendliche sollen „schneller und gezielter [...] Ausbildung abschließen" und das Übergangssystem stellt ein präventives „Element" der „Jugend-, Sozial-, Wirt-schafts- und Arbeitsmarktpolitik" dar. Diese doppelseitige Orientierung an Wirt-schaft und Politik wird auch deutlich, wenn die „Helfer" zur Erreichung der Ziele des Übergangssystems Schule – Ausbildung im weiteren Konzeptionsverlauf er-örtert werden. Formalisiert in einer narrativen Figur sieht es wie folgt aus:

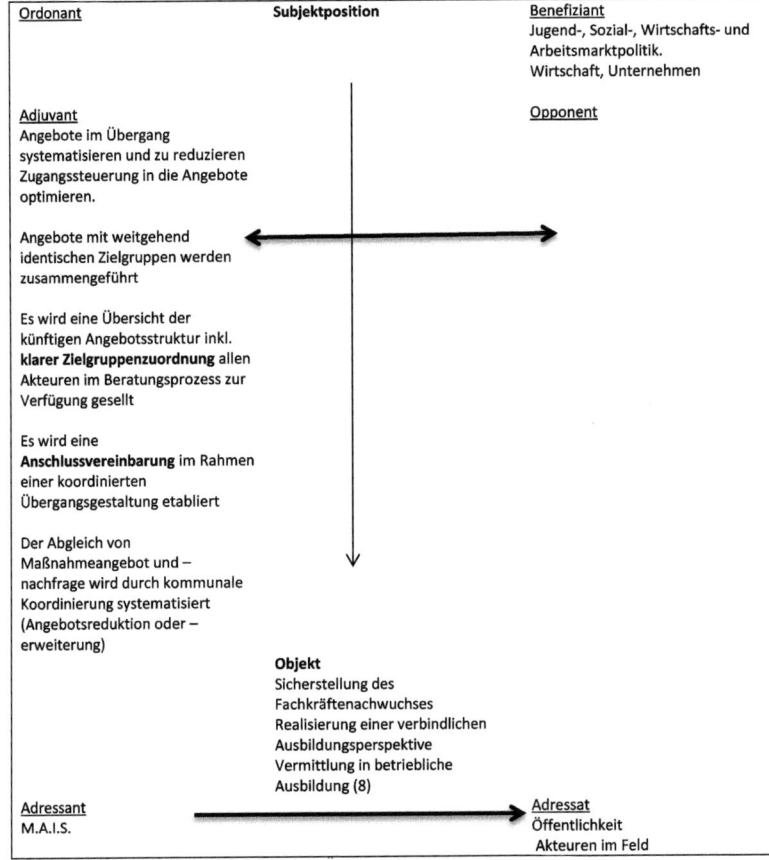

Abbildung 4   Narrative Figur Programm – Übergangsystem Schule – Ausbildung

Anzumerken ist, dass das Übergangssystem Schule – Ausbildung im gesamten *Neuen Übergangssystem Schule – Beruf in NRW* eins von insgesamt vier Handlungsfeldern ist. Die anderen sind die Berufs- und Studienorientierung, die Attraktivität des dualen Systems und die Kommunale Koordinierung. Das Handlungsfeld Übergangssystem Schule – Ausbildung umfasst u.a. Maßnahmen der Einstiegsqualifizierung, berufsvorbereitende Bildungsmaßnahmen der Regionaldirektion NRW der Bundesagentur für Arbeit, Möglichkeiten des Erwerbs von Ausbildungsbausteinen in anrechenbare Berufsfachschulen und Maßnahmen der Jugendhilfe (Jugendwerkstatt / Werkstattjahr / Aktivierungshilfen). Weiterhin zählen noch die „nachrangigen, ergänzenden Ausbildungsangebote" zum Übergangssystem Schule – Ausbildung. Das Handlungsfeld des Übergangssystems Schule – Ausbildung dient dabei der Sicherstellung des Fachkräftenachwuchses, der Realisierung einer verbindlichen Ausbildungsperspektive sowie einer – vorrangig erwünschten – Einmündung in betriebliche Ausbildung. Somit ist das Handlungsfeld des Übergangssystems Schule – Beruf außerhalb der dualen Ausbildung angesiedelt. In dieses Übergangssystem Schule – Ausbildung münden alle Jugendlichen, die partiell nicht ausbildungsreif sind oder Jugendliche, die ausbildungsreif sind, aber deren Bewerbungsprozess bisher noch zu keinem Erfolg geführt hat. Allerdings sind die nachrangig ergänzenden Ausbildungsplatzangebote den ausbildungsreifen Jugendlichen vorbehalten, die bei ihrem Bewerbungsprozess bisher keinen Erfolg hatten. Das heißt: Alle partiell nicht-ausbildungsreifen Jugendlichen münden in die anderen genannten Maßnahmen, um zunächst die Ausbildungsreife zu erwerben.

Die Konzeption der nachrangigen, ergänzenden Ausbildungsangebote zeichnet sich dadurch aus, dass diese Angebote zu einem Kammerabschluss führen können. Dabei wird allerdings ein frühestmöglicher Übergang in betriebliche Ausbildung angestrebt. Das Ziel des Übergangssystems Schule – Ausbildung, die Sicherstellung des Fachkräftenachwuchses, wird dadurch unterstrichen, dass außerbetriebliche Ausbildungsmöglichkeiten nur dann genutzt werden können, wenn nachweislich ein weiterer regionaler Fachkräftebedarf entsprechend dem Arbeitsmarktmonitoring der Bundesagentur für Arbeit besteht. Das offenbart ein Paradox: Jugendliche, die als ausbildungsreif gelten, können nur dann eine nachrangige, ergänzende Ausbildung machen, wenn für diesen Ausbildungsberuf nachweislich ein Fachkräftemangel besteht. Das impliziert, dass zum einen versucht wird, die (regionale) Wirtschaft zu stärken und zum anderen das Sozialversicherungssystem zu entlasten. Denn offensichtlich soll durch die Pflicht zum Nachweis des Fachkräftemangels das Risiko des Verbleibs im Leistungsbezug minimiert werden.

Auch in der sozialpädagogischen Praxis werden eine regionale Orientierung und Berufe mit Perspektiven betont. Es soll vermieden werden, dass Jugendliche perspektivenlose Ausbildungsberufe wählen, so auf eine Arbeitslosigkeit zusteuern, die eine zweite Ausbildung oder Arbeitslosigkeit zur Folge hätte. Hier zeigt sich, dass es klare Handlungsoptionen für Jugendliche gibt, die auf der einen Seite von der Bewertung des benötigten Fachkräftenachwuchs durch sozialpolitische Instrumente und andererseits von der Einschätzung der gewünschten beruflichen Perspektiven durch die sozialpädagogische Praxis bedingt sind. Dieser Sachverhalt kann auch positiv bewertet werden, indem gesagt wird, dass die Konzeption des *Neuen Übergangssystems Schule – Beruf NRW* und die sozialpädagogische Praxis versuchen, Jugendliche in den Arbeitsmarkt zu integrieren und damit die Teilhabe aller Jugendlichen sicherzustellen; zumal der Start in berufliche Ausbildung und damit ins Berufsleben gleichgesetzt wird mit gesellschaftlicher Teilhabe und persönlicher Zukunft.

Doch was sieht die Konzeption und die sozialpädagogische Praxis als notwendig an, um diese Teilhabe zu ermöglichen? Was sind die Aufgaben der Übergangsgestaltung? In der Programmatik sind es: eine stabile Persönlichkeitsentwicklung, gute Bildung, die betrieblich duale Ausbildung, die Ausbildungsreife, eine reflektierte Berufswahlentscheidung, eine realistische Ausbildungsperspektive und Selbstreflexion der Jugendlichen. Die sozialpädagogischen Fachkräfte konzeptionalisieren ihre Praxis als eine sehr enge Betreuung, Begleitung und Beratung, als eine „Nachsozialisation" der Jugendlichen, als Motivationsleistung für die Jugendlichen und als die begleitende Herstellung von Ausbildungsreife. Es ist offensichtlich, dass es sich hier ausschließlich um Dimensionen handelt, welche die Jugendlichen vermeintlich selbst in der Hand haben.

Die Eigenschaften der Berufs- und Studienorientierung, dem ersten Handlungsfeld des *Neuen Übergangssystems Schule – Beruf NRW*, belegen dieses Paradox ebenfalls. Hier soll gezielt eine eigenverantwortliche und selbstbestimmte berufliche Existenz auf der einen Seite aufgebaut werden; gleichzeitig geht es auf der anderen Seite darum, alle Potenziale zu nutzen, um den Bedarf an Fachkräften abzudecken. Haben die Jugendlichen unter diesen Bedingungen tatsächlich die freie Wahl? Oder ist es eine erzwungene Freiheit, in der sie sich nur noch für eine Ausbildung entscheiden müssen, die sie möglichst nicht in Leistungsbezug bringt und die den regionalen Wirtschaftsstandort weiterbringt? Die Jugendlichen sollen im Prozess der Berufs- und Studienorientierung eine realistische Anschlussperspektive entwickeln. Es kann nur davon ausgegangen werden, dass eine „realistische Anschlussperspektive" meint, dass sie zum einen dauerhaft sozialversicherungspflichtig beschäftigt sind und zum anderen die (regionale) Wirtschaft stärken. Schließlich ist es das erklärte Ziel der Arbeitsförderung (vgl. §1 SGB III), die Maßnahmen im Handlungsfeld Übergangssystem Schule – Ausbildung anbietet, dem Entstehen von Arbeitslosigkeit entgegenzuwirken, die Dauer der Arbeitslosig-

keit zu verkürzen und den Ausgleich von Angebot und Nachfrage auf dem Ausbil-
dungs- und Arbeitsmarkt zu unterstützen. Es geht hier also nicht um die Interessen
der Jugendlichen bzw. jungen Menschen, sondern lediglich um wirtschaftliche
Interessen, die möglichst durch eine Verhaltensanpassung der Jugendlichen an
die Anforderungen des Arbeitsmarktes verfolgt werden sollen. So erscheint z.B.
das „methodische Vorgehen der Beteiligung bei der Potenzialanalyse" plötzlich
als leere Worthülse, wenn sowohl das primäre Ziel (die Einmündung in die duale
Ausbildung) als auch der Weg dahin (mit den einzelnen Handlungsfeldern) bereits
feststeht. Die implizit von den Jugendlichen geforderte Verhaltensanpassung wird
schon in der Eigenschaftsbeschreibung des Betriebspraktikums deutlich. Hier sollen Jugendliche ihre Fähigkeiten und Eignungen vertiefen, indem sie lernen, sich
unmittelbar mit betrieblichen Arbeitsabläufen und -strukturen auseinanderzuset-
zen – indem sie sich einbringen und mitarbeiten.

Das primäre und herausragenden Ziel der Einmündung in duale betriebliche
Ausbildung des *Neuen Übergangssystem Schule – Beruf NRW* zeigt sich einerseits
ganz offensichtlich im Handlungsfeld „Steigerung von Attraktivität des dualen
Systems". Andrerseits wird es aber auch in der Differenzierung, Markierung und
Positionierung von Schülergruppen implizit sichtbar. Hier werden Schülergruppen
zunächst in spezifische und unspezifische unterteilt, wobei die spezifischen Schü-
ler_innen als die „Nicht-Normalen" etabliert werden, da sie nach Abschluss der
allgemeinbildenden Schule nicht in eine duale Ausbildung münden. Als spezifische Schülergruppen gelten zum einen Schüler_innen mit dem Ziel der Fach- bzw.
allgemeinen Hochschulreife und zum anderen Schüler_innen mit Förderbedarf.
Alle Schüler_innen, die sich dazwischen bewegen, gelten als „normal", und stre-
ben in der Regel das ausgewiesene Ziel der *Neuen Übergangsgestaltung Schule
– Beruf NRW*, die duale Ausbildung, an. Den spezifischen Schülergruppen soll nun
eine zielgenaue Unterstützung im Berufs- bzw. Studienorientierungsprozess zu-
kommen. Das hat zur Folge, dass es zum einen eine ganze Batterie von Standard-
maßnahme im Prozess der Berufs- bzw. Studienorientierung gibt und zum anderen
spezifische Maßnahmen für spezifische Schüler_innen.

Im weiteren Verlauf geht die Konzeption zum *Neuen Übergangssystem Schule – Beruf NRW* vor allem auf die spezifischen Schüler_innen mit Förderbedarf
ein. Sie werden von der ebenfalls spezifischen Schülergruppe der Schüler_innen,
die eine Fach- bzw. allgemeine Hochschulreife anstreben, abgeteilt und gelten im
weiteren Verlauf der Bedeutungszuweisung allein als ausgewählte Schülergruppe. Die „spezifisch-ausgewählten" Schüler_innen sollen in der Phase der Berufsorientierung die Möglichkeit erhalten, sich in einzelnen Berufsfeldern vertiefend
zu erproben und dadurch ihre Lernmotivation im Hinblick auf den Schulabschluss
zu stärken. Ihnen sollen zusätzliche berufsorientierende Praxiskurse und Lang-

zeitpraktika angeboten werden. Damit soll die Herstellung von Ausbildungsreife gewährleistet und folglich die Chancen für eine anschließende Ausbildung verbessert werden.

Bedeutungszuweisungen für Jugendliche finden sich ebenfalls in Äußerungen sozialpädagogischer Praxis. Hier werden den Jugendlichen vor allem negative Eigenschaften und mangelnde Kompetenzen zugeschrieben. Allerdings erfolgt die Kompensierung dieser nicht vorhandenen Fähigkeiten und Eigenschaften, wie in der Programmatik zur Übergangsgestaltung, über das Absolvieren betrieblicher Praktika. Nach Aussagen sozialpädagogischer Fachkräfte fehlt es den Jugendlichen z.B. „an einer gewissen Einstellung", sie „müssen [...] erwachsener werden", sie „haben [...] eine große Klappe" oder „ihnen mangelt es an sprachlichen Möglichkeiten". Weiterhin „fehlen" ihnen „Schlüsselqualifikationen" und „schulische Voraussetzungen". Um den Jugendlichen die notwendigen Eigenschaften zur Einmündung in Ausbildung bzw. Arbeit zu vermitteln, sehen die sozialpädagogischen Fachkräfte – wie die Programmatik – die Lösung alleine im Absolvieren von Betriebspraktika.

Die Analyse hat gezeigt, dass die untersuchten sozialpädagogischen Handlungsfelder und die sozialpolitische Programmatik bezüglich der benannten Adressat_innengruppe dieselbe Meinung zum passenden Instrument zur Zielerreichung haben: das Sammeln von Erfahrungen aus der Arbeitswelt im Betriebspraktikum.[26] Durch diese Figurationen der Jugendlichen und des Betriebspraktikums als non plus Ultra zur Erreichung des Ziels einer dualen Ausbildung wird eine diskursive Praxis des ganzheitlichen Lernens etabliert.

8.1   Diskursive Praxis des ganzheitlichen Lernens

In der Bedeutungsstabilisierung von Jugendlichen mit Benachteiligungen oder Beeinträchtigungen wird nicht nur die diskursive Praxis der Trennung von Schulformen weitergeführt, sondern auch die dort implizit mitgedachte diskursive Praxis des ganzheitlichen Lernens, ganz im Sinne Pestallozzis Dreiteilung von „Kopf,

---

26 Allerdings ist anzumerken, dass die Jugendlichen von den sozialpädagogischen Fachkräften durchaus differenzierter betrachtet werden, indem insbesondere „Lebensumstände" (TH 320) in die Subjektivierungsweisen mit einbezogen werden. Dies ist auch der zentralste Unterschied zwischen den sozialpädagogischen Fachkräften und den anderen Berufsgruppen. So wird beschrieben, dass die Schüler_innen oft Angst bekommen (vgl. KF1F, KF1H), dass sie überfordert und unsicher sind (vgl. KF1F), dass sie ein mangelndes Selbstbewusstsein und dadurch Hemmungen haben, sich positiv zu präsentieren (vgl. KF1H).

Herz und Hand". Vom Grundsatz her sollen die Jugendlichen über das praktische Lernen (das Lernen mit der Hand) in Form von Praktika als Alternative zur schulischen Lernform (das Lernen mit dem Kopf) motiviert werden, den Zugangsanforderungen der dualen Ausbildung gerecht zu werden. Konkret bedeutet das: Die Jugendlichen sollen „objektiviertes kulturelles Kapital" (vgl. Bourdieu 1992, S. 59) – in Form eines Abschlusszeugnisses – erreichen, um so die Mindestvoraussetzungen für den Zugang zum Ausbildungsmarkt zu erhalten. Weiterhin wird durch diese Konzeption auf „Klebeeffekte" gehofft: Vielleicht empfehlen sich die Jugendlichen durch ihre gezeigten Leistungen dem Betrieb, in dem sie ein Langzeitpraktikum absolvieren. Die diskursive Praxis des ganzheitlichen Lernens tritt indirekt in der sozialpädagogischen Praxis auf, wenn dort die Differenz zwischen Schule- und Arbeitswelt etabliert wird und spezifische Jugendliche in dieser Unterscheidung eine gesonderte Rolle einnehmen. Die Etablierung findet sehr diffus und auf unterschiedlichen Ebenen statt. In der Gruppendiskussion Hauptschule wird die Unterscheidung explizit gemacht, wobei die berufsvorbereitenden Maßnahmen als schulisch konnotiert werden und nur zu Warteschleifen im Übergangsprozess führen. Die Arbeitswelt wird als „was anderes" angesehen und vor allem für Hauptschüler_innen mit dem freiwilligen sozialen Jahr als Alternative zu berufsvorbereitenden Maßnahmen assoziiert. Das freiwillige soziale Jahr erscheint hier als eine „echte Alternative", die nicht in die Warteschleifen der berufsvorbereitenden Maßnahmen führt. Laut der Sozialpädagogin handelt es sich dabei um einen konkreten Arbeitsplatz, an dem gearbeitet wird und der daher vor allem für schulmüde Jugendliche ein konkretes Weiterkommen ermöglicht. Die konzeptionelle Figur des freiwilligen sozialen Jahres verweist latent auf den Wissenskontext des ganzheitlichen Lernens. Denn auch hier soll vor allem schulmüden Jugendlichen eine Alternative zur Schule angeboten werden, um ihnen eine Anschlussperspektive für nach der Schule zu eröffnen. Diese Anschlussperspektive wird durch ein freiwilliges soziales Jahr angemessen gewährleistet. Dies bedeutet konkret, dass davon ausgegangen wird das durch arbeitspraktische Erfahrungen Anschlüsse nach der Schule am besten gelingen.

Zusammenfassend wird das ganzheitliche Lernen im Handlungsfeld der Übergangsgestaltung Ausbildung – Beruf bei „spezifisch-ausgewählten" Jugendlichen sowohl von sozialpolitischer Seite als auch von der sozialpädagogischen Praxis ausschließlich auf das praktische Lernen bezogen. Vor allem praktische Erfahrungen eröffnen Jugendlichen mit schwierigen Voraussetzungen demnach eine Anschlussperspektive. Den Jugendlichen werden eine ganze Reihe von Eigenschaften zugeschrieben, die durch praktische Erfahrungen kompensiert werden sollen. So gelten sie als „schulmüde", haben „Schwierigkeiten in der Schule", haben „negative Lernerfahrungen gemacht", sind „nicht reif für den Ausbildungsmarkt", „unzuverlässig und unpünktlich", können sich „nicht unterordnen", ihr „Arbeitstempo ist zu langsam", sie sind „unsicher", sie „müssen reifer und erwachsener werden", es „fehlt ihnen an sprachlichen Fähigkeiten", sie „hängen nur rum" etc.. Die Fokussierung auf praktische Tätigkeiten als Kompensation zu schulischen Anforderungen könnte auch dahingehend gedeutet werden, dass von Seiten der Programmatik und der sozialpädagogischen Praxis Rücksicht auf verschiedene Fähigkeiten der Jugendlichen genommen wird, um so eine möglichst auf individuelle Kompetenzen basierende Einmündung in den Ausbildungs- und Arbeitsmarkt zu gewährleisten. Die einen können eben besser schulisch und damit theoretisch lernen und die anderen sind im Praktischen besser. Allerdings sprechen die Ziele, die durch die sozialpädagogische Praxis und die politische Programmatik der Übergangsgestaltung aufgetragen werden eine deutlich andere Sprache. Während es der Programmatik vor allem um die Einmündung in duale Ausbildung geht, sind die Ziele in der Praxis zwar etwas differenzierter, aber dennoch zielen sie auf einen „guten Anschluss". Der Politik geht es ausschließlich um die Steigerung der Wirtschaftskraft, der sozialpädagogischen Praxis um die individuelle Weiterentwicklung der Schüler_innen; sie sollen am Ende ihrer Schulzeit sagen können: Was jetzt kommt, ist gut für mich. Sie sollen die Schule mit „Rückgrat" verlassen. Ihnen soll klar werden, dass sie aus ihrem Können etwas „stricken" müssen und sie sollen sich ihrer Fähigkeiten und Fertigkeiten bewusst werden. Auch wenn die sozialpädagogische Praxis ebenfalls einen instrumentellen Gedanken der Übergangsgestaltung verfolgt, nämlich dass es letztendlich um die Einmündung in den Arbeitsmarkt und die Vermeidung eines Leistungsbezugs geht, so hat sie doch eine umfassendere Perspektive als die sozialpolitische Programmatik. Die sozialpädagogische Praxis setzt den Beginn der Ausbildung bzw. den Beginn der beruflichen Tätigkeiten gleich mit der selbstständigen Organisation des eigenen Lebens, mit dem Erwachsensein. Daher bedarf es beim Beginn der Ausbildung auch einer gewissen Einstellung.

Die Vermittlung von Schlüsselqualifikationen durch Praktika stellt sowohl in der sozialpädagogischen Praxis als auch in der sozialpolitischen Programmatik das zentrale Ziel da. Dieser Vermittlungsgedanke und die damit gleichzeitige Negation dieser Fähigkeiten bei den Jugendlichen finden sich in zahlreichen Figuren der sozialpädagogischen Praxis wieder. Diese Figuren verweisen grundsätzlich darauf, dass der Erwerb dieser Schlüsselqualifikationen für die Jugendlichen nur durch Praktika möglich ist. Dabei werden den Schlüsselqualifikationen in der sozialpädagogischen Praxis und in der Programmatik dieselben Eigenschaften zugewiesen: Es geht vor allem um Pünktlichkeit, Anstrengungsbereitschaft, Zuverlässigkeit, Teamfähigkeit und das Erkennen der Bedeutung dieser Schlüsselqualifikationen. Ein Paradox bzgl. der Vermittlung und Aneignung eben dieser

Schlüsselqualifikationen macht das Eingangsverfahren der Jugendwerkstatt deutlich, dass bei Jugendlichen zu Irritationen führen kann. Auf der einen Seite werden den (potenziellen) Adressat_innen die in der Maßnahme zu erwerbenden Schlüsselqualifikationen zum Zeitpunkt ihres Eintritts aberkannt, gleichzeitig werden eben diese Schlüsselqualifikationen auf der anderen Seite als Zugangsvoraussetzung für den Eintritt in die Jugendwerkstatt benannt.

In der diskursiven Praxis des ganzheitlichen Lernens herrscht eine Gleichzeitigkeit, die eine (vermeintlich) freie Entscheidung der Jugendlichen suggeriert. Zuerst müssen die Jugendlichen durch die Ansammlung von Arbeitserfahrungen in Form von (freiwilligen) betrieblichen Praktika ihre zugeschriebenen Schwächen ausgleichen, um dann den Anforderungen des Ausbildungs- und Arbeitsmarkts (praktisch und im Erwerb von Abschlusszeugnissen) gerecht zu werden. Zum erfolgreichen Absolvieren einer Ausbildung genügt das aber nicht, denn die Jugendlichen müssen auch „Spaß" an dem haben, was sie beruflich ausüben. Während die Aufforderung zu einem Betriebspraktikum einen Befehl beinhalten würde, der befolgt werden kann oder nicht, erhebt „Spaß" die diskursive Praxis in eine andere Dimension: die Dimension der erzwungenen Wahl. Es gilt für die Jugendlichen nicht allein: „Du musst ein Praktikum absolvieren und Erfahrungen in der Arbeitswelt sammeln!", sondern auch: „Du musst ein Betriebspraktikum machen und mehr noch, du musst Spaß dabei haben!". Damit befiehlt die diskursive Praxis des ganzheitlichen Lernens den Jugendlichen, was sie genießen sollen *und* was sie zu tun haben.

8.2   Diskursive Praxis der Anerkennung

Anders als der sozialpolitischen Programmatik geht es den sozialpädagogischen Fachkräften bei der Übergangsgestaltung nicht ausschließlich um ein Einmünden in die duale Ausbildung. „Ob es nun eine Ausbildung ist oder ob es irgendwo arbeiten gehen können oder zu Schule gehen" ist, viel wichtiger erscheint hier das die Jugendliche „weitergehen […] wohin auch immer". Die Ziele der sozialpädagogischen Fachkräfte in der Übergangsgestaltung ergeben sich insbesondere aus ihren Verständnisweisen über die Jugendlichen. Es sind daher vor allem Ziele, die zur Selbständigkeit und zur Verantwortungsübernahme aufrufen. Grundsätzlich kennzeichnen diese Ziele eher eine apolitische Haltung, denn es geht ausschließlich um das, was die Jugendlichen erreichen sollen. Weniger relevant scheinen mögliche Veränderungsprozesse, die bewirken sollen, dass auch Jugendliche bzw. junge Menschen, die „nicht reif für den ersten Arbeitsmarkt" sind in ihren „Platz […] in der Gesellschaft und auch in der Arbeitswelt" finden. Einerseits wird die

Integration in Gesellschaft mit der Integration in der Arbeitswelt gleichgesetzt, andererseits werden die Bedingungen der Arbeitswelt nur rudimentär erwähnt und der Fokus vor allem auf die Problemindividualisierung der Jugendlichen gerichtet. Das zeigt sich insbesondere im Bild der Jugendlichen und in den Zielformulierungen zur Übergangsgestaltung im Allgemeinen.

Die genuin sozialpädagogische Jugendwerkstatt zeigt diese diskursive Praxis im Konkreten. Hier wird deutlich, dass die unterschiedlich im Feld tätigen Berufsgruppen, dieselben Ziele „auf niedrigem Niveau" nachgehen. Das Ziel der Maßnahme ist laut der/n Mitarbeiter_innen insbesondere die Anerkennung ihrer pädagogischen Praxis von Seiten der Jugendlichen. So sehen es die sozialpädagogischen Fachkräfte als Erfolg an, wenn sie eine „Wertschätzung" für ihre tägliche Arbeit von Seiten der Jugendlichen erhalten oder wenn die Jugendlichen sich etwas von ihnen als professionellen Subjekten annehmen. Somit kann angenommen werden, dass die professionellen Subjekte ihre sozialpädagogische Praxis durchaus aus Eigennutz betreiben, um sich selber von ihren Adressat_innen abzuheben. So sind sie es, die sagen, „was unserer [der Sozialpädagogen M. H.] Einschätzung nach der richtige Weg ist". Die Schlussfolgerung aus dieser Feststellung wäre aber auch, dass die professionellen Subjekte ihr Begehren nach dem Ziel ihrer sozialpädagogischen Praxis nicht ausschließlich aus den sozialpolitischen Rahmenbedingungen entwickeln, sondern ein intrinsisches Begehren für mögliche Ziele ihrer Adressat_innen ausarbeiten. Dieses Begehren bezieht sich in der Jugendwerkstatt insbesondere auf die Anerkennung ihrer sozialpädagogischen Praxis durch die Jugendlichen.

8.3   Diskursive Praxis der Individualisierung

Das Extrahieren einer diskursiven Praxis der Individualisierung soll vor allem auf die Problemzuweisung hinweisen. Die Problematik der Übergangsgestaltung wird sowohl in der sozialpolitischen Programmatik als auch in der sozialpädagogischen Praxis ausschließlich bei den Jugendlichen gesehen. Dies wird in den Interpellationsweisen der sozialpädagogischen Praxis und der sozialpolitischen Programmatik deutlich, aber vor allem auch in den Aufgaben, die im Feld der Übergangsgestaltung für wichtig erachtet werden. So konzeptionieren die sozialpädagogischen Fachkräfte ihre Praxis als eine sehr „enge Betreuung, Begleitung und Beratung", als eine „Nachsozialisation" der Jugendlichen, als „Motivationsleistung" für die Jugendlichen und als die „begleitende Herstellung von Ausbildungsreife". Dies äußert sich aber nicht nur in den Zielgruppenbestimmungen bzw. den Bedeutungszuweisungen der Jugendlichen und in der spezifischen Ausgestaltung der Übergangsgestaltung, sondern auch durch konkrete Verantwortungszuweisungen. So ist das Ziel der sozialpolitischen Programmatik und der sozialpädagogischen Praxis, dass die Jugendlichen eine eigenverantwortliche und selbstbestimmte berufliche Existenz aufbauen. Zu diesem Zweck will z.b. Die sozialpolitische Programmatik eine Verantwortungskette etablieren. Dabei soll die kommunale Koordinierung eine Anschlussvereinbarung, welche die Angebote der Berufsvorbereitung und die der Berufsausbildung abstimmt, mit dem Instrument der individuellen Begleitung der Jugendlichen durchführen. Auch die ausgeschriebene realistische Anschluss-perspektive in der Programmatik und ihre Übernahme in der sozialpädagogischen Praxis weist auf die diskursive Praxis der Verhaltensanpassung hin.

Die sozialpädagogischen Fachkräfte konzipieren die Aufgaben der Jugend-werkstatt über die gesamte Narration hinweg, als eine sehr enge Betreuung und Begleitung und als „Nachsozialisation" der Jugendlichen. Dabei knüpfen sie nach eigenen Aussagen an Fähigkeiten und Kompetenzen der Jugendlichen an, erarbei-ten klare Ziele mit den Jugendlichen, arbeiten vernetzt und sind konsequent sowie strukturiert in der Durchführung der Maßnahme. Sie behalten sich das Recht vor, den Teilnehmer zu sagen, dass es keinen Sinn mehr macht und dass die Maßnahme beendet werden muss. Hier wird bereits deutlich, dass die Jugendlichen die Teil-nahme an der Jugendwerkstatt als Privileg auffassen sollen. Verstärkt wird dieser Eindruck in der Reflexion der eigenen sozialpädagogischen Praxis sowie im Ein-gangsverfahren zur Maßnahme. Die Jugendhilfeeinrichtung der Werkstatt wird als Maßnahmen insbesondere von anderen „typischen Maßnahmen" abgegrenzt. Da-bei wird sie als vom Übergangssystem benötigt angesehen, da nur hier die pädago-gischen Mitarbeiter die Möglichkeit und Freiheit haben, Teilnehmer zu entlassen. In anderen Maßnahmen werden die Teilnehmer auch dann gehalten, wenn es nicht läuft, da ihre Finanzierung von der Anzahl der Teilnehmer abhängig ist. Hier be-stimmt die Teilnehmerzahl außerdem auch die Möglichkeit Mitarbeiter_innen zu beschäftigen. Denn durch die Ausschreibungspraxis der Bundesagentur für Arbeit müssen diese „typischen Maßnahmen" „spitz abrechnen", sind also gezwungen, ihre Mitarbeiter_innen lediglich zeitlich befristet einzustellen. Das macht es für die Träger unmöglich, ihre sozialpädagogischen Konzepte durchzusetzen.

8.4 Diskursive Praxis der Wettbewerbsorientierung

Um die abweichenden Aktantenfiguren, die auf die Bühne der Narration von so-zialpädagogischer Praxis und sozialpolitischer Programmatik gestellt werden, noch einmal zu verdeutlichen, werden im Folgenden narrative Figuren aus bei-den Kontexten exemplarisch dargestellt. Zunächst die narrative Figur aus der Pro-grammatik:

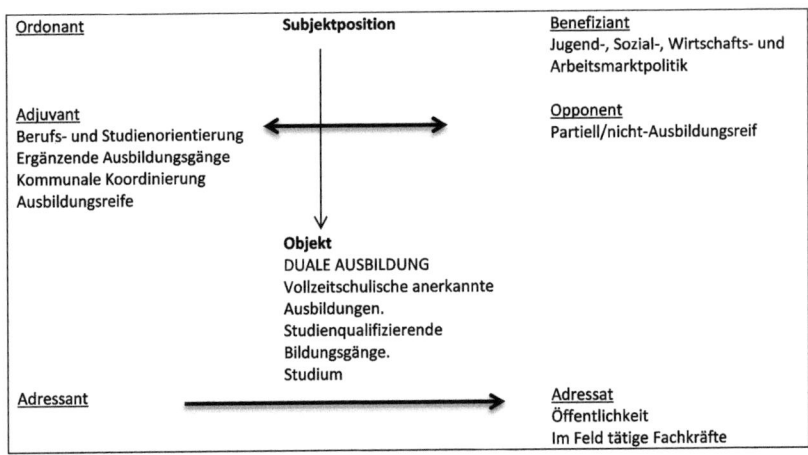

Abbildung 5   Narrative Figur Programm – Ziele

Die narrativen Figuren sozialpädagogischer Praxis sehen gegenüber der Programmatik wie folgt aus:

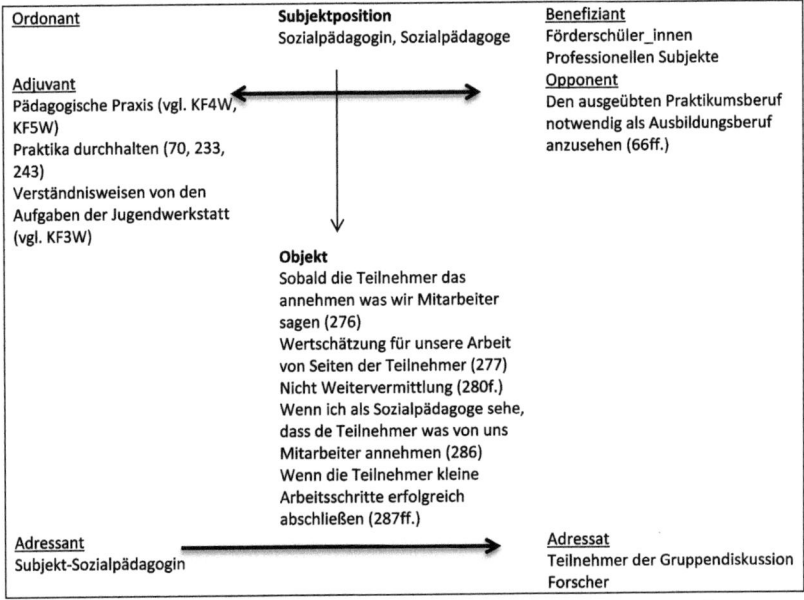

Abbildung 6   Narrative Figur Werkstatt – Ziele sozialpädagogischer Fachkräfte

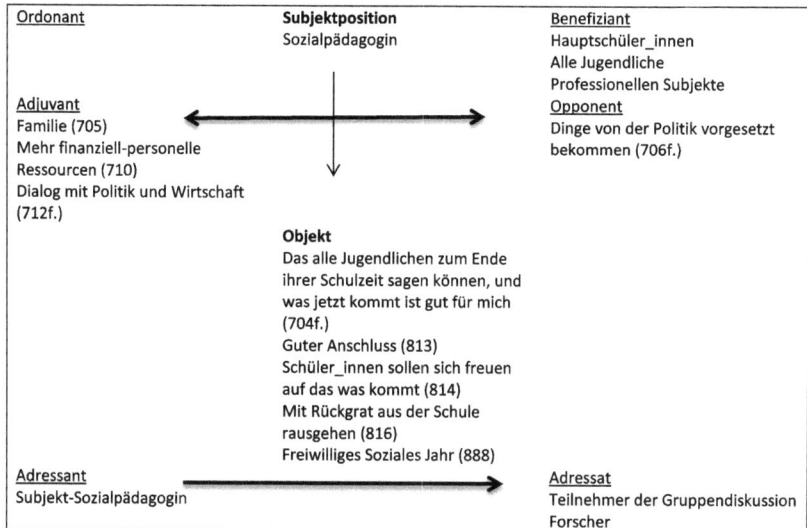

Abbildung 7   Narrative Figur Hauptschule – Anschluss nach Abschluss

Während die Narrativen Figuren der sozialpädagogischen Praxis bereits als diskursive Praxis des Eigennutzes dargestellt wurden, verfolgt die Programmatik der Übergangsgestaltung (vermutlich) eine andere Strategie.

Die geäußerten Schritte zur Realisierung der Ziele des Übergangssystems Schule – Ausbildung verdeutlichen die doppelseitige Orientierung des gesamten *Neuen Übergangssystems Schule – Beruf NRW* – vor allem hinsichtlich der Effektivierungs- und Effizienzsteigerungen. So sollen die Angebote im Übergang systematisiert und reduziert werden sowie die Zugangssteuerung zu einzelnen Angeboten optimiert werden. Dazu wird eine Übersicht der Angebotsstruktur und eine klare Zielgruppenzuordnung installiert. Weiterhin wird durch die kommunale Koordinierung der Abgleich von Maßnahmenangebot und Maßnahmennachfrage systematisch koordiniert. Hier wird mit klaren marktwirtschaftlichen Semantiken und Wettbewerbsorientierungen gearbeitet, um das Übergangssystem zu optimieren und eine schnellstmögliche Einmündung in die duale Ausbildung für alle Schüler_innen zu etablieren. Diese Wettbewerbsorientierung wird vor allem durch die Zielgruppenbestimmung und den daran anschließenden Einweisungen in die Angebote der Berufsvorbereitung durch die kommunale Koordinierung deutlich. Die Optimierung der Angebotsstruktur erfolgt über die Benennung von Zielgruppen für die einzelnen Angebote. Aus der Durchsicht der Programmatik des *Neuen Übergangssystems Schule – Beruf NRW* lassen sich folgende, zugeschriebene individuelle Problemlagen der Jugendlichen paraphrasieren:

- Fehlende Ausbildungsreife in Kombination mit erheblichen Defiziten in der Erziehung und/oder multiple Problemlagen
- Fehlende Ausbildungsreife und fehlende Berufsorientierung
- Fehlende Ausbildungsreife, jedoch berufsorientiert
- Vorhandene Ausbildungsreife, jedoch keine Berufseignung
- Ausbildungsreife, berufsgeeignete, aber lernbeeinträchtigte und/oder sozial benachteiligte junge Menschen
- Eingeschränkte Vermittlungsperspektiven (Marktbenachteiligte)

Aus dieser Darstellung der zugeschriebenen individuellen Problemlagen der Jugendlichen lässt sich bereits die hochgradige Selektivität zum Zugang zur vollqualifizierten Ausbildung innerhalb des neu gestalteten Übergangsgeschehens ablesen: Zunächst wird den Jugendlichen mangelnde oder keine Berufsorientierung attestiert. Ist diese vorhanden, fehlt es ihnen an Ausbildungsreife. Wird diese im weiteren Prozess der Übergangsgestaltung (ob in der Schule mit den Instrumenten der Berufsorientierung oder erst nach Schulentlassung durch die Maßnahmen der Berufsvorbereitung) erreicht, mangelt es an der entsprechenden Berufseignung. Sollten alle drei Dimensionen (Berufsorientierung, Ausbildungsreife, Berufseignung) angemessen im Sinne der programmatischen Vorgaben vorhanden sein, kann bei den Jugendlichen Lernbeeinträchtigung und/oder soziale Benachteiligung diagnostiziert werden. Dabei wird die Ausbildungsreife innerhalb sozialpolitischer Kontext über individuelle Merkmale bestimmt:

> „Eine Person kann als ausbildungsreif bezeichnet werden, wenn sie die allgemeinen Merkmale der Bildungs- und Arbeitsfähigkeit erfüllt und die Mindestkriterien für den Einstieg in die berufliche Ausbildung mitbringt (Berufsbildungsbericht 2006, S. 347; Bundesagentur für Arbeit 2009, S. 13)."

In dieser Zielgruppenbestimmung und der damit einhergehenden Problemindividualisierung wird die diskursive Praxis der Wettbewerbsorientierung insbesondere durch die kommunale Koordinierung (vgl. KF8P) deutlich. Diese soll im Rahmen einer effizienten Gestaltung zur Realisierung einer verbindlichen Ausbildungsperspektive für Jugendliche und junge Menschen die Bedarfe abschätzen und realisieren. Das muss unter Berücksichtigung der Arbeitsmarkterfordernisse der Region, basierend auf einer Übersicht über alle Anschlussvereinbarungen und über alle Angebote der Berufsvorbereitung und der Berufsausbildung, geschehen.

Das Erreichen der Ausbildungsreife ist lediglich vom Jugendlichen bzw. jungen Menschen abhängig. Da liegt der Schluss nahe, dass die Ausbildungsreife ein Mittel ist, das sich nur über die Nachfrage am Ausbildungsmarkt definiert. Bereits der

Titel der Konzeption *Neues Übergangssystem Schule – Beruf NRW* eröffnet eine Differenz, die eine Abgrenzung von einem *alten* Übergangssystem impliziert. In der Konzeption wird dieses alte System nicht konnotiert. Allerdings wird dem *Neuen Übergangssystem Schule – Beruf NRW* mit zahlreichen Semen Bedeutung versehen:

Neues	Altes
Systematisch	(unsystematisch)
Steuerung	(keine Steuerung)
Prävention	(nicht präventiv)
Qualifizierung	(keine Qualifizierung)
Potenzial basiert	(nicht Potenzial basiert)
erfolgreich	(nicht erfolgreich)
Stärkt die Wettbewerbsfähigkeit der Unternehmen	(Schwächung der Wettbewerbsfähigkeit)
Transparent	(Undurchsichtig)
Geschlechtersensibel	(nicht Geschlechtersensibel)
Klare Angebotsstrukturen	(unklare Angebotsstrukturen)
Alle Schüler und Schülerinnen	(nicht alle Schüler bzw.- Schülerinnen)
Landesweite Wirkung	(kommunale Wirkung)
+	-
Subjektpositionierung	

Abbildung 8   Differentielle Figur Programm – Neues vs. Altes Übergangssystem

Die negative Wertung erfolgt durch den Diskurs rechts. Das alte Übergangssystem ist das, was durch das „Neue Übergangssystem Schule – Beruf NRW" mit den einzelnen Bedeutungen ersetzt wird. Dabei werden dem „Neuen Übergangssystem" diese Eigenschaften nicht nur zugeschrieben, sie stammen aus dem Horizont einer diskursiven Praxis, in der solche Abgrenzungen in immer wieder ähnlicher Weise vollzogen werden. Es ist davon auszugehen, dass der Horizont solcher Abgrenzungen und Bedeutungsstabilisierungen durch eine Aktivierungslogik (vgl. Kessl 2005, Lessenich 2008) bzw. marktwirtschaftlichen Logik gebildet wird, die die politischen Kontexte immer mehr dominiert. Um dies empirisch am Beispiel des *Neue Übergangssystem Schule – Beruf NRW* zu belegen, ist es notwendig, weitere sozialpolitische Programmatiken diachronisch mit Konzepten aus der „alten" Übergangsgestaltung und synchronisch mit weiteren Gestaltungsformen des „neuen" Systems zu vergleichen. Aus diesem Grund kann hier zunächst nur die Aktivierungslogik als diskursive Kontextualisierung dieser Differenz angenommen werden.

Deutlich ist, dass die Programmatik des *Neuen Übergangssystems Schule – Beruf NRW* ausschließlich Ziele verfolgt, die in ein sozialversicherungspflichtiges Beschäftigungsverhältnis münden. Die besondere Konzentration auf die Einmündung der Jugendlichen in eine duale Ausbildung wächst aus dem Gedanken heraus, dass die berufliche Ausbildung der Start für das Berufsleben ist und die Gefahr der drohenden Arbeitslosigkeit minimiert (vgl. NF1P). Die Benefizianten sind vermeintlich die Jugendlichen, und doch weist die Programmatik selbst darauf hin, dass vor allem die Jugend-, Sozial-, Wirtschafts- und Arbeitsmarktpolitik von diesem *Neuen Übergangssystem Schule – Beruf NRW* profitiert. „Es ist insofern ein Element präventiver Jugend-, Sozial-, Wirtschafts- und Arbeitsmarktpolitik" (M.A.I.S. 2013, Vorwort). Allerdings ist der jugendpolitische Anteil als präventives Element auf Grundlage aktueller Umgangsweisen mit rechtlichen Normierungen anzuzweifeln. Denn wie bereits in der Darstellung zur Jugendsozialarbeit ausgeführt wurde, wird den Angeboten der Jugendsozialarbeit eine Nachrangigkeit gegenüber der Arbeitsförderung zugewiesen, obwohl diese nur bei gleicher Zielstellung juristisch legitim ist.

> „Nur da, wo zweckgleiche Maßnahmen in unterschiedlichen Leistungsnormen eingearbeitet sind und ein und dieselbe Person erreichen sollen, kann von Leistungskonkurrenz gesprochen werden" (Hampel 2010, S. 6).

Auch die verbreitete regionale Gestaltung des Übergangsmanagements, welche die vorhandenen kompensatorischen Angebote und Instrumente transparenter gestalten will, zielt auf eine effektivere und effizientere Integration von Adressat_innen in Ausbildung oder Beschäftigung (vgl. z.B. BMBF-Programm „Perspektive Berufsabschluss") und nicht auf die Erweiterung von Optionsmöglichkeiten für Teilnehmer_innen der Angebote und Maßnahmen für den Übergang von der Schule in die Ausbildung. Somit kann die These aufgestellt werden, dass sich die Angebote und Instrumente zur Übergangsgestaltung von der Schule in die Berufsausbildung oder Beschäftigung in die kulturelle Hegemonie der Problemindividualisierung (vgl. Kessl 2012, S. 203) einfügen und weiterhin die Selektions- und Allokationsmechanismen des Bildungs-, Berufsbildungssystems und der Unternehmen, als strukturelle Perspektive, ausgeblendet werden. Benachteiligungen sind demnach immernoch eher individuelle Defizite, die die Benachteiligten mit unterschiedlichsten bildungs- und sozialpolitischen Unterstützungsformen auszugleichen haben, damit eine Integration in den Arbeitsmarkt gelingen kann (vgl. Stuckstätte 2011, S. 178). Somit kristallisiert sich die Deutungsweise strukturell begründeter sozialer Probleme als individuelles Fehlverhalten (vgl. Dollinger 2006, S 12) besonders bei sozial benachteiligten Jugendlichen und damit beim Adressaten_innenkreis der Jugendsozialarbeit heraus. Betrachtungen der Deutungsweisen der sozialen Benachteiligung in sozialpolitischen Programmierungen machen deutlich, auf welches (implizite) Wissen bei Problematisierungen (z. b. bei der Übergangsgestaltung) zurückgegriffen wird und von welchem sozialen Ungleichheitsverständnis ausgegangen wird. Die vor allem kulturalistischen Wissensansätze (d. h. soziale Benachteiligung wird zentral dem Lebensstil zugeschrieben) innerhalb sozialpolitischer Programmierungen schreiben die Benachteiligung dem Individuum zu, indem die Umverteilung von Ressourcen abgelöst wird durch eine Lebensführungspolitik, die auf die Einstellungen, Mentalitäten oder Lebensstile der von Benachteiligung betroffenen Menschen zielt (vgl. Chassé et al. 2011, S. 242).

„Die Benachteiligten der bestehenden strukturellen Hindernisse im Bildungssystem werden auf der Grundlage des individualistischen Blicks beschuldigt, ihren stets möglichen Bildungserfolg nicht realisiert zu haben" (Bittlingmayer et al. 2005, S. 25).

Diese sich vollziehende strategische Neujustierung der Sozialpolitik hin zu einer Lebensführungspolitik der sozial Benachteiligten scheint an politischer Attraktivität dadurch zu gewinnen, dass es möglich ist „die massiven Macht-, Ungleichheits- und Ausbeutungsverhältnisse" (Chassé et al. 2011, S. 236) auszublenden. Weiterhin erweisen sich diese Strategien als besonders effektiv, wenn sich die Diskursivität der Lebensführungspolitik in hegemonialen Deutungen eben auch in den subjektiven Konstruktionen der von sozialer Benachteiligung betroffenen Individuen niederschlagen (vgl. ebd., S. 243).

Gleichzeitig zu dieser administrativen Strukturneuorientierung weisen die Angebote und Instrumente im Bereich der Übergangsgestaltung von der Schule in die Berufsausbildung und/oder Beschäftigung in eine andere Richtung. Hier zielt die Angebotsstruktur auf die Beschäftigungsfähigkeit (employapility – workfare) der Individuen und hat demnach eine kompensatorische Funktion. Kompensatorische Bildungsangebote folgen der Annahme, „dass erst eine Erhöhung der Qualifikation oder ein Aufholen der Sozialisationsrückstände die Einmündung in Ausbildung oder Erwerbsarbeit ermöglicht" (Walther 2002, S 98). Eine mittlerweile formal verankerte Variante dieses Deutungsmusters ist die Fokussierung auf die „Ausbildungsreife", ein Begriff der bei der Übergangsgestaltung ganz wesentlich die Anschlussperspektiven der Jugendlichen vorgibt (vgl. Bertelsmann Stiftung 2011, M.A.I.S 2012).

Diskussion der Forschungsergebnisse 9

Dieses Kapitel hinterfragt, anstatt ein Fazit zu liefern, zunächst die Forschungsergebnisse am Horizont der postfundamentalistisch-diskursforscherischen Perspektive. Im Anschluss daran wird eben diese Forschungsperspektive auf ihr Potenzial für die sozialpädagogische Forschung untersucht.

9.1 Diskursive Praxis und professionelle Subjektivität

Wie sind die herausgearbeiteten affirmativen, transformativen und paradoxen Tendenzen der sozialpädagogischen Praxis im Feld der Übergangsgestaltung zu bewerten? Oder: Wie sind sie im Horizont der postfundamentalistisch-diskurstheoretischen Ausführungen zu interpretieren? Hat das professionelle Subjekt überhaupt Möglichkeiten aus der hegemonial-symbolischen Ordnung der Lohnzentrierung herauszutreten, ohne sich selbst in seiner Funktion bzw. Position und damit auch als professionelles Subjekt zu gefährden? Welche Änderungsmöglichkeiten für Adressat_innen können sozialpädagogische Fachkräfte beeinflussen? Wie entstehen solche Veränderungen? Müssen dafür sämtliche Subjekte, die sich innerhalb der Realitätsmuster bewegen, bereit sein? Müsste demnach eine Veränderung bzw. Wandlung einer symbolischen Ordnung der Lohnzentrierung aus unterschiedlichen Subjektpositionen, von verschiedenen Subjekten an unterschiedlichen Orten und in einem diachronischen Verlauf geäußert werden? Kurz gefragt, welche Freiheit haben professionelle Subjekte in der Realität überhaupt? Und damit einhergehend, welche Verantwortung ist ihnen zuzuschreiben?

9.1.1   Die Unfreiheit professioneller Subjekte

In dem Aufsatz *Subversion des Subjekts und Dialektik des Begehrens im Freudschen Unbewußten* (Lacan 1991, S. 165ff.), der Zizek entscheidend beeinflusst hat (vgl. 1992, S. 211ff.), entfaltet Lacan eine Theorie der Subjektivation, in der die Genese des Subjekts und die der symbolischen Ordnung wechselseitig vermittelt werden. Hier wird insbesondere beschrieben, wie das Imaginäre nur am Horizont des Symbolischen erscheint und wie die symbolische Ordnung umgekehrt das Imaginäre braucht, um sich selbst eine bestimmte Festigkeit geben zu können. Erst, indem der selbstbezügliche Fluss des Subjekts (das Imaginäre) die Bewegung der Signifikanten passiert und damit artikuliert, erhalten die symbolische Ordnung und das Subjekt retroaktiv Umrisse. Den Moment ihrer Durchdringung begreift Lacan als *point de capiton* (Steppunkt)[27], „durch den der Signifikant das Gleiten der Bedeutung, das sonst unbegrenzt wäre, anhält" (Lacan 1991, S. 185). Lacan führt also den Terminus ein, um die Tatsache begreiflich zu machen, dass es trotz des steten Gleitens des Signifikats unter den Signifikanten im Subjekt, grundlegende Anknüpfungspunkte von Signifikat und Signifikant gibt, an denen dieses Gleiten temporär zum Stillstand kommt. Der Steppunkt schafft somit die Illusion einer festen Bedeutung (vgl. Evans 2002, S. 286f.).

Dabei geht dieses Verknüpfen des Imaginären mit dem Symbolischen von der Instanz eines „Herrensignifikanten" (Zizek 1996b, S. 193) aus. Dessen Position kann von jedem beliebigen Signifikanten eingenommen werden. Er verbindet das Subjekt mit der symbolischen Ordnung und erschafft beide erst in der Verknüpfung. Durch diese Durchsteppung entsteht das Subjekt retroaktiv.

> „Ein Umkehrungseffekt, durch den das Subjekt auf jeder Stufe zu dem wird, was es
> von vornherein schon war, und sich allein im Futurum exactum – es wird gewesen
> sein – kundgibt" (Lacan 1991, S. 187).

Die lacansche Signifikantenlogik differenziert zwischen den Herrensignifikanten und der Signifikantenkette (vgl. Kapitel 4.4). Bedeutung bzw. Realität entsteht re-

---

27   Die wörtliche Bedeutung von Steppunkt ist ein Polsterknopf, der da gesetzt wird, wo „der Polsterer mit seiner Nadel hart gearbeitet hat, damit sich die formlose Masse der Füllung leicht bewegt" (Evans 2002, S. 286).

troaktiv, in dem Moment, in dem ein Signifikant als Überbringer der Realität als solcher fixiert wird. Auf der einen Seite ist dieser Herrensignifikant ein leerer Signifikant und steht für die Differenz als solche, auf der anderen Seite steht er für die Bedeutung selbst. Das Paradox daran ist, dass er vom Subjekt völlig abhängig ist und gleichzeitig dem Subjekt überhaupt erst eine Identität verleiht. Der Herrensignifikant steht somit für den Mangel und die Verdeckung im großen Anderen. Er verleiht der Signifikantenkette Bedeutung, indem er darüber hinwegtäuscht, dass es eigentlich keine Bedeutung gibt. Er füllt das Loch in der Realität aus. Signifikanten wie „Staat", „Freiheit", „Gerechtigkeit" oder eben „Arbeitsgesellschaft" bzw. „Lohnbeschäftigung" erhalten ihre Bedeutung erst rückwirkend in Abhängigkeit von einem Herrensignifikanten.

> „Der ‚Steppunkt' [...] ist der Punkt, durch welchen das Subjekt an den Signifikanten ‚angeheftet' wird, und gleichzeitig der Punkt, der das Individuum als Subjekt anruft, indem er sich mit dem Ruf eines bestimmten Herrensignifikanten [...] an es wendet – mit einem Wort, er ist der Punkt der Subjektivierung der Signifikantenkette" (Zizek 1992, S. 216).

Für Zizek (1996b) steht weiterhin fest,

> „daß wir durch unsere Identifizierung mit [dem Herrensignifikanten M.H.] unsere Akzeptanz von dem signalisieren, was die anderen akzeptieren: mit einem Herrensignifikanten, der als Versammlungspunkt für alle anderen dient. Anders gesagt, die Identifizierung mit einem solchen leeren Herrensignifikanten ist in ihrer Grunddimension die Identifizierung mit der Geste der Identifizierung" (ebd., S. 193)

Wird die Signifikantenkette beispielsweise durch den Herrensignifikanten „Arbeitsgesellschaft", wie in der diskursiven Praxis des ganzheitlichen Lernens dechiffriert wurde (vgl. Kapitel 7.1), bestimmt, erhalten die Signifikanten der Kette, wie z. B. die „Jugendlichen", eine andere Bedeutung, als wenn der Signifikant „Selbstbildung" als Herrensignifikant fungiert. Dabei kann grundsätzlich jeder Signifikant als Herrensignifikant auftreten und der Kette der Signifikanten Bedeutung verleihen.

„Dies ist demnach die fundamentale Lacansche These hinsichtlich der Beziehung
von Signifikant und Signifikat: Anstelle des linearen, immanenten notwendigen
Fortschreitens, das heißt der Entfaltung der Bedeutung, ausgehend von einem an-
fänglichen Keim, haben wir einen radikal zufälligen Prozeß retroaktiver Bedeutungsproduktion" (Zizek 1992, S. 218).

In Anlehnung an Butler (2006, S. 89f.) kann die Installation des Signifikanten „jugendlich"[28] im Feld der Übergangsgestaltung, wo der Herrensignifikant „Arbeitsgesellschaft" vorherrscht, wie folgt beschrieben werden:

1. (ausbildungsunreif, fehlende Schlüsselqualifikationen, kindlich, schulmüde ...)
   wird jugendlich genannt.

In einer weiteren Phase kehrt sich dieser Prozess um und der Jugendliche wird
durch die gleiche Reihe von Eigenschaften erklärt:

2. X wird jugendlich genannt, weil sie bzw. er (ausbildungsunreif, fehlende
   Schlüsselqualifikationen, kindlich, schulmüde ...) ist.

Schließlich wird diese Struktur erneut umgekehrt und der Jugendliche als das gesetzt, was Zizek (1996a) die „reflexive Abkürzung" (ebd.) der ganzen Reihe nennt:

1. X sind (ausbildungsunreif, fehlende Schlüsselqualifikationen, kindlich, Schulmüde ...), weil sie jugendlich sind.

In der dritten und letzten Phase erklärt der Begriff „jugendlich" genau die vorhergehenden Phasen, die er abkürzt.

„Wird einem Subjekt symbolische Autorität übertragen, handelt es als Appendix dieses symbolischen Titels, das heißt, es ist der große Andere, der durch ihn handelt"
(Zizek 2008d, S. 179).

Die Jugendlichen halten in diesem Prozess der Konstitution eines Herrensignifikanten als Ursache für soziale Konflikte her. Dies geschieht aus dem Grund,
dass es immer eine Notwendigkeit zur Verschleierung realer historisch-spezifischer Konflikte geben muss. Der Herrensignifikant überträgt die realen antago-

---

28 Wenn im weiteren Verlauf des Textes von Jugendlichen bzw. jungen Menschen die
    Rede ist, dann sind ausschließlich die im Forschungsprozess dechiffrierten Konnota-
    tionen gemeint (vgl. Kapitel 7).

nistischen Verhältnisse auf die Jugendlichen bzw. jungen Menschen. Sie werden für ihre Arbeitslosigkeit und den wirtschaftlichen (Miss-)Erfolg verantwortlich gemacht. Dabei bleiben die kontingenten Ursachen in der Gestalt der Jugendlichen verborgen. Daher kann konstatiert werden, dass paradoxerweise in der Übergangsgestaltung in Gestalt des Jugendlichen das Reale, das es kein einheitliches Soziales gibt, konkrete Form annimmt.[29] An diesen über Jahrhunderte hinweg installierten Herrensignifikanten, mit seinen Konnotationen, schließen professionelle Subjekte an. Ihnen bleibt auch nichts anderes übrig, wenn sie Anerkennung auf den unterschiedlichen Ebenen (rechtlich, professionell, Adressat_innen etc.) erfahren möchten. Ohne Anschluss an die symbolische Ordnung kann sozialpädagogische Praxis nicht existieren. Bei Nicht-Verfolgung der spezifischen Ziele und Aufgaben der symbolischen Ordnung würde sie ihre Rechtfertigung verlieren und auf kurz oder lang ihre politische Verankerung aufgeben. Man stelle sich nur vor, dass professionelle Subjekte in ihrer sozialpädagogischen Praxis die Adressat_innen dahingehend beraten würden, nicht in den Ausbildungs- bzw. Arbeitsmarkt einzutreten. Mal abgesehen davon, dass eine Instrumentalisierung der Jugendlichen in Raum stehen würde, würde sie auch irgendwann ihre politische Verankerung in diesem Feld verlieren Es wäre nicht davon auszugehen, dass sozialpädagogische Einrichtungen weiterhin Aufträge im Übergangsfeld erhalten würden.

Auch wenn Adressaten_innen-orientiert argumentiert wird, zeigt sich, dass die professionellen Subjekte nicht anders können, als ihre sozialpädagogische Pra-

---

29 Zizek (1989, S. 127ff.) beschreibt einen ähnlichen Prozess im Zusammenhang mit den Juden in Europa. Die Juden mussten demnach als Ursache für alles Übel und alle Katastrophen herhalten. Die europäische Gesellschaft projizierte ihre realen antagonistischen Verhältnisse auf die Juden. Sie wurden für die Ausbreitung der Pest ebenso verantwortlich gemacht, wie für die Weltwirtschaftskrise 1929. In Zizeks (ebd.) Worten: „[…] in the anti-semitic perspective, the Jew is precisely a person about whom it is never clear ‚what he really wants' - that is, his actions are always suspected of being guided by some hidden motive (the Jewish conspiracy, world domination and the moral corruption of Gentitles, and so on). The case of anti-Semitism also illustrates perfectly why Lacan put, at the end of the curve designating the question ‚Che vuoi?' the formula of fantasy […]: fantasy is an answer to this to this ‚Che vuoi?'; it is an attempt to fill out the gap of the question with an answer. In the case of anti-Semitism, the answer to ‚What does the Jew want?' is a fantasy of ‚Jewish conspiracy': a mysterious power of Jews to manipulate events, to pull the strings behind the scenes. The crucial point that must be made here on a theoretical level is that fantasy functions as a construction, as an imaginary scenario filling out the void, the opening of the desire of the Other: by giving us a definite answer to the question ‚What does the Other want?', it enables us to evade the unbearable deadlock in which the Other wants something from us, but we are at the same time incapable of translating this desire of the Other into a positive interpellation, into a mandate with which to identify" (ebd., S. 127).

xis an der dominanten symbolischen Ordnung auszurichten. Die sich wandelnde Arbeitsmarktsituation (vgl. Machart 2013b, 2013c) hin zu immer mehr prekären Beschäftigungsverhältnissen nehmen junge Menschen sehr genau wahr. Dies veranlasst sie, immer mehr in schulische, berufliche und hochschulische Bildung zu investieren. Ihre Zielvorstellungen zeigen, welche Bedeutung die Jugendlichen der schulischen Ausbildung beimessen und dass sie wissen, dass sie mit einem niedrigen Schulabschluss einem höheren Arbeitslosigkeitsrisiko ausgesetzt sind. Die Zielvorstellung zum angestrebten Schulabschluss geht immer häufiger über die aktuell besuchte Schulform hinaus. In 2010 strebten fast die Hälfte aller Hauptschüler_innen einen Schulabschluss an, der über die Hauptschule hinausreicht. Auch von den Realschüler_innen wollen mehr als ein Drittel eine Fach- oder Hochschulreife erreichen (vgl. Albert et al. 2010, S. 75). Förder- und Hauptschüler_innen münden zu einem großen Teil in Angeboten und Maßnahmen des Übergangssystems. Es ist anzunehmen, dass dies eine Folge der enormen Bildungsexpansion der letzten Jahre – relativ erreichen immer mehr Schüler_innen einen Fach- oder Hochschulabschluss – und aus veränderten Anforderungen auf dem Ausbildungs- und Arbeitsmarkt ist. Die sogenannten „Einfacharbeitsplätze" fallen komplett weg oder werden derart umgewandelt, dass sie steigende Anforderungen und Qualifikationen erfordern. Aufgrund dieser Entwicklungen werden Jugendliche aus Förder- und Hauptschulen in der Jugend- und Bildungsforschung häufig als Verlierer_innen bezeichnet (vgl. Scherr 2012, S. 63).

Zur Situation dieser Schüler_innen, auch im Zusammenhang mit ihrer sozialen Herkunft, am Übergang von der Schule in die Ausbildung, liegen etliche empirische Befunde vor (vgl. dazu insbesondere die Bildungsberichte sowie die Berufsbildungsberichte). Allerdings wird die Wahrnehmung und Bewältigung der Förder- und Hauptschüler_innen ihrer Situation am Übergang von der Schule in die Ausbildung innerhalb der Jugendforschung kaum betrachtet. Hierzu hat Scherr (2012) eine Evaluationsstudie mit folgenden zentralen Ergebnissen geliefert: Wie bereits die Shell Jugendstudie 2010 (vgl. Albert et al. 2010) belegt, sind sich Schüler_innen von Förder- und Hauptschulen ihrer problematischen Situation bewusst. 44,3 Prozent der Befragten sind sich eher bzw. ganz unsicher, einen Arbeits- oder Ausbildungsplatz zu bekommen. 54,8 % Prozent der Befragten sind froh, überhaupt einen Ausbildungsplatz zu bekommen und es ist 55,4 Prozent von ihnen egal, welcher Arbeit sie nachgehen – Hauptsache sie sind nicht arbeitslos. Es kann also durchaus von einer pragmatisch-realistischen Zukunftshaltung gesprochen werden. Hier zeigt sich, dass sich die knappe Mehrheit dieser Jugendlichen von der freien Berufswahl verabschiedet hat. Eine körperlich nicht anstrengende Arbeit stufen 47 Prozent als wichtig oder sehr wichtig ein, dagegen ist für 35,4 Prozent das Prestige des Berufs relevant. Demgegenüber stellen fast alle Befragten die

Ausrichtung auf Arbeitsplatzsicherheit und Existenzsicherung in den Mittelpunkt. 97,6 Prozent von ihnen ist es wichtig, genug Geld zu verdienen, um davon leben zu können. 92,2 Prozent bewerten es als wichtig, einen sicheren Arbeitsplatz zu haben. Für 96,2 Prozent ist es wichtig, dass die ausgeübte Tätigkeit Spaß macht. Damit finden die Faktoren Existenzsicherung und Selbstverwirklichung (ein Beruf, der genügend Zeit für die Familie lässt und der Spaß macht) die relativ höchste Zustimmung. Dabei sind die Jugendlichen der Meinung, dass es beim beruflichen Erfolg vor allem auf ihre Fähigkeiten, ihr Engagement und auch auf soziale Ressourcen und weniger auf wirtschaftliche und politische Rahmenbedingungen sowie auf Zufall oder Glück ankommt. Die Bedeutungskonstrukte zur Erwerbsarbeit von Jugendlichen aus dem Adressat_innenkreis der sozialpädagogischen Praxis sind nach Pötter (2004, S. 166f.) entweder durch normativ-wertorientierte oder funktionale Bedeutungszuweisungen gekennzeichnet. In Pötters Dissertationsergebnissen wurde deutlich, dass die Jugendberufshilfe besonders stark eine normativ-wertorientierende Bedeutungszuweisung fördert. Daher vermutet sie, dass die Jugendwerkstatt auf die Bedeutungskonstrukte genauso einwirkt wie die Inklusion in das Ausbildungs- und Beschäftigungssystem. Jugendliche, die mehrfach die Erfahrung des Scheiterns erleben, wünschen sich eine feste Einmündung in den Arbeitsmarkt. Und gerade diejenigen Jugendlichen, für die ein Eintritt in Ausbildung oder Arbeit am unwahrscheinlichsten ist, entwickeln einen berufsfixierten Lebensentwurf (vgl. Rahn 2005, S. 53).

Diese Forschungsergebnisse zeigen, welche Auswirkung der Herrensignifikant „Arbeits-" bzw. „Lohnzentrierung" auf die Adressat_innen Sozialer Arbeit haben. Die gegenwärtigen aktivierungslogischen Tendenzen (vgl. Kessl 2005) zeigen sich in der Tatsache, dass die Jugendlichen ihre Einmündung in den Arbeitsmarkt von ihren Fähigkeiten und ihrem Engagement abhängig machen und sie einen berufsfixierten Lebensentwurf entwickelt haben. Aus einer postfundamentalistisch-diskursforscherischen Perspektive, wie sie hier entwickelt wurde, betrachtet, ist das Begehren der Jugendlichen in den Arbeitsmarkt einzumünden, zwar das Begehren der Anderen und somit eine erzwungene Wahl, aber diese theoretische Einsicht liefert keine Rechtfertigung für die sozialpädagogische Praxis, sich nicht an den begehrten Objekten ihrer Adressaten_innen zu orientieren. Die sozialpädagogische Praxis im Übergangsfeld kann sich aus Aspekten der rechtlichen, politischen und sozialen Anerkennung nur an Mustern symbolischer Ordnungen orientieren. Auch muss sie, will sie keine Instrumentalisierung ihre Adressaten_innen riskieren, im Interesse der Jugendlichen im Rahmen der symbolischen Ordnung der Lohnzentrierung agieren. Dennoch bleibt zu fragen, ob sie dabei, wie in den Ergebnissen dargestellt (vgl. Kapitel 7), zur Stabilisierung bzw. Befestigung politischer Identitäten der Jugendlichen beitragen muss oder ob sie ihre Praxis nicht vielmehr auf deren Zersetzung ausrichten sollte. Ein strategischer Essentialismus scheint punktuell insbesondere im Feld der Jugendsozialarbeit sinnvoll zu sein, um auf Benachteiligungen aufmerksam zu machen und politische Forderungen zu begründen. Aber dies birgt auch die Gefahr, dass sich die beschriebenen Konnotationen der Jugendlichen im Übergangsfeld naturalisieren und soziale Ungleichheitsprozesse als Notwendigkeit betrachtet werden.

9.1.2   Der Akt als gefährliche Freiheit für professionelle Subjekte

Der Akt meint die (kurzzeitige) Aussetzung der symbolischen Ordnung. Er setzt die bestehende Ordnung aus und versucht den Raum des Möglichen zu erweitern. „Ein authentischer Akt geschieht nur dann, wenn die Subjekte eine Geste aufs Spiel setzen, die nicht länger vom großen Anderen ‚zugedeckt' wird" (Zizek 1999b, S. 31). Er stellt somit die Bedingung für die Erweiterung des symbolischen Möglichkeitsraumes, was der gerechtigkeitstheoretische Capabilty Approach[30] als Ziel für sozialpädagogische Praxis ausweist (Otto et al. 2008, S. 11), für Adressaten_innen Sozialer Arbeit dar. Die Vollziehung eines Aktes bedeutet, ein Ende zu setzen und einen Anfang zu machen. Eine Erweiterung des Möglichkeitsraums ist nur möglich, wenn das Subjekt in der Lage ist, mit dem Alten aufzuhören. Der Akt zeichnet sich durch eine „retroaktive Performativität" (Zizek zit. nach Hetzel 2004, S. 277) aus, indem er das Subjekt der Handlung als Folge-Handlung, also die Ursache als Wirkung bestimmt. Diese „retroaktive Performativität" stellt ein zentrales methodologisches Konzept von Zizek dar, welches den vermeintlich notwendigen linearen Geschichts- bzw. Praxisverlauf negiert. Den Verlauf der Praxis können Subjekte demnach immer nur nachträglich, also nach einem Akt oder Ereignis, einräumen, da jedes wirkliche Ereignis und jeder authentische Akt

---

30   Der Capabilities Ansatz betont Spielräume als ein Bündel von Möglichkeiten, die Individuen bei ihrer Lebensführung zur Verfügung stehen. Der gerechtigkeitstheoretische Capabilities-Ansatz bietet eine konzeptionelle Betrachtung von Lebenslagen, in der die Möglichkeits- und Freiheitsspielräume von Individuen im Fokus der Analyse stehen. Dabei wird zwischen „Funktionsweisen" (functionings) und Verwirklichungschancen bzw. Befähigungen (capabilities) unterschieden. Während functionings die Handlungen und Fähigkeiten der Individuen darstellen, betonen die Capabilities „die objektive Menge an Möglichkeiten, unterschiedliche Kombinationen bestimmter Qualitäten von Funktionsweisen zu ermöglichen" (Otto et al. 2008, S. 11). Die Capabilities beschreiben somit den Handlungsspielraum, den Individuen für ihre Lebensführung haben.

neu über seine Geschichte sowie über die potenziellen Maßstäbe ihrer Beurteilung befinden (vgl. Hetzel et al. 2006, S. 238f.). Ein Ereignis wie die Agenda 2010 ist im Moment des Eintretens kontingent in seinen Konsequenzen und Auswirkungen, dann jedoch sehr total, sodass auch die eigene Entstehungsgeschichte vom Ereignis selbst aus gesehen, in einem anderen Licht erscheinen muss. „Es zeichnet das Ereignis als Ereignis aus, dass es retroaktiv seine Voraussetzungen schafft und seine eigene Geschichte installiert" (ebd., S. 239). Wenn das Subjekt den Akt vollzogen hat, erhält es einen neuen Blick auf seine Vergangenheit. Dabei setzt der Akt seine eigenen Voraussetzungen: Erst nachdem er sich vollzogen hat, wird ihm Bedeutung zugeschrieben und erscheint damit als notwendig. Der Akt untersteht also im Gegensatz zu einer regelgeleiteten und intentionalen Handlung, wie im Modell *reflexiver Sozialpädagogik* (vgl. Kapitel 2.2.1), nicht der linearen Zeit der Geschichte, sondern gründet die Zeit. Im Akt kommt so zu einer Umkehrung der Zeit, zu einer Veränderung von Ursache und Wirkung. Der Akt

> „ist nicht einfach etwas, was innerhalb des Rahmens der existierenden Verhältnisse gut funktioniert, sondern etwas, was gerade den Rahmen verändert, der festlegt, wie die Dinge funktionieren" (Zizek zit. nach Hetzel 2004, S. 277).

Der Akt entsteht immer aus der vorherrschenden symbolischen Ordnung und kann daher innerhalb dieser nicht in seiner Gänze verstanden oder beurteilt werden. Denn Ziel des Aktes ist es ja, das Mögliche neu zu bestimmen und die Kriterien zu wandeln, mit denen die symbolische Ordnung erklärt wird. „Er transformiert den symbolischen Kontext so, dass er, nachdem er stattgefunden hat, tatsächlich möglich gewesen zu sein scheint" (Butler 2006, S. 118). Er lässt selbst das, was passiert, realisierbar erscheinen, ganz im Sinne der Aktualisierung einer bereits vorhandenen Möglichkeit. Zizek (et al. 2013) schreibt dazu:

> „Ein Akt ereignet sich nicht einfach innerhalb des gegebenen Horizonts dessen, was möglich ist. (Ein Akt vollbringt das, was im gegebenen symbolischen Universum ‚unmöglich' erscheint; doch insofern, als er dessen Bedingungen verändert, schafft er rückwirkend seine eigenen Möglichkeitsbedingungen" (ebd., S. 161).

Ein Akt in diesem Sinne könnte sich innerhalb sozialpädagogischer Praxis z. B. wie folgt abspielen: Wenn eine sozialpädagogische Fachkraft für eine inakzeptable Handlung von den Kolleg_innen sanktioniert (in welcher Form auch immer) wird, dann ereignet sich ein Akt, wenn sich die sozialpädagogische Fachkraft nicht länger auf Grundlage gemeinsamer geteilter Prämissen verteidigt, sondern stattdessen die Sanktion vollständig akzeptiert und damit gerade das Terrain verändert, in dem die Handlung inakzeptabel war. Ein Akt ereignet sich dann, wenn die sozialpädagogische Fachkraft auf die Sanktion antwortet: „Ja genau das ist es, was ich mache!". Er vollzieht sich dann, wenn „das Subjekt in einer Situation der erzwungenen Wahl die ‚verrückte‘, unmögliche Wahl trifft, und in gewissen Sinne auf sich selbst einschlägt, auf das, was ihm am wertvollsten ist" (ebd., S. 163). Dieser Akt, der nicht auf einen Fall von Autoagression hinausläuft, verändert die Koordinaten der Situation, in der das professionelle Subjekt sich befindet. Indem das professionelle Subjekt, hier die sozialpädagogische Fachkraft, sich von seinem wertvollsten Objekt, sich selbst, löst, durch dessen Besitz die anderen (die Kollegen_innen) es in Schach halten, gewinnt es „Raum für freies Handeln" (ebd.). Nur ein solcher „selbstzerstörerischer" (ebd.) Akt eröffnet das Spielfeld für andere Möglichkeiten.

Festzuhalten ist, dass der Akt und die symbolische Ordnung nicht einfach gegensätzlich sind. Vielmehr sind sie konstitutiv verbunden. Aber wie hängen diese beiden ineinander verflochtenen Entitäten konkret zusammen? Entweder wird der Vorstellung gefolgt, dass das Symbolische den Akt abschafft, nur damit es ihn, wegen irgendeines nicht möglichen Aktes außerhalb seiner, wieder zu erklären gezwungen ist; oder es wird der anderen Vorstellung nachgegangen, indem der Akt als gewisses, immer außerhalb des Symbolischen gelegenes Potential, nur um ihn sich am Ende im Symbolischen erschöpfen zu sehen. Aus Sicht von Butler (2006, S. 121) geht es weniger darum, dass der außerhalb des Herrensignifikanten sich vollziehende Akt Realitätspotential hat, als um das, was die Realität des Herrensignifikanten zu nichts als einer geringfügigen Möglichkeit macht. Der Akt kommt demnach nicht als ein werdender Herrensignifikant zeitlich vor diesem, sondern nach ihm, da er ihn als den Akt offenbart, welcher er einmal war.

> „Man sollte daher der nachträglichen Illusion widerstehen, der zufolge die Entscheidung auf die offene Unentscheidbarkeit einer Situation folgt: Es ist ausschließlich die Entscheidung selbst, die den vorhergehenden Zustand als ‚unentscheidbar‘ erweist. […] Nach der Entscheidung ist es mit der Unentscheidbarkeit vorbei, da wir uns im neuen Bereich der Wahrheit befinden. Die Geste, die die Situation abschließt/ entscheidet, fällt daher (abermals) mit der Geste, die sie (nachwirkend) eröffnet, zusammen" (Zizek 2010, S. 187).

Hier wird nicht etwas Nicht-entscheidbares (eine Möglichkeit) entscheidbar (real), sondern etwas Unentscheidbares bricht innerhalb dessen auf, was zuvor Entscheiden gewesen ist. Nur nach der Entstehung des Herrensignifikanten können die von ihm ausgeschlossenen Alternativen erkannt werden – und das kennzeichnet den Akt. Den Akt zu denken bedeutet, das vom Herrensignifikanten Ausgelassene zu denken,

„eine Art Potenzialität (oder besser: Virtualität), die den Herrensignifikanten ver-
doppelt – weshalb er auch keinen Gegensatz zum Herrensignifikanten darstellt, sondern der Herrensignifikant selbst ist, nur aus einer anderen Perspektive betrachtet"
(Butler 2006, S. 121).

Butler (ebd, S. 121f.) führt zum Begriff des Akts weiter aus, dass dieser nicht etwas
dem Herrensignifikanten Vorausgehendes darstellt, sondern vielmehr etwas dem
Herrensignifikanten Simultanes, da es vor dem bzw. außerhalb des Herrensignifikanten nichts geben kann. Da so die Realität nur durch den Herrensignifikanten
betrachtet werden kann, wird deutlich, dass diese Betrachtung zugleich nur durch
den Akt möglich ist. Der Akt ist somit eine „Verdoppelung" (ebd., S. 122) des
Herrensignifikanten. Er ereignet sich nicht einfach innerhalb der symbolischen
Ordnung, sondern legt auch die Leere offen, für welche die symbolische Ordnung
einsteht. Das bedeutet, der Akt ist das, worauf jeder Herrensignifikant antwortet,
und der Akt kann dann selbst wieder nur die Form eines Herrensignifikanten annehmen. Er stellt gewissermaßen eine Grenze für den Herrensignifikanten dar,
welcher wiederum nur vom Herrensignifikanten aus gesehen werden kann. Dadurch begrenzt und totalisiert der Akt den Herrensignifikanten. Die Ausweitung
des Herrensignifikanten ist ein nicht abschließbarer Prozess, allerdings nur aufgrund des immer schon ausgeschlossenen Aktes.

„Damit ist der Akt weder als sich verwirklichende Möglichkeit noch als aufgelöste
Unentscheidbarkeit beschrieben, sondern zugleich als etwas, das bereits stattgefunden hat (damit der Herrensignifikant überhaupt existieren kann) und das niemals
stattfinden wird (weil er immer nur aus der Perspektive des Herrensignifikanten gesehen werden kann). Aus einer dritten Perspektive wiederum findet er immer statt,
weil er sich *zur gleichen Zeit* ereignet wie der Herrensignifikant" (ebd., Hervorheb.
im Org.).

Diese Konzeption des Aktes bricht mit der Alltagsvorstellung vom Akt als Auflösung einer zweideutigen oder einer unentscheidbaren Situation. Vielmehr betont
dieses Akt-Verständnis, dass die Entscheidung des Aktes selbst wieder eine Unentscheidbarkeit offen legt bzw. herstellt.

Für Zizek (2010) setzt die interpretierende Intervention keine neue symbolische
Ordnung. Der potenzielle Akt professioneller Subjekte macht eher reinen Tisch,
um den Boden für ein solches Ereignis zu bereiten:

„Für Lacan geht Negativität, eine verneinende Geste der Widerrufung, jeder positiven Geste der begeisternden Identifikation mit einer Ursache voraus: Negativität
funktioniert als Bedingung der (Un-)Möglichkeit der begeisterten Identifikation, das
heißt, sie bereitet ihr den Boden, öffnet den Raum, wird aber durch sie verdunkelt
und untergräbt sie zugleich" (ebd., S. 209).

Jeder Akt, jede symbolische Setzung stellt eine Wiederholung des Symbolischen
in Form der Iterabilität dar, auch sind Subjekte nur durch eine solche Wiederholung in der Lage, einen Akt hervorzubringen (vgl. Butler 2006, S. 104). Die Wiederholung der erzwungenen Wahl führt nie zu einer grundsätzlich anderen Entscheidung, sie wählt nicht wirklich was grundsätzlich anderes. Allerdings bezeugt
die Wiederholung an sich genau das, was immer wieder aufs Neue nicht gewählt
wird (vgl. Butler 2006, S. 50). So wird in der diskursiven Praxis des ganzheitlichen
Lernens sowohl in der sozialpädagogischen Praxis wie auch in der politischen Programmatik immer wieder latent bzw. implizit in unterschiedlichen Figurationen
Bezug genommen auf die Notwenigkeit der Ausübung einer Lohnbeschäftigung.
Was durch die tendenziell affirmative und paradoxale sozialpädagogische Praxis
in einer Lesart Zizeks zum Vorschein kommt, ist ihre Art der Machtausübung
gegenüber ihren Adressat_innen. Die professionellen Subjekte reduzieren die sozialpädagogische Praxis zu einer Art Suggestion, in der das professionelle Subjekt
dem/der Adressat_in, ihre eigene Vorstellung von der Realität der Übergangsgestaltung aufdrängt. Und diese Realitätsideen sind notgedrungen an die der symbolischen Ordnung angelehnt. Die Vorstellung der professionellen Subjekte, dass sie
die Adressat_innen an die Realität anpassen müssen, gründet in einem Begriff, der
Realität als ein objektiv und selbstverständlich Gegebenes annimmt.

Dabei darf aber nicht die Wirksamkeit der symbolischen Fiktion, die auch
durch die Programmatik widergespiegelt wird, außer Acht gelassen werden. Denn
diejenigen, „die sich nicht in der symbolischen Fiktion fangen lassen, irren sich
am meisten" (Zizek 2008b, S. 49). Die Fiktion der symbolischen Ordnung (hier
der Lohnzentrierung), die solange eine Fiktion ist, wie die Subjekte so handeln als
sei sie real, strukturiert die Realität. „Die Wahrheit [...] hat die Struktur einer Fiktion" (Lacan zit. nach Zizek ebd., S. 48). Eine sozialpädagogische Fachkraft, die
z. B. bei einer kirchlichen Organisation angestellt ist, sonntags in die Kirche geht
und montags seine/n bzw. ihre/n (Ehe-)Partner/in schlägt, mag ein/e Heuchler_in
sein, aber wenn die Adressat_innen die Worte der sozialpädagogischen Fachkraft
mit der Autorität der Kirche ausstatten, dann kann die Fachkraft sie zu guten Taten
ihm Sinne der symbolischen Ordnung antreiben. Andersherum: Wenn die sozialpädagogische Fachkraft das Ziel der Einmündung in Ausbildung bzw. Arbeit im
Feld der Übergangsgestaltung deshalb aufgibt, weil ihr bzw. ihm auffällt, dass es

keinen Sinn macht, verliert dieses professionelle Subjekt seine Legitimität gegenüber Träger und Justiz. So widersprüchlich und heuchlerisch der Herrensignifikant der Arbeitsgesellschaft auch sein mag, er ist es, der die professionellen Subjekte in ihrer Handlungspraxis antreibt.

Diesen Bruch zwischen direkter psychischer Identität und dem symbolischen Titel bzw. der symbolischen Maske des professionellen Subjekts nennt Zizek in Anlehnung an Lacan „symbolische Kastration" (ebd.). „Kastration" ist hier durch die Vorstellung gekennzeichnet, dass das Subjekt in der symbolischen Ordnung gefangen und „nicht Herr im eigenen Haus ist" (ebd., S. 59). Die Kastration stellt dabei die Kluft her zwischen dem, was das Subjekt unmittelbar ist und dem symbolischen Titel, der dem professionellen Subjekt einen bestimmten Status und Autorität überträgt. In diesem Sinne ist sie gleichbedeutend mit Macht: Die „Kastration" ist es, die dem professionellen Subjekt Macht verleiht.

Die professionellen Subjekte sind nicht professionelle Subjekte, weil sie aus sich heraus innerliche Eigenschaften besitzen, die sie zu dazu macht. Vielmehr bekleiden sie symbolische Titel, die mit gewissen Zuschreibungen versehen sind und die andere Subjekte, wie z. B. Adressaten_innen, anleiten, die professionellen Subjekte als solche zu behandeln.

> „Die Subjekte glauben, sie behandeln eine bestimmte Person als König, weil er bereits in sich König ist, während diese Person in Wirklichkeit nur insofern König ist, als die Subjekte ihn als solchen behandeln" (Zizek 1992b, S. 49).

Wegen diesem Riss kann sich das Subjekt nicht unmittelbar mit seiner symbolischen Maske Identifizieren. Die symbolische Maske, die das Subjekt durch die Einnahme der Position aufsetzt, ist historisch präformiert und hängt von gewissen Kontextbedingungen ab (vgl. ebd., S. 51). Durch diese historische Präformation, u. a. durch den politischen Kontext, wird festgelegt, was der Andere in dieser Position sieht und was von diesem Titel begehrt werden soll. Demnach besteht die Schwierigkeit für professionelle Subjekte darin, wie sie das, was sie selbst sind (was sie Begehren), von dem unterscheiden, was die anderen in ihnen als professionelles Subjekt sehen oder begehren. Und hier gibt die politische Programmatik den Kontext vor. Denn diese hat die Soziale Arbeit erst installiert und ihr zu dem verholfen, was sie ist. Das führt zu lacanschen Formel: „Das Begehren des Menschen ist das Begehren des Anderen" (Lacan zit. nach Zizek 2008b, S. 52).

Wenn die professionellen Subjekte das Begehren nach Einmündung in Ausbildung für ihre Adressat_innen äußern, ist das, was sie äußern, ihnen immer schon von der lohnzentrierten Ordnung auferlegt worden, die ihnen sagt, was sie begehren sollen. Die daraus folgende Gestaltung sozialpädagogischer Praxis im Kontext der Übergangsgestaltung als die Hinführung zur Lohnarbeitsbeschäftigung der Jugendlichen, kann in Anlehnung an Zizek (1998, S. 42f.) als eine Form der impliziten Reflexivität bezeichnet werden. Wenn Subjekte z. B. sprechen, folgen sie stets den Regeln der Grammatik, ohne dass sie sich darüber bewusst sind. Dennoch wissen sie implizit, dass sie beim Sprechen die grammatikalischen Regeln anwenden. Das, was im ersten Moment spontan erscheint, ist bereits reflexiv. Nach Zizek (ebd., S. 37) gibt es daher kein transparentes Selbstbewusstsein, das nur mit sich selbst zu tun hat. Das Subjekt existiert nicht als ein substanzielles Selbst. Es hat keinen Zugang zu sich selbst und tritt nur insofern in Erscheinung, als dass es weder eine direkte Erkenntnis noch die Intimität zu sich selbst vorweisen kann. Das bedeutet, dass das Selbstbewusstsein eine rein logische Funktion hat, die dem Subjekt klar macht, dass alle Inhalte des Bewusstseins wenigstens bis zu einem gewissen Grad bereits vermittelt sind. Die implizite Reflexivität ist für Lacan das Unbewusste.

Die Einnahme einer Position des Widerstandes, der Kritik oder gar der Vollzug eines Akts ist für professionelle Subjekte eine Distinktion, die sich für sie als äußerst prekär herausstellt. Sie kann dazu führen, dass das professionelle Subjekt aus Positionen der hegemonialen symbolischen Ordnung heraus deutlich in institutionelle Schranken verwiesen wird und dass es ggf. sogar sanktioniert wird (vgl. Kessl 2014 et al., S. 26). Professionelle Subjekte müssen sich demnach dem vorherrschenden System der symbolischen Ordnung anpassen, sonst droht ihnen der Ausschluss aus diesem mit Folgen wie z. B. der Arbeitslosigkeit. Das System sorgt so für seinen Selbsterhalt. Der Akt nach Zizek darf nicht als freie Willensentscheidung verstanden werden, die Entscheidung fällt auf einer anderen Ebene. Der Akt

> „ist gerade etwas, das unerwartet ‚einfach sich ereignet', es ist ein Ereignis, das (und vielleicht sogar am meisten) auch den Agenten dieses Aktes selbst überrascht (nach einem authentischen Akt ist die Reaktion immer: ‚Auch wenn ich nicht weiß, wie ich das tun konnte, so ist es doch einfach geschehen!'). Das Paradox liegt also darin, dass in einem authentischen Akt die äußerste Freiheit mit der äußersten Passivität zusammenfällt, mit der Reduktion auf einen leblosen Automaten, der blind seine Gesetze ausführt" (Zizek 2010, S. 524).

Ein Akt kann im Anschluss an diese Ausführungen also nicht lediglich von professionellen Subjekten der Sozialen Arbeit ausgehen. Vielmehr muss sich eine diskursive Praxis entwickeln, welche die unhinterfragte Lohnzentrierung und die Essentialisierung von Jugendlichen aus unterschiedlichen Situationen, in unterschiedlichen Positionen diachronisch und simultan aussetzt. Dabei muss dem Akt oder besser den Akten in ihrer „retroaktiven Performativität" nachträglich Bedeutung zugeschrieben werden.

9.2 Erklärungsmuster sozialpädagogischer Forschung

Wie bereits in der Dekonstruktion *reflexiver Sozialpädagogik* (vgl. Kapitel 2) erwähnt, ist es eine notwendige und legitime forscherische Praxis, das eigene Terrain durch Abgrenzungen zu umreißen und die Unterschiede zu markieren. Dabei geht es um die Darstellungsweisen von Erkenntnis und um die Präzisierung der eigenen Perspektive. Hier soll nun an das Kapitel zu den Plausibilisierungsstrategien (vgl. Kapitel 1.2) angeschlossen und die Frage beantwortet werden, welche forschungsmethodologischen Voraussetzungen die erarbeitete Perspektive setzt und was sie für sozialpädagogische Forschung leisten kann. Dies soll in „Grenzgänge[n]" (Wedl 2014, S. 507) zu anderen Forschungsperspektiven erfolgen. Mit Grenzen sind hier nicht die Grenzen zwischen sich scheinbar gegenseitig begrenzenden Forschungsterrains gemeint; es interessiert vielmehr die „Konturierung des Feldes der Diskursforschung zu anderen Forschungsperspektiven" (ebd.). Aus pragmatischen Gründen muss eine Auswahl getroffen werden, mit welcher anderen Forschungsperspektiven die hier dargelegte diskursforscherische Perspektive konturiert wird. Da es in der Wissenschaftsgeschichte zunächst die naturwissenschaftlichen Methoden mit ihren nomothetischen Erklärungsmustern waren, die sich etabliert haben und sich die quantitative Sozialforschung daran anlehnt, wird die Diskursforschung zunächst damit konturiert. Als Abgrenzung zu den naturwissenschaftlichen Erkenntniswegen haben sich fast parallel die Hermeneutik in Deutschland und der Strukturalismus in Frankreich entwickelt. Nun ist nicht möglich, alle vorhandenen einzelnen Differenzierungen innerhalb dieser Forschungsansätze mit der hier angewandten Diskursforschung ins Gespräch zu bringen. Es wird also pragmatisch vorgegangen, indem exemplarisch einzelne, stark vertretene Ansätze innerhalb dieser Forschungsansätze zur „Grenzbearbeitung" gewählt werden.

Die sozialpädagogische Forschung kann durchaus als differenziert und fundiert bezeichnet werden. Dies zeigen nicht zuletzt aktuelle Veröffentlichungen (vgl. Mührel et al. 2014, Thaler 2013, Oelerich et al. 2011, Bock et al. 2010, Rauschenbach et al. 1998), sondern auch die zahlreichen abgeschlossenen und noch laufenden Forschungsprojekte. Andrerseits kann die sozialpädagogische Forschung als ein sich etablierender Prozess beschrieben werden, der sich paradigmatisch nicht festlegen lässt (vgl. Thaler 2013, S. 168). Nach Rauschenbach und Thole (1998) hat die sozialpädagogische Forschung „eine traditionelle Affinität zu tendenziell eher rekonstruktiven bzw. qualitativen methodischen Verfahren der Beobachtung" (ebd., S. 22), da die Sozialpädagogik eine „angewandte Wissenschaft" oder „Handlungswissenschaft" ist. Andrerseits

„dokumentiert sich in der wissenschaftlichen Sozialpädagogik in den letzten Jahren unverkennbar die Intention, ihren Forschungszugriff zu verbreitern und auf ein
mehrdimensionales methodisches Fundament zu stellen" (ebd., S. 23);

also auf Methoden der quantitativen Forschung, an den es nach Micheel (2008, S
122) insgesamt in der Sozialpädagogik mangelt, zurückzugreifen. Auch Schefold
(2012) hält fest, „dass [ausgehend M.H.] von den Ideen einer rekonstruktiven Forschung [...] sich die sozialpädagogische Forschung stark in Richtung einer qualitativen Forschung entwickelt" (ebd., S. 1138). Und weiter:

„Die soziale Wirklichkeit der Adressaten und ihrer Lebenssituationen wie die Wirklichkeit der Hilfen und ihrer Kontexte sollen in der Prozesshaftigkeit ihres Entste-
hens verstanden werden, Forschung an alltagsnahen Formen der Kommunikation
und Interaktion ansetzen. [...] Qualitative Forschung hilft, das fachliche Handeln, oft
geprägt durch Importe aus Psychologie und Psychiatrie/Psychotherapie, die Interak-
tionen zwischen AdressatInnen und Fachkräften multiperspektivisch zu rekonstruieren, in ihren Aufschichtungen und Folgen zu beschreiben und zu analysieren" (ebd.).

Schefold nimmt hier nicht nur Bezug auf das rekonstruktiv-qualitative Forschungsparadigma, sondern fordert, dass eben dieses die professionellen Subjekte in ihrer
alltäglichen Praxis anleiten solle. „Rekonstruktive sozialpädagogische Forschung
lässt sich mit Vorgehensweisen in Bezug setzen, wie sie auch im Alltag Sozialer
Arbeit übliche sind" (ebd.).

Sommerfeld (2011, S. 1468) betont, dass die Dichotomie zwischen quantitativen
und qualitativen Methoden in der Sozialen Arbeit keine Rolle spielt, da es keine
spezifische sozialpädagogische Forschungsmethode braucht. Vielmehr bilden wissenschaftlichen Methoden grundsätzlich Möglichkeiten sozialpädagogischer Forschung und ihre Anwendung ist abhängig von der Frage- und Zielstellung. Dies gilt

„auch wenn die qualitativen Methoden, so weit man das überblicken kann, in der
Mehrzahl der Forschungsprojekte Verwendung finden, was als Hinweis auf den noch
wenig ausgebauten Wissenskorpus interpretiert werden kann" (ebd.).

Es kann festgehalten werden, dass die qualitativen Forschungsmethoden im Ver-
gleich zu anderen Disziplinen insbesondere in der Sozialen Arbeit von vornherein
wichtige Funktionen eingenommen haben. Dies wird vor allem darauf zurückgeführt, dass die qualitativen Forschungsmethoden aufgrund ihres forschungsmethodologischen Vorgehens des Sinnverstehens und der Einzelfallorientierung eine
besondere Affinität zur Herangehensweise Sozialer Arbeit aufweisen (vgl. Miethe/
Bock 2010, S. 11).

Da die qualitative Forschung tendenziell als zentral für sozialpädagogische Forschung betrachtet wird, weil sie potenzielle Anwendungsmöglichkeiten für sozialpädagogische Praxis bietet, kann behauptet werden, dass ein potenzieller Transfer von wissenschaftlich generiertem Wissen in die Praxis in Betracht gezogen wird und damit einhergehend das Verhältnis von Theorie und Praxis innerhalb sozialpädagogischer Forschung – nicht aber in disziplinären sozialpädagogischen Auseinandersetzungen – lediglich in Ansätzen hinterfragt wird (vgl. Kapitel 2.2.2). Da sich sozialpädagogische Forschung grundsätzlich am Spektrum sozialwissenschaftlicher Forschungsmethoden orientiert, um ihre Forschungsfragen und -gegenstände empirisch zu bearbeiten, ist die Verstehen-Erklären-Kontroverse, die nach empirischen Vorgehensweisen fragt, auch für die sozialpädagogische Forschung von Bedeutung.Erklärungsmuster zum Zugang zu Realitäten werden innerhalb der deutschsprachigen Wissenschaftstheorie insbesondere an der Verstehen-Erklären-Kontroverse ausgetragen. Diese Kontroverse geht historisch auf den Versuch zurück, die Geisteswissenschaften von den Naturwissenschaften zu emanzipieren, damit die Geisteswissenschaften einen eigenständigen Erkenntnisweg aufweisen können (vgl. Vasilache 2008; S. 289). Die Kernfrage der Verstehen-Erklären-Kontroverse innerhalb der Sozialwissenschaft ist, welche methodischen Herangehensweisen geeignet sind, einen angemessen Zugang zu Sozialphänomenen zu ermöglichen (vgl. Greshoff u.a. 2008, S. 7).

Um Erklärungen von Gegenstandsbereichen, wie der sozialpädagogischen Praxis, durchführen zu können, werden Annahmen über Erklärungsmuster der Realitäten und deren Zugangsweisen benötigt. Die hier dargelegte diskursforscherische Perspektive soll einen Denkhorizont solcher Erklärungsmuster anbieten. Erklärungen erfolgen, so Kuhn (1976), immer im Rahmen eines Paradigmas. Diese Paradigmen wechseln in der Zeit. Nur innerhalb ein und desselben Paradigmas ist es möglich, Theorieansätze miteinander zu vergleichen. Dabei stellt das Paradigma eine selbst nicht weiter problematisierte Grundansicht der Wissenschaft dar. Jede Erklärung ist im Horizont dieses nicht weiter hinterfragten Paradigmas zu sehen. Von Poser (2012) wird die Bedeutung des Kuhnschen Paradigmas für die Wissenschaft wie folgt angesehen: „Ohne Paradigma wäre Wissenschaft gar nicht möglich, weil die Paradigmata Orientierungsideale darstellen, auf deren Folie ein Phänomenbereich geordnet wird" (ebd., S. 153). Für Poser (ebd.) sind im Grundsatz also durchaus verschiedene Theorien im Rahmen eines Paradigmas denkbar, allerdings nur insofern sie den Grundvorstellungen entsprechen, die mit dem Paradigma gegeben sind, und zwar sowohl hinsichtlich der Ausgrenzung des Gegenstandsbereichs als auch hinsichtlich der Methoden. Die verstehenden und erklärenden Wissenschaften bilden durch ihre spezifischen Vorgehensweisen zur Konklusionsbildung empirischer Befunde Ziele von Forschung bzw. Wissenschaft aus.[31] Wie Poser (ebd.) weiter festhält, bewegt sich die Frage nach den Zielen von Wissenschaft im Bereich normativer Aussagen, die von Aussagen über empirische Fakten zu trennen sind. Bei normativen Aussagen geht es grundsätzlich um Feststellungen. Allerdings gilt für alle methodologischen Regeln: „Festsetzungen müssen stets der Änderung aufgrund stichhaltiger Kritik offenstehen" (ebd., S. 140).

Die Schwierigkeit besteht darin, dass weder die Ziele noch die methodologischen Festsetzungen immer explizit vorliegen. Sie werden nur dann explizit gemacht, wenn sich innerhalb der Wissenschaft Schwierigkeiten zeigen. So fragte Einstein, als sich Probleme mit dem Zeitbegriff ergaben, nach den Verfahren zur Bestimmung des Gleichzeitigkeitsbegriffs und den damit verbundenen methodologischen Festsetzungen. Auf diese Weise ist er zu einer begründeten Veränderung des Zeitbegriffs gekommen und der damit einhergehenden Theoriekonzeption (vgl. ebd., 140f.). Auch ist eine Letztbegründung der obersten methodologischen Festsetzungen als Forschungsnorm nicht haltbar. Sie wäre nicht bezweifelbar, ihre Ziele wären absolute Ziele. Die forscherische Norm wäre damit dogmatisch und eben gerade nicht wissenschaftlich, weil sich unbezweifelbare Gründe nur um den Preis des Dogmatismus finden lassen. Was daraus folgt ist,

> „dass Wissenschaft in der Suche nach Wahrheit an die Entscheidung zur Wissenschaftlichkeit, d. h. an die Entscheidung zur Offenheit für Kritik, gebunden ist, weil nur so, durch diese Offenheit, ein Dogmatismus überwunden werden kann" (ebd., S. 142).

Somit bewegen sich nicht nur die ontologischen Annahmen, sondern auch die spezifisch methodischen Herangehensweisen zur Konklusionsbildung von Forschungsergebnissen innerhalb (impliziter) paradigmatischer Festsetzungen, die es zu explizieren gilt. Nur so sind Transparenz und eine Einladung zur Kritik sowie eine damit einhergehende Prozessentwicklung, Erweiterung und Transformationen der Betrachtungsweisen von Forschungsgegenständen möglich.

Die Schlussfolgerung, der hier angewandten Diskursanalyse soll im Rahmen der im deutschsprachigen Raum geschichtlich signifikanten Verstehen-Erklären-

---

31 Hier muss eigentlich noch das forscherische Ziel der Beschreibungen hinzugefügt werden. In positivistischen Forschungsverständnissen werden Beschreibungen als Objektivität dargelegt, die den Forschungsgegenstand so erfassen, wie er sich darstellt. Ziegler und Böllert (2011) haben herausgestellt, dass Beschreibungen notwendigerweise auf Selektionen aus einer Pluralität möglicher Entitäten beruhen. Dies bedeutet, dass die gewählten Selektionen für die Beschreibung begründet werden müssen. „Die Entscheidung darüber, was zur Informationsbasis gehört, was also als relevant gilt und was nicht, ist letztlich das Produkt einer Wahlhandlung" (ebd. S. 170).

Kontroverse dargelegt werden. Mit Micheel (2010, S. 28) kann allgemein fest-gehalten werden, dass unter einer idiographischen Wissenschaft vor allem eine verstehende und unter einer nomothetischen vor allem eine erklärende Wissen-schaft verstanden wird. Dabei ist das dichotome Begriffspaar, idiographisch vs. nomothetisch, in deutschsprachigen Methodenbüchern nicht so gebräuchlich wie im englischsprachigen Raum. Dabei stellt das anglizistische Begriffspaar gut her-aus, dass es sich bei beiden Ansätzen um Formen der Erklärung handelt, die für den Alltag und die Wissenschaft von zentraler Bedeutung sind. Wright (2000) be-schreibt den Unterschied von Verstehen und Erklären folgendermaßen:

> „Der normale Sprachgebrauch macht keinen scharfen Unterschied zwischen den Wörtern ‚erklären‘ und ‚verstehen‘. Man kann praktisch von jeder Erklärung, sei sie kausal, teleologisch oder von irgendeiner anderen Art, sagen, daß sie unser Ver-stehen fördert. Allerdings hat ‚Verstehen‘ auch einen psychologischen Beiklang, den ‚Erklären‘ nicht hat [...] Es ist jedoch nicht nur dieser psychologische Anstrich, wo-durch sich das Verstehen vom Erklären unterscheiden läßt. Verstehen hängt auch mit Intentionalität zusammen, und zwar in einer Weise, in der dies für Erklären nicht gilt. Man versteht die Ziele und Absichten eines Handelnden, die Bedeutungen eines Zeichens oder Symbols und den tieferen Sinn einer sozialen Institution oder eines religiösen Ritus" (ebd. 19f.)

Die Verstehen-Erklären-Kontroverse ist innerhalb der Forschung ein nicht enden-der Streit um Anerkennungsverhältnisse zwischen den Naturwissenschaften und den Geisteswissenschaften. Wie Warna (2014a, S. 517ff.) ausführt, haben sich am Übergang vom 19. zum 20. Jahrhundert andere epistemologische und methodo-logische Auseinandersetzungen zu den klassischen Naturwissenschaften heraus-gebildet. Die Frage war, an welchem Modell von Wissenschaftlichkeit sich diese anderen Wissenschaften orientieren können und sollen. Die klassischen Naturwis-senschaften erklärten Naturphänomene, indem sie diese auf allgemeine und ahis-torische Naturgesetze bezogen. Die damit hervorgebrachten kausalen Aussagen erlaubten nicht nur die Erklärung von Prozessen in der Natur, sondern auch die Prognose dieser Naturerscheinungen für zukünftige Situationen und deren tech-nische Anwendung und Entwicklung. Der Kern der naturwissenschaftlichen Me-thode bestand darin, dass sie das Individuelle und Besondere beobachteten, um es unter allgemeinen Begriffe zusammenzufassen. Die Naturwissenschaften ordnen jedes Phänomen allgemeinen Begriffen unter und verfahren damit subsumptiv. Dieses subsumptive Vorgehen wurde zeitweise als einzige wissenschaftliche Me-thode vorgetragen und daher auch auf menschliche Gegenstände wie die Psyche und die Gesellschaft angewandt. Validität ergibt sich in dieser Argumentation grundsätzlich aus nomologischen bzw. nomothetischen Aussagen über die Realität, welche einer experimentellen Überprüfung standgehalten haben. Die Psychologie hat sich gegen Ende des 19. Jahrhunderts auf Grundlage dieser Forderung der subsumptiven und experimentellen Methode etabliert.

9.2.1 Jenseits von generativen Mechanismen

Im Folgenden wird das Prinzip der naturwissenschaftlichen Vorgehensweise und die sozialwissenschaftlichen Transformationen und Erweiterungen innerhalb der quantitativen Forschung genauer dargestellt.

Das Erklärungsprinzip begründet sich in der Erfahrungswissenschaft der Naturwissenschaft. Das Ziel naturwissenschaftlicher Forschung ist es, bestimmte Erscheinungen als Wirkungen bestimmter Ursachen zu begreifen, also kausale Beziehungen zwischen Erscheinungen zu entdecken und zu erklären. „Erklärung bedeutet hier, Gründe (Ursachen) anzugeben, die für einen bestimmten sozialen Sachverhalt (Wirkung) verantwortlich sind" (Micheel 2010, S. 14). Eine wissenschaftliche Erklärung liegt dann vor, wenn ein Gesetz (Nomos) benennbar ist, in dem ein zu erklärendes Phänomen als Auswirkung eines anderen Faktors (Ursache) erscheint; also ein Ursache-Wirkungs-Verhältnis vorliegt. Es sollen allgemeingültige Aussagen in Form von Gesetzen dargestellt werden, mit denen es dann möglich ist, andere beobachtbare Phänomene zu erklären. Diese nomothetischen (nomos = Gesetz; thesis = aufbauen) Erklärungen sind – im Gegensatz zu den Naturwissenschaften – in der sozialwissenschaftlichen Forschung probabilistische Aussagen. Es geht also um Wahrscheinlichkeitserklärungen, die ein Phänomen teilweise und nicht vollständig erklären (vgl. ebd., S. 28). Daher ist das Ziel nomothetischer Erklärungen im Kontext von Sozialforschung, Muster von Regelmäßigkeiten sozialer Realität zu analysieren. Anders formuliert bedeutet dies, dass die soziale Realität über nomothetische Erklärungsmuster von Regelmäßigkeiten bestimmt wird. Um zu erfahren, wie das positivistische Forschungsparadigma die soziale Realität bestimmt, muss demnach die Frage gestellt werden, wie Konklusionen über nomothetischen Erklärungsmuster zustande kommen.

Das wohl – zumindest im deutschsprachigen Raum – am häufigstens angewandte deduktiv-nomologische[32] bzw. analytisch-nomologische[33] Erklärungsmuster ist das Modell von Hempel und Oppenheim (1948), das sogenannte Hempel-Oppenheim Schema (Kurz H-O-Schema). Dabei geht das H-O-Schema, wie grundsätzlich alle deduktiven Erklärungsansätze, von einer allgemeinen Gesetzmäßigkeit aus und leitet von ihr das Besondere und das Einzelne ab. Das H-O-Schema setzt sich aus einem zu erklärenden Phänomen (Explanandum) und dem Erklärenden (Explanans) zusammen. „Für einen ‚zu erklärenden Sachverhalt' (Explanandum) wird ein ‚erklärendes Argument' (Explanans) gesucht" (Kromrey 2002, S. 83). Die Erklärung ist in diesem analytisch-nomologischen Wissenschaftsverständnis die Angabe einer oder mehrerer Ursachen, da von der Kausalität als Wirkungsweise in der Realität ausgegangen wird (vgl. ebd.). Dieses Kausalitätsprinzip impliziert ein Strukturverständnis von Realität, das bei der Abfolge von Phänomene von historisch-sozial unabhängigen und damit naturalistischen Regeln (also immer gleich bleibenden Gesetzen) ausgeht (vgl. ebd., S. 25).[34] Das H-O-Schema lautet allgemein:

Explanans:	„(1) Es gilt (mindestens) ein nomologisches Gesetz (z.B.: ‚Wenn A und B, dann C')" „(2) Die in der Wenn-Komponente genannten Randbedingungen sind erfüllt (z.B.: ‚A und B liegen vor')"
Explanandum:	„(3) Singulärer Satz, der den zu erklärenden Sachverhalt beschreibt (z.B. ‚C liegt vor')"

(vgl. Hempel/Oppenheim 1948, S. 137ff. zit. nach Kromrey 2002, S. 85)

---

32   Die deduktiv-nomologische Bezeichnung für Erklärungsmuster lehnt sich an den Wortlaut deutschsprachiger Lehrbücher an. Während in angelsächsischen Lehrbüchern von nomothetischen Erklärungen geschrieben wird, ist in der deutschsprachigen Sozialwissenschaft die Rede von deduktiv-nomologischen Erklärungen. Allerdings entsprechen beide der gleichen Logik (vgl. Micheel 2010, S. 32), da der nomologische Charakter einer Erklärung – wie bei der nomothetischen Erklärung – „weder räumlich noch zeitlich relativiert sein [soll]" (Kromrey 2010, S. 27).

33   Von analytisch-nomologischer Erklärung schreibt Kromrey (2012), um den rein logischen Weg begründeter Aussagen hervorzuheben (vgl. ebd., S. 28).

34   Da dieses Strukturverständnis und dessen Gesetzmäßigkeiten für die gesamte reale Welt unterstellt werden, geht die Entdeckungslogik der deduktiv-nomologischen Erklärungsweise von einer Einheitswissenschaft aus. Das bedeutet, dass die einzelnen Wissenschaften (z.B. Physik, Chemie, Psychologie, Soziologie) sich lediglich in ihrem Gegenstand unterscheiden; die Produktion wissenschaftlichen Wissens ist dieselbe (vgl. Kromrey 2002, S. 26).

Das zu erklärende Phänomen (3) ist dabei als Forschungsfrage vorgegeben. Aufgrund dieser Vorgabe wird ein Gesetz bzw. werden die Gesetze[35] als Ursache-Wirkungs-Prinzip gesucht (1) und danach werden die in dem Gesetz bzw. den Gesetzen spezifizierten Randbedingungen (2) kontrolliert (vgl. Schnell et al. 2011, S. 60). Bei dieser Form der Erklärung muss deduktiv-logisch aus dem Explanans (1 und 2) das Explanandum (3) folgen (vgl. Kromrey 2002, S. 85). Das Ziel ist es, Theorien über mögliche Zusammenhänge zwischen Ursachen und Wirkungen zu überprüfen, also das Ursache-Wirkungs-Prinzip (1) zu erklären. Bei der Überprüfung von Theorien müssen Kausalaussagen (Wenn-Dann-Aussagen oder Je-Desto-Aussagen) aufgestellt werden (Hypothesen), die den Zusammenhang beinhalten und dann in der Forschung überprüft werden können. Mit Hypothesen werden kausale Relationen, d. h. das Ursache-Wirkungs-Prinzip überprüft (vgl. Micheel 2010, S. 14). Allerdings können Gesetze bzw. Hypothesen nicht endgültig verifiziert (also überprüft), sondern bestenfalls vorläufig bestätigt werden. Eine Verifikation würde für den Nachweis der Hypothese beinhalten, dass alle Variablen analysiert wurden. Dies ist schlichtweg nicht möglich. Daraus ergibt sich, dass sich die Akkumulation wissenschaftlichen Wissens nicht aus der Anhäufung „realen" Wissens ergibt (vgl, Bortz/Döring 2006; S. 18). Aus dieser Erkenntnis hat Popper (1971) die Grundidee seines kritischen Rationalismus entfaltet. Demnach ist die Weiterentwicklung wissenschaftlicher Erkenntnisse nur als systematische Eliminierung falscher Gesetze durch die empirische Falsifikation möglich. Bevor darauf weiter unten näher eingegangen wird, ist es zunächst notwendig das H-O-Schema genauer zu betrachten.

Die Rand- oder Anfangsbedingungen (2) bestehen aus Wenn-Komponenten und entspricht der Menge der Objekte, aus der ein Phänomen besteht. „Die Anfangsbedingung ist ein Element dieser Menge" (Opp 2005, S. 48). Sie sind die (teilweise vorliegenden) Ursache(n). Das Explanandum (3) besteht aus Dann-Komponenten und ist die vorliegende Wirkung, also das beobachtete Phänomen. Das nomologische Gesetz (1) stellt den Ursache-Wirkungs-Komplex dar. Es ist prinzipiell nicht feststellbar, ob ein Gesetz ist sind, da es aus einer unendlichen Anzahl von Gegenständen bestehen kann und es in der Forschung nicht möglich ist, unendlich viele Variablen zu untersuchen (vgl. Opp 2005, S. 51); daher auch der probabilistische Charakter sozialwissenschaftlicher Forschung. Für Alltagserklärungen reichen die Randbedingungen (2) häufig aus. Allerdings müssen einige Adäquatheitsbedingungen für die Erklärungen von Phänomenen erfüllt sein, damit diese auch wis-

---

35 Die Formen der Gesetze, die in solchen Erklärungsprinzipien vorkommen, wurden bisher nicht angemessen charakterisiert (vgl. Opp 2005, S. 50; Schnell et al. 2011, S. 50, Fußnote 1).

senschaftlich als Erklärung gelten, also zum Gesetz erhoben werden. Opp (2005, S. 49ff.) fasst die von Hempel und Oppenheim (1948, S. 137f.) ausgearbeiteten Kriterien zusammen:

> „Erstens muß das Explanandum aus dem Explanans korrekt gefolgert werden. […] Wenn der genannte logische Schluß falsch ist, dann gilt ja nicht mehr, daß das Explanandum auftritt, ‚weil' das Explanans wahr ist. […]. Zweitens muß das Explanans mindestens ein Gesetz enthalten, das für die Ableitung des Explanandums erforderlich ist, und es muß singuläre Sätze enthalten, die die Anfangsbedingungen beschreiben. […]. Fehlt ein Gesetz, dann entsteht ein *Unvollständigkeitsproblem*. Es bleibt nämlich offen, warum bestimmte und nicht andere singuläre Sachverhalte als Ursachen oder Bedingungen für ein erklärendes Phänomen in Betracht kommen. […]. Drittens muß das Explanans empirischen Gehalt haben, d. h. es muß über die Realität informieren" (Opp 2005, S. 49ff.).

Viertens müssen „die Sätze des Explanans […] wahr sein" (ebd., S. 51) oder sollten sich zu mindestens gut bewährt haben (vgl. ebd.). Die Folgerungsbedingung (die erste Adäquatheitsbedingung) bedeutet, dass die Folgerung dann korrekt ist, wenn sie sich auf die regelmäßige Anwendung eines akzeptierten Schlussverfahrens stützt. Meistens handelt es sich dabei um die deduktive Logik (vgl. Poser 2012, S. 51). Die Gesetzesbedingung (zweite Adäquatheitsbedingung) fordert nach einem allgemeinen Gesetz. Diese Adäquatheitsbedingung setzt voraus, dass echte Gesetze, insbesondere Naturgesetze, von gesetzesähnlichen Aussagen unterschieden werden können (vgl. ebd., S. 52). Die dritte Adäquatheitsbedingung, die Signifikanzbedingung besteht aus der Idee, dass alle Aussagen und Begriffe der Erfahrungswissenschaft auf Erfahrung beruhen um empirisch Signifikant zu sein. Dadurch sollen die sogenannten metaphysischen Aussagen ausgeschlossen werden (vgl. ebd.). Die Wahrheitsbedingung (die vierte Adäquatheitsbedingung) ist die Forderung nach Wahrheit, sowohl der Randbedingungen als auch der Gesetzesaussagen. Damit soll die zeitliche Relativierung einer Erklärung verhindert werden (vgl. ebd.). Allerdings ist eine Bestätigung von Wahrheit und Gesetzen durch das Verfahren der Induktion, das vom Besonderen auf das Allgemeine schließt, bereits früh stark angezweifelt worden. Die Voraussetzung des H-O-Schemas, es müsse im Explanans wahre Gesetzesaussagen geben, ist durch das Induktionsproblem nicht einlösbar (vgl. ebd., S. 127). Deshalb hat Popper (1971) das Verfahren der Falsifikation vorgeschlagen: Zwar ist es nicht möglich, ein Gesetz durch Einzelinstanzen zu bestätigen, doch es genügt ein einziges Gegenbeispiel, um es als falsch nachzuweisen.

Nicht nach Wahrheitsbeweisen ist in den Erfahrungswissenschaften zu suchen, denn diese sind dort grundsätzlich unmöglich. Vielmehr müssen sogenannte Na-

turgesetze ausschließlich als Hypothesen betrachtet werden, die nur so lange Bestand haben, als sie nicht falsifiziert sind (Poser 2012, S. 127). Das Strukturverständnis des H-O-Schemas ist in Methodenlehrbüchern der Sozialwissenschaft
die am häufigsten vertretene Forschungslogik und dem „kritischen Rationalismus"
(Popper 1971, Albert 1971) zuzuordnen. Der kritische Rationalismus gilt als hegemoniale Leitmethodologie für den Ansatz einer standard-quantitativ vorgehenden
empirischen Sozialforschung (vgl. Kromrey 2002, S. 33). Allerdings ist seit dem
H-O-Schema eine „neue theoretische Bewegung" (Mackert 2006) innerhalb der
sozialwissenschaftlichen Erklärungspraxis zu verzeichnen, die die logische Er-
klärungsabfolge des H-O-Schemas aus- bzw. umbaut (vgl. Schmid 2006, S. 15).
Hier etablierte sich insbesondere im englischsprachigen Raum der critical realism.
Diesen critical realism beschreibt Ziegler (2008) als eine

> „komplexe, relationale sozialontologische Perspektive, aus der sich die Frage nach
> den Strukturen und Triebkräften sozialer Wirklichkeit stellen lässt, ohne eine Welt
> von ‚vorgefertigten Objekten' im Sinne einer essentialistischen Metaphysik zu unter-
> stellen" (ebd., S. 48).

Dabei wird ein Stufenmodell der Erkenntnisgewinnung vorgeschlagen, das Realität nicht als ontologische Dimension verwirft oder sie nur auf das Beobachtbare
reduziert. Hier sind drei nicht „aufeinander reduzierbare Domänen" (ebd.) von
Realität analytisch zu unterscheiden:

> „– Die Domäne des Empirischen, die jenen Bereich des Erfahrbaren, Beobachtbaren
> und Messbaren bezeichnet, auf den sich der Empirismus konzentriert.
>
> – Die Domäne des Tatsächlichen: Sie umfasst soziale Konstellationen, die relevante,
> aber teils latent bleibende Ereignisse konstituiert, welche einer direkten Wahrneh-
> mung nicht zugänglich sein müssen.
>
> – Die Domäne des Realen, die sich als ‚deep dimension' der Wirklichkeit verstehen
> lässt. Zu dieser Domäne gehören die den unmittelbaren Erfahrungen und Beobach-
> tungen entzogenen Strukturierungen und generativen Mechanismen, die die empiri-
> schen und tatsächlichen Ereignisse hervorbringen (können)" (ebd.).

Während es in diesem Stufenmodell des critical realism vor allem um die Analyse
von zugrunde liegenden Mechanismen geht, die die Vorgänge in der realen Welt
generieren (vgl. Mackart 2006, S. 132), liegt die Aufmerksamkeit einer postfundamentalistisch informierten Analysestrategie auf den „kontingenten Gründen"
(Machart 2010, S. 63) und entspringt einem einem anderen Strukturverständnis.
Realitäten sind nach postfundamentalistischer Ansicht als kontingent zu betrach-

ten. „Kontingenz meint [...] eine Positivität der Dinge – das heißt deren historisch-spezifische Formierung bzw. Verdinglichung" (Kessl 2008, S. 61). Dabei ist Kontingenz nicht mit Arbitrarität, also mit Zufall zu verwechseln. Als zufällig kann gelten, wenn ein soziales Phänomen aus willkürlichen Gründen so ist, wie es sich darstellt. Soziale Verhältnisse aber entwickeln sich nicht zufällig und sind nicht beliebig strukturierbar. „Ein sozialer Tatbestand ist somit nicht kontingent, weil er arbiträre Gründe hätte, sondern weil er keine notwendigen Gründe hat" (Machart 2013, S. 32). Natürlich hat ein soziales Phänomen durchaus seine Gründe, diese werdene aber retroaktiv von den Subjekten konstituiert (vgl. Kapitel 8.1.2). Dabei ist nicht die Existenz von Gründen problematisch, sondern die Bedingungen ihrer Möglichkeiten. Somit verschiebt sich die Analyse weg vom Gegenstand, hin zu seinen Möglichkeitsbedingungen(vgl. Machart 2010, S 63). Der Postfundamentalismus grenzt sich von fundamentalistischen Theorien über die Konstituierung von Gesellschaft, die nach zeitlosen Prinzipien oder Regeln die außerhalb von Realität liegen, ab (vgl. ebd., S. 59). Demgegenüber bezeichnet der Postfundamentalismus „einen Prozess unabschließbarer Infragestellung metaphysischer Figuren der Fundierung und Letztbegründung" (ebd., S. 16). Dabei werden Begründungen nicht generell bestritten. Nicht die Abwesenheit aller Gründe wird also angenommen, sondern die Abwesenheit eines ultimativen Grundes, denn erst unter dieser Voraussetzung werden Gründe im Plural möglich" (ebd., S. 62).

Das objektivistische H-O-Erklärungsmodell macht soziale Tatbestände zu einem Ding; zu einem Ding im Sinne eines stabilen und ahistorischen, von rationalen Gesetzmäßigkeiten beherrschten Gegenstands, d.h. letztlich von Notwendigkeit. Ganz so wie Durkheim, der die methodologische Fundierung von sozialen Phänomenen wie Gegenstände naturwissenschaftlicher Forschung einforderte (vgl. Marchart 2013, S. 44f.). Dieser anhaltende „Methodenfetischismus" (ebd., S. 334), der sich in eine „neue theoretische Bewegung" (Mackert 2006) innerhalb der sozialwissenschaftlichen Erklärungspraxis (z.B. im critical realism) zeigt und sich nach wie vor an den Naturwissenschaften orientiert, kann als „Versuch verstanden werden, die Erfahrung sozialer Ungründbarkeit zu bändigen" (Marchart 2013, S. 335). Und damit das Soziale hintenherum zu substantialisieren.

9.2.2 Jenseits von Hermeneutik und Strukturalismus

Andere Disziplinen, wie etwa die Geschichte, hatten sich – entgegen der naturwissenschaftlichen Forderung – mit einer anderen Methodologie etabliert. Die Einheit der nicht naturwissenschaftlich orientierten Wissenschaften wird in der Folge – wie Wrana (2014a, S. 517ff.) ausführt – über ihren Bezug zum Gegenstand und ihre

Methodologie zu bestimmen versucht. Dilthey nennt sie „Geisteswissenschaften" und begründet sie als Wissenschaften, welche die Äußerungen nicht über allgemeine Gesetze erklären, sondern „verstehen". „Verstehen ist dabei der Rückgang von einer Äußerung auf ein Inneres, das sich in der Äußerung ausdrückt (ebd., S. 519). Dabei kommt der Hermeneutik die Aufgabe zu, dem subjektiven Sinn, der mit der Äußerung verbunden ist, verstehend nachzuvollziehen. Dilthey fasst, so Wrana (ebd.), das Verstehen als alltäglichen interaktiven Umgang zwischen Subjekten; und darauf aufbauend, das höhere Verstehen als hermeneutisches Denken der Wissenschaft.

Während die Weiterentwicklungen der Hermeneutik in der Philosophie Abstand davon nimmt, dass Verstehen sich am subjektiven Sinn orientieren sollte, geht die sozialwissenschaftliche Hermeneutik einen umgekehrten Weg. Sie besteht nach wie vor auf dem Subjekt als Ausgangspunkt der Interpretation. Sinn wird hier im Bewusstsein hergestellt. Allerdings ist er als subjektiver Sinn nicht direkt zu erkennen, sondern

> „er sedimentiere sich vielmehr in Typisierungen in den Deutungsressourcen der AkteurInnen und diese Typisierungen, die bereits beginnender objektiver Sinn seien, lassen sich mit den Mitteln der sozialwissenschaftlichen Hermeneutik rekonstruieren (ebd., S. 523)."

Für die empirische Rekonstruktion typisierten Sinns wurden verschiedene qualitative Verfahrensweisen entwickelt, um sie methodisch kontrollierbar zu machen. Es gibt allerdings auch Entwicklungstendenzen in der sozialwissenschaftlichen Hermeneutik, innerhalb derer das Subjekt als Ort der Herstellung von Sinn zurück tritt. Im symbolischen Interaktionismus oder in der Ethnomethodologie beispielsweise geht es darum, die Herstellungsweisen von Sinn in sozialen Praktiken zu analysieren und Subjekte als Teilnehmer von Situationen und Praktiken zu verstehen (vgl. ebd.). Hier vollzieht sich in der sozialwissenschaftlichen Hermeneutik eine Relativierung des Subjekts und eine Stärkung der Praktiken, wie sie in ähnlicher Weise in aktuellen Tendenzen der Weiterentwicklungen des Strukturalismus vorzufinden sind; denn auch hier wechselt der Fokus von der Struktur zu den Praktiken.

Nach Wrana (ebd.) ist ein zweites Alternativangebot zur Methodologie der Naturwissenschaften der Strukturalismus, der etwa zeitgleich mit den geisteswissenschaftlichen Tendenzen der Hermeneutik entstanden war. In der Regel wird er mit der strukturalen Linguistik und Semiotik assoziiert und auf Ferdinand de Sassure (1967) und seine Transformation auf die Sozialwissenschaften bei Claude Lévi-Strauss (1976) zurückgeführt.

Wrana (2014a, S. 517ff.) liest den Strukturalismus demgegenüber vielmehr als eine „epistemologische Operationsweise" (ebd. S. 519), die in unterschiedlichen Disziplinen parallel zum Vorschein gekommen ist. Wie die Hermeneutik nimmt auch der Strukturalismus Abstand von der naturwissenschaftlichen Annahme, dass die Realität nach kausalen Gesetzen und allgemeinen Begriffen funktioniert. Allerdings sucht er auch nicht nach subjektiver Sinnhaftigkeit. Vielmehr geht es den Strukturalismus um die Suche nach „stabilen bzw. sich transformierenden Relationen sowie nach wiederkehrenden generativen Mustern" (ebd.). In diesem Verständnis gewinnen die Elemente einer Struktur, wie Deleuze (1992, S. 15) ausführt, ihren Sinn aus der Position, die sie innerhalb der Struktur einnehmen und weder aus einer äußerlichen Relation (wie in den naturwissenschaftlichen Erkenntnisweisen), noch aus einer inneren (wie bei der Hermeneutik) Bedeutung.

Ferdinand de Saussure (1967) verstand die Sprache als ein geschlossenes System von Differenzen, das jenseits der Subjekte funktioniert. Nach ihm ist für die Bedeutung der Wörter nicht die Intentionalität der Subjekte oder die Beziehung zu den Gegenständen bzw. zu den Konzepten (das Signifikat-Signifikant-Verhältnis) wichtig, sondern die Differenz zu allen anderen Elementen des Systems (*langue*). Der *langue* steht die *parole* als Akt der Äußerung entgegen. Ohne die ständige Reaktualisierung in der *parole* kann die Sprache nicht existieren. Dabei erhält der Akt der *parole* den Sinn aus der *langue*, also aus den Elementen des Sprachssystems und nicht aus der Intention des Subjekts.

In seinen Grundlegungen und methodologischen Reflexionen grenzt sich Foucault (1981) mit seiner *Archäologie des Wissens* sowohl von der subjektzentrierten Hermeneutik, als auch vom Strukturalismus nach Saussure (1967) ab. Die Analyse von Diskursen soll nicht im Inneren des Subjekts ansetzen, aber auch nicht nach generativen Mechanismen oder einem Zentrum in der Strukturierung suchen. Vielmehr soll sie sich ins „Außen" begeben, zu den Anhäufungen des Sag- und Sichtbaren, die eigene Ordnungen ausbilden, die von den diskursiven Praktiken geprägt werden. In der Immanenz dieser Ordnungen stellt sich die Gültigkeit dessen heraus, was gesagt wird, ebenso wie die Gegenstände, von denen gesprochen wird (vgl. Wrana 2014a, S. 521). Die Hermeneutik ist nach Foucault (1981) im Gegensatz zur Diskursanalyse „allegorisch im Verhältnis zu dem Diskurs, den sie benutzt. Ihre Frage ist unweigerlich: was wurde in dem, was gesagt worden ist, wirklich gesagt?" (ebd., S. 43). Somit deckt die hermeneutische Interpretation den Sinn von Äußerungen auf, indem sie weitere Sinnbedeutungen hinzufügt. Die diskursanalytische Interpretation soll stattdessen, so Wrana (2014a, S. 521), danach fragen, wie die Äußerungen gebildet werden und welche Existenzbedingungen sie möglich machen. Sie soll nicht den Sinn auf eine andere Ebene heben. In Foucaults (1981) Worten:

„Die Analyse des diskursiven Feldes ist völlig anders orientiert; es handelt sich darum, die Aussage in der Enge und Besonderheit ihres Ereignisses zu erfassen; die Bedingungen ihrer Existenz zu bestimmen, auf das Genauste ihre Grenzen zu fixieren, ihre Korrelationen mit den anderen Aussagen aufzustellen, die mit ihm verbunden sein können, zu zeigen, welche andere Formen der Äußerung sie ausschließt" (Foucault 1981, S. 43).

Vom Strukturalismus grenzt sich Foucault durch sein performatives Verständnis der Diskurse ab. Es geht darum, Diskurse als historisch kontingente Möglichkeitsbedingungen des Sagbaren zu analysieren und nicht als Sprache vergleichbarer Strukturen. Die Diskurse repräsentieren dabei nicht die Realität, sondern sie stellen diese her. Die Diskurse sollen als Praktiken behandelt werden, „die systematisch die Gegenstände bilden, von denen sie sprechen" (Foucault 1981, S. 74) und nicht als Gesamtheiten von Zeichen.

Während der klassische Strukturalismus die Strukturen als homogen und mit einer generativen Tiefenstruktur begreift, bezeichnet Derrida (1972, S. 422ff.) als Vertreter der poststrukturalistischen Kritik, sie als uneinheitlich. Für ihn verfügt die Struktur über kein herstellendes Zentrum und ist nicht der generative Mechanismus von strukturellen Einheiten. In der Analyse von Strukturierungen zeigt sich vielmehr deren Heterogenität, Brüchigkeit und Dynamik.

„Strukturierung zeige sich nicht – wie noch bei Lévis-Strauss – über oppositionelle Differenzsysteme, sondern über die différance als Dynamik der Verschiebung, die immer neue Differenzen hervorbringt" (Wrana 2014a, S. 522).

Auch wenn sich bei Derrida die Strukturierung als Dynamik der Verschiebung zeigt, die immer neue Differenzen hervorbringt, sind doch temporäre Fixierungen durch die Identitätsbehauptung des Herrensignifikanten (vgl. dazu auch Kapitel 8.1.1) gegeben.[36] Diese Grenzen lassen sich – wie Butler (2006, S. 105) formuliert – durch den Selbstwiderspruch, in den sich jede Identitätsbehauptung verstrickt, fassbar machen, nicht aber durch die Behauptung der Unmöglichkeit oder des Aufschubs von Identität. Zizek (2008d) sagt dazu:

„Derrida variiert unablässig das Motiv, demzufolge die Selbstidentität unmöglich sei, wie sie immer konstitutiv, aufgeschoben, gespalten sei […]. Ihm entgeht jedoch die […] Inversion der Identität qua unmöglich zur Identität selbst als ein Name für eine gewisse Unmöglichkeit" (ebd., S. 48f.).

---

36 Hier widerspricht Zizek (2008d) Derrida's différance Konzept.

Zwar hält die poststrukturalistische Perspektive nach Derrida die Beobachtung von Mechanismen der Sinnproduktion aufrecht, wendet diese aber: Statt die Rekonstruktion der Diskurse anzuvisieren, zielt sie auf deren Dekonstruktion, indem den Brüchen und Heterogenitäten des Diskurses nachgegangen wird.

9.2.3 Plädoyer für topologische Verfahren

Die hier angewandte Diskursforschung betrachtet die binäre Unterscheidung von quantitativ und qualitativ aus wissenschaftstheoretischer Sicht als nicht tragbar und nicht als ein Mittel zur Etablierung und Absicherung von Erkenntnismodellen. Diese Unterscheidung wird vielmehr zurückgewiesen und mit der strukturalen Analysepraxis (vgl. Deleuze 1992, S. 16) eine topologische eingeführt. Wie Wrana (2014b, S. 641) ausführt, ist die topologische Analysepraxis nicht qualitativ, da sie keinen inneren Sinn deutet, noch ist sie quantitativ, da sie das Vorkommen von innerem Sinn nicht zählt. Vielmehr beschreibt sie Relationen und Muster. Das topologische Verfahren, „betrachtet seine Gegenstände als räumliche Arrangements, als Konstellationen und Figurationen" (Wrana 2014a, S. 520). Forschungspraktiken am Material vollziehen eine Art Formalisierung. So formalisiert die Figurenanalyse, indem sie diese als Heuristik anwendet und dann aus Textstücken ein Argument extrahiert, wo zuvor nur ein Textstück zu finden war. Sie formalisiert allerdings auch die Codierung, indem sie Segmente zu Kategorien zusammenfügt und die Sequenzierung formalisiert setzt sie Beziehungen von Textteilen zueinander. Demnach ist sie, ebenso wie naturwissenschaftliche Erkenntniswege, subsumtiv. Dabei ergibt sich ihre Validität aber nicht aus nomothetischen Aussagen, die einer experimentellen Überprüfung standgehalten haben, sondern aus der Darstellung von Relationen und Mustern.

Die Topologie ist ein Teilbereich der Mathematik, der sich mit denjenigen Eigenschaften von räumlichen Figuren beschäftigt, die sich durch Deformation nicht verändern. Diese Eigenschaften sind die Kontinuität, die Kontiguität und die Abgrenzung. In der Topologie ist der Raum ein topologischer Raum, der nicht auf dimensionale Räume beschränkt ist. Er verzichtet vielmehr auf jede Bezugnahme von Größe, Fläche und Entfernung und gründet sich nur auf die Begriffe von Nähe und Umgebung. Nach Evans (2002, S. 309) erwacht das Interesse an der Topologie bei Lacan, weil er in ihr eine Möglichkeit erkennt, auf eine anschauliche Weise den Begriff der Struktur zu beschreiben, die für seine Aufmerksamkeit der symbolischen Ordnung zentral ist.

„Die Aufgabe der topologischen Modelle liegt demnach darin, die imaginäre Vereinnahmung zu verbieten. Anders als in den intuitiven Bildern, bei denen die Wahrnehmung die Struktur auslöscht gibt es in Lacans Topologie keinen Okkultismus des Symbolischen" (ebd.)

Dabei ist die Topologie nicht einfach eine methaphorische Art und Weise, der Struktur einen neuen Namen zu geben; sie ist selbst Struktur. Die zentrale topologische Figur bei Lacan ist die des Borromäischen Knotens (vgl. Kapitel 3.3), in welchem die drei Register des Realen, Imaginären und Symbolischen so miteinander verbunden sind, dass wenn eines herausgelöst wird, auch die beiden anderen frei sind. Für Lacan hat die Topologie, wie Evans (2002, S. 289) weiter ausführt, die Sprache als bedeutendstes Strukturparadigma abgelöst. Der Begriff „Struktur" wird oft angewendet, um eine Dichotomie zwischen Oberfläche und Tiefe, zwischen direkt sichtbaren Phänomenen und Tiefendimensionen anzudeuten, die nicht Gegenstand direkter Erfahrung sein können (wie z.B. beim critical realism mit seiner „deep dimension"). Lacan negiert mit seinem topologischen Strukturbegriff diesen Gegensatz. Einerseits verwirft er den Begriff der direkten Beobachtung mit dem Hinweis, dass Beobachtung immer schon theoretisch ist. Andererseits lehnt er auch den Gedanken ab, dass Strukturen irgendwie tief sind oder der Erfahrung nicht zugänglich. Lacan geht vielmehr davon aus, dass die Struktur im Feld der Erfahrung selbst präsent ist. Er veranschaulicht dies im Modell des Möbiusbands[37]: So wie die beiden Seiten des Bandes zusammenhängen, so hängt auch die Struktur mit dem Gegenstand zusammen. Das bedeutet, welche Elemente auch immer in die von einer gegebenen Struktur bestimmten Position gesetzt werden, die Relationen zwischen den Positionen selbst bleiben dieselben. Die Elemente interagieren also nicht aufgrund irgendwelcher eigenen und inhärenten Eigen-

---

37   Das Möbiusband ist eine dreidimensionale Figur, die aus einem langen rechteckigen Papierstreifen hergestellt wird, dessen Enden einmal verdreht und dann zusammengesetzt werden (vgl. Evans 2002, S. 192f.). „Daraus ergibt sich eine Figur, die unsere gewohnte (euklidische) Vorstellung von Raum untergräbt, da sie zwar zwei Seiten zu haben scheint, tatsächlich aber nur eine Seite hat (und auch nur eine Kante)" (ebd.). An jedem Punkt des Bandes können zwei Seiten unterschieden werden. Fährt man aber über das ganze Band, zeigt sich, dass beide Seiten zusammenhängen. Die Punkte unterscheiden sich dann nur durch die Dimension der Zeit, die Dauer, welche nötig ist, um das Möbiusband zu überqueren. In Lacans Theorie illustriert die Figur die Problematisierung binärer Gegensätze, z.B. Signifikant und Signifikat. Während in solchen Gegenüberstellungen zwei Begriffe oft als völlig gegensätzlich präsentiert werden, sind sie in der Topologie des Möbiusbands als zusammenhängende Begriffe zu betrachten.

schaften, die sie besitzen, sondern alleine aufgrund der Position, welche sie in der Struktur einnehmen.

Auch jede Quantifizierung setzt einen qualitativen Typus der Formalisierung voraus,

> „denn nur durch den qualitativen Schritt der Identifikation einer Eigenschaft im Text oder der Interpretation eines Items durch diejenigen, die einen Fragebogen ausfüllen, werden Daten produziert, mit denen gerechnet werden kann" (Wrana 2014b, S. 641).

Aus dieser Perspektive stellt die Quantifizierung eine weitergehende Form der Umwandlung von Materialdaten neben anderen dar; und zwar eine, die auf nicht-quantifizierenden Formalisierungen aufbaut. Hier tritt wieder auf, was bereits im Kontext der Plausibilisierungsstrategien (vgl. Kapitel 1.2) dargestellt wurde. Nach Poser (2012, 108f.) werden direkte Beobachtungen immer im Lichte einer Mess-theorie, die Messvorschriften formuliert, eingebaut. So wird das Netz der ange-wandten Figurenanalyse zur Strukturierung des Gegenstandsbereichs der Realität über die Begriffsstrukturen im Lichte der Erzähltheorie hineingetragen. Das be-deutet nicht, dass die sozialpädagogische Realität eigentlich narrativ ist, sondern dass diese Narratologie eine Form des erkennenden Zugriffs und Umgangs mit ihr ist. Demnach ist die Figurenanalyse aus der Erzählforschung eine Strukturleistung des Denkens. Dabei sind die Instrumente der Figurenanalyse nicht im klassischen Sinn qualitativ; sie gehen nicht vom subjektiven Sinn aus, sondern dezentrieren das Subjekt in der Datenauswertung. Angermüller (2007, S. 97ff.) hat daher die vor allem im französischen Sprachraum entwickelten Verfahren als formal-qualitative Methodologie bezeichnet.

Der Kampf um qualitativ und quantitativ, um Induktion und Deduktion oder um Hermeneutik und Positivismus verdeckt nach Wrana (214b, S. 642) die Ver-schiedenartigkeit der Umwandlungen und Formalisierungen, die die Forschungs-praxis am Material vollzieht.

> „Die Unterscheidung quantitativ-qualitativ sortiert daher eher ein Feld verschieden starker Formalisierung von Daten und unterschiedlicher Grade, die Anschaulichkeit von oder den Bruch mit ‚spontanem' Wissen herzustellen" (ebd.)

Abschließend stellt sich die Frage nach dem Verfahren zur Fertigstellung einer empirischen Analyse. Wann ist eine Analyse zu Ende? Das Forschungsdesign, welches in dieser Arbeit als zirkulär dargestellt wurde (vgl. Kapitel 1.1), bestimmt dabei das Analyseende. In hypothesengeleiteten Vorgehensweisen stellt sich diese Frage nicht, da der Ablauf definiert ist und mit einem Ergebnis, das die Hypothesen falsifiziert oder verifiziert, endet. Die Figurenanalyse demgegenüber ist explorativ. Dies bedeutet, dass sich in der Forschungspraxis am Material immer wieder neue Beobachtungen zum Forschungsgegenstand, also der sozialpädagogischen Praxis, machen lassen. Daher auch die Formulierung von Forschungsdesideraten. Wie Wrana (ebd.) betont, ergibt sich das Ende einer solchen Analyse selten eindeutig, sondern besteht in einer Entscheidung, die zu treffen und zu begründen ist. Entgegen der theoretischen Sättigung, die suggeriert, dass der Gegenstand der sozialpädagogischen Praxis im Ganzen erschlossen ist, ist die Figurenanalyse dann zu Ende, „wenn das konstruierte Modell des Materials die darin untersuchten Phänomene […] zu erklären in der Lage ist bzw. […] in der Lage ist, die Wirklichkeit intelligibel zu machen" (ebd.).

Kessl (2008, S. 63) wendet innerhalb der sozialpädagogischen Forschung ein ähnliches topologisches Verfahren an, wenn er die Aufgabe einer radikal relationalen Sozialforschung darin sieht, nicht darin sieht,

> „zwei Pole (z.B. Handlung und Struktur bzw. Subjekt und Gesellschaft) in Beziehung zu bringen und diese Pole aber unter der Hand als quasi-substantiell anzunehmen, sondern den analytischen Fokus auf die Relationen selbst, die wiederum die Pole erst (re)produzieren" (ebd.),

zu richten. Das bedeutet in der Konsequenz die Verabschiedung jeglicher Substanz. Das Radikal-relationale geht nicht von bereits existierenden Elementen – wie Subjekten oder Gruppen – aus, die verknüpft werden, sondern es ist die Relation selbst, die soziale Elemente – als Subjekte oder Gruppen – erst hervorbringt. „Differenz geht Identität voraus; Relation geht Substanz voraus" (Machart 2013, S. 346). Es gilt also zu fragen, wie eine adäquate forscherische Auseinandersetzung mit den differenten und widersprüchlichen Verbindungen, in denen sich sozialpädagogische Praxis materialisiert, aussehen könnte. Wie kann sozialpädagogische Forschung sozialpädagogische Praxis erfassen, ohne eine fixierte präskriptive (Sozial)Theorie vorauszusetzen?

In einem „achtsamen Wissenschaftsprogramm" (Kessl 2005, S. 115) werden Begriffspole als Bestandteile von thematischen Kräftefeldern verstanden, die weder zeitlich hierarchisiert noch synthetisierbar sind: Subjekt und Objekt sind Bestandteile des Begriffsfeldes „Realität". Allerdings kann dessen Ausgestaltung je nach Positionierung zu radikal unterschiedlichen Arrangements führen. Performative begriffskritische Vergewisserungen sollten nicht als Verbote einer Verwendung analytischer Begriffspole missverstanden werden (Vgl. ebd.). Denn gerade diese Setzung dichotomer Strukturierungen ist Teil spezifischer Wahrheitsregime. Die Problematisierung derartiger Dualismen sollten in soziale Kämpfe eingespeist werden, also zu zentralen Fragen in der sozialen Auseinandersetzung werden. Diskursanalytische Studien stellen sich dementsprechend der Aufgabe, (genealogisch) fundierte Antwortversuche auf Fragen zu erarbeiten und anzubieten, wie es zu gegenwärtigen Naturalisierungen und den damit verbundenen Effekten in der Realität derartiger Differenzierungen kommt – beispielsweise zwischen „ausbildungsreifen" und „ausbildungsunreifen" Jugendlichen, die anschließend als „nicht reif" oder „förderungsbedürftig" identifiziert werden. Damit kann diese relationale Perspektive in einem „achtsamen Wissenschaftsprogramm" (Kessl 2005, S. 115), das sich an der im deutschsprachigen Raum bekannteren poststrukturalistischen Debatte anlehnt, auch mit Vattimo und Ravotti[38] als „schwaches Denken" (vgl. Scheu 2008, S. 244ff., Mazzini 2011, S. 119f.) bezeichnet werden. Da Ravotti eine Schwächung des Subjekts anstrebt, indem er es ohne Grund konzipiert, wendet sich Vattimo der Schwächung von Realität zu. Dabei lassen sich die Phänomene des Subjekts und der Realität nicht mehr als Substanz konzipieren, „sondern allein als ein Sichkonstituieren in actu […], nicht mehr als ein zu befreiendes An-sich, sondern als ein vielfältiger und sich widersprüchlicher ‚Ort'" (Scheu 2008, S. 12).

> „Der Glaube an die Möglichkeit einer rein begrifflichen Sprache, die dem zu Sagenden gänzlich zu entsprechen und das Unsagbare aufzuheben vermöchte, ist nach Rovatti ein Phantasma der traditionellen Philosophie. Dieses Phantasma gilt es zu durchqueren" (Scheu 2010, S. 98).

Der politische Akzent einer postfundamentalistischen Diskursforschung liegt eben nicht auf der Befestigung, sondern auf der Zersetzung politischer Identitäten.

---

38 Bisher gibt zur die Thematik des schwachen Denkens nur wenige Hinweise in deutscher Sprache. Diese aus der italienischen Philosophie stammende Denkbewegung befindet sich noch am Anfang einer Etablierung in Deutschland.

Analytische Desiderate 10

Um die empirische Analyse sozialpädagogischer Praxis im Feld der Übergangsgestaltung weiter zu sättigen und Kontextwissen – insbesondere zu differenziellen Figuren – weiter zu bestimmen, ist es notwendig vor allem die Praxis und Konzeption der Potenzialanalyse in die Untersuchung einzubeziehen. Hierbei muss gefragt werden, nach welchen wissenschaftlich anerkannten Testverfahren und Fragebogen die Erhebungen stattfinden und wie dieses in actu geschieht. Was erfassen die Testverfahren und Fragebögen genau? An welchen Standards orientieren sie sich? Dies wären Beispielfragen für weitere empirische Erhebungen, die die sozialpädagogische Praxis tiefer analysieren. In diesem Zusammenhang ist es auch von großer Bedeutung, die Moderation des „qualifizierten Personals" sowie die „individuellen Auswertungsgespräche" diskursanalytisch weiterführend einzubeziehen. Wie ist das „qualifizierte Personal" ausgebildet? Über welche Expertise verfügt es? Wie werden diese „Auswertungsgespräche" geführt? All dies sind Anschlussfragen, die notwendig sind, um eine angemessene Verhältnisbestimmung von (sozial)pädagogischer Praxis und (sozial)politischer Konzeption im Bereich der Übergangsgestaltung zu erhalten.

Weitere Fragen zur Potenzialanalyse sind: Welche außerschulischen Träger führen die Potenzialanalyse durch? Nach welchen Konzeptionen arbeiten diese Träger? Welches Personal beschäftigen diese Träger und wie werden sie von den Schulen für die Potenzialanalyse beauftragt? Diese Fragestellungen sind notwendig, um die Bedingungen der Praxis zu eruieren und darauf aufbauend die Praxis

selber dahingehend zu befragen, welche Bedingungen sie in Relation zur politischen Konzeption für Jugendliche und junge Menschen im Übergangsprozess von
der Schule in den Beruf performativ herstellt.

Ein weiteres Desiderat wurde bereits in der Ergebnisdarstellung angedeutet. Es
wurde in der Analyse als Basis das Paradigma der Aktivierung unterstellt. Damit
wurde faktisch eine Gegenwartsdiagnose hinzugezogen, um die Auswertungsar-
gumentation zu stützen und um einen Interpretationsrahmen zur Verfügung zu
haben. Empirisch gesättigt ist die Aktivierung im Kontext der politischen Programmierung und der sozialpädagogischen Praxis im Feld der Übergangsgestaltung Schule – Beruf nicht. Dafür wären weitere analytische Dimensionierungen
notwendig, welche in dieser Forschungsarbeit nicht realisiert werden konnten. So
wäre es z.B. angebracht zu analysieren, was in der erziehungswissenschaftlichen
Diskussion unter Aktivierung zu verstehanden wird und was sich in politischen
Prozessen zeigt. In einer komparativen Analyse müsste gezeigt werden, welche
Transformationen im diachronischen Prozess insbesondere vor und nach der Einführung des „Gesetzes zur Verbesserung der Eingliederungschancen am Arbeitsmarkt" seit dem 01. April 2012 erfolgt sind. Es haben sich rechtliche Grundlagen
für die Jugendberufshilfe verschoben und teilweise auch grundlegend geändert.
Diese Veränderung und deren Konsequenzen gilt es empirisch nachzuzeichnen.

Unabhängig von arbeitsmarktbezogener Jugendsozialarbeit gilt es in weiteren
Handlungsfeldern Sozialer Arbeit zu untersuchen, wie sich diese zu politischen
Steuerungsaktivitäten positioniert, um so die spezifische affirmative Kraft sozialpädagogischer Praxis bei der Konstituierung von Möglichkeitsbedingungen für
ihre Adressat_innen zu extrahieren. Es ist davon auszugehen, dass sich in unterschiedlichen Handlungsfeldern auch differenzierte Formen sozialpädagogischer
Praxis auffächern lassen. In den weiteren sozialpädagogischen Handlungsfeldern
gilt es insbesondere zu untersuchen, inwieweit professionelle Subjekte ihre Er-
folgsbestimmungen von ihren jeweiligen Verständnisweisen von Adressat_innen
abhängig machen. Und daran anschließend, in welchem Umfang professionelle
Subjekte die Anerkennung ihrer sozialpädagogischen Praxis an ihre Adressat_in-
nen binden; so wie es in der Jugendwerkstatt festgestellt wurde (vgl. Kapitel 7.2).
Dies hätte nämlich weitreichende Effekte auf die sozialpädagogische Praxis. So
wäre dann davon auszugehen, dass es vorwiegend um eine Formierung von Ad-
ressat_innen geht, aber nicht um die verändernde Beeinflussung von strukturellen
Gegebenheiten in der sozialpädagogischen Praxis. Wenn professionelle Subjekte
ihre eigene Erfolgsbestimmung von der Anerkennung ihrer Arbeit durch die Ad-
ressat_innen bestimmen, dann interessieren die Rahmenbedingungen für die Ausübung und den Erfolg sozialpädagogischer Praxis nur noch sekundär. Allerdings
kann bei den hier vorliegenden Forschungsergebnissen nur indirekt von einer dis-

kursiven Praxis der Anerkennung gesprochen werden, da sich diese Figuration in der Hauptschule und in der Förderschule von Seiten sozialpädagogischer Fachkräfte nicht wiedergefunden hat. Da aber die Jugendwerkstatt in der Untersuchung die einzige genuin sozialpädagogische Organisation darstellt, wäre eine Analyse sozialpädagogischer Praxis in unterschiedlichen Handlungsfeldern unter diesem Aspekt eine lohnende Forschung, um festzustellen, welche Abhängigkeiten sich professionelle Subjekte bei der Ausübung ihrer Praxis schaffen.

Literaturverzeichnis

Adorno, Theodor W. 1996: Marginalien zu Theorie und Praxis. In: Ebd.: Gesammelte Schriften, Band 10.2. Frankfurt am Mai: Suhrkamp, S. 759-782.

Adorno, Theodor W. 1986: Keine Angst vor dem Elfenbeinturm. In: Gesammelte Schriften, Band 20.1. Frankfurt am Main: Suhrkamp, S. 402-409.

Albert, M, Hurrelmann, K., Quenzel, G. 2010: 16. Shell Jugendstudie. Jugend 2010. Frankfurt a M.: Fischer Taschenbuch Verlag.

Angermüller, Johannes 2014a: Form. In: Wrana, Daniel/Ziem, Alexander/Reisigl, Martin et al. (Hg.): DiskursNetz. Wörterbuch der interdisziplinären Diskursforschung. Frankfurt am Main: Suhrkamp. S. 151.

Angermüller, Johannes 2014b: Formalisierung. In: Wrana, Daniel/Ziem, Alexander/Reisigl, Martin et al. (Hg.): DiskursNetz. Wörterbuch der interdisziplinären Diskursforschung. Frankfurt am Main: Suhrkamp. S. 151.

Angermüller, Johannes 2014c: Einleitung. Diskursforschung als Theorie und Praxis. Umrisse eines interdisziplinären und internationalen Feldes. In: Angermüller, Johannes/ Nonhoff, Martin/Herschinger, Eca et al. (Hg.): Diskursforschung. Ein interdisziplinäres Handbuch. Band 1: Theorien, Methodologien und Kontroversen. Bielefeld: transcript. S. 16-38.

Angermüller, Johannes/Herschinger, Eva/Messerschmidt, Reinhard, Schenk, Sabrina 2014d: Der kleine Unterschied? De- und rekonstruktive Positionen im Dialog. In: Angermüller, Johannes/Nonhoff, Martin/Herschinger, Eca et al. (Hg.): Diskursforschung. Ein interdisziplinäres Handbuch. Band 1: Theorien, Methodologien und Kontroversen. Bielefeld: transcript. S. 465-475.

Angermüller, Johannes 2014e: Mangel. In: Wrana, Daniel/Ziem, Alexander/Reisigl, Martin et al. (Hg.): DiskursNetz. Wörterbuch der interdisziplinären Diskursforschung. Frankfurt am Main: Suhrkamp. S. 254.

Angermüller, Johannes 2010: Widerspenstiger Sinn. Skizzen eines diskursanalytischen Forschungsprogramms nach dem Strukturalismus. In: Angermüller, Johannes/Dyk, Silke van (Hg.): Diskursanalyse meets Gouvernementalitätsforschung. Frankfurt am Main: Campus. S. 71-100.

Angermüller, Johannes 2007a: Nach dem Strukturalismus. Theoriediskurs und intellektuelles Feld in Frankreich. Bielefeld: transcript.

Angermüller, Johannes 2007b: Diskurs als Aussage und Äußerung – Die enunziative Dimension in den Diskurstheorien Michel Foucaults und Jaques Lacans. In: Warnke, Ingo (Hg.): Linguistik, Impulse und Tendenzen. Diskurslinguistik nach Foucault. Theorie und Gegenstände. Berlin/New York: De Gruyter. S. 53-80.

Angermüller, Johannes 2005a: Sozialwissenschaftliche Diskursanalyse in Deutschland. Zwischen Rekonstruktion und Dekonstruktion. In: Keller, Reiner/Hirseland, Alexander/Schneider, Werner/Viehöver, Willy (Hg.): Die diskursive Konstruktion von Wirklichkeit. Konstanz: UVK. S. 23-48.

Angermüller, Johannes 2005b: Macht und Subjekt. Gesellschaftstheoretische Anstöße im Anschluss an Foucault, Althusser und Lacan. In: Schultze, Michael/Meyer, Jörg/Krause, Britta et al.: Diskurse der Gewalt – Gewalt der Diskurse. Frankfurt am Main: Lang. S. 73-84.

Angermüller, Johannes 2003: Transformation und Narration: Zur Methodologie einer formal-operationalen Textanalyse an Beispiel eines biographischen Interviews mit einer Armenierin in St. Pertersburg. In: Kollmorgen, Raj/Schrader, Heiko (Hg.): Postsozialistische Transformationen: Gesellschaft, Wirtschaft, Kultur. Theoretische Perspektiven und empirische Befunde. Würzburg: Ergon. S. 199-219.

Apel, Helmut/Engler, Steffani/Frieberthäuser; Barbara/Fuhs, Burkhard/Zinnecker; Jürgen 1995: Kulturanalyse und Ethnographie. Vergleichende Feldforschung im studentischen Raum. In: König, Eckard/Zedler, Peter (Hg.): Bilanz qualitativer Forschung. Band II: Methoden. Weinheim: Deutscher Studien Verlag. S. 343-378.

Arnold, Markus/Dressel, Gert/Viehöver, Willy 2012 (Hg.): Erzählungen im öffentlichen. Über die Wirkung narrativer Diskurse. Wiesbaden: Springer VS.

Arnold, Markus 2012: Erzählen. Die ethisch-politische Funktion narrativer Diskurse. In: Arnold, Markus/Dressel, Gert/Viehöver, Willy: Erzählungen im öffentlichen. Über die Wirkung narrativer Diskurse. Wiesbaden: Springer VS. S. 17-64.

Arnold, Helmut/Böhnisch, Lothar/Schröer, Wolfgang 2005: Sozialpädagogische Beschäftigungsförderung. Lebensbewältigung und Kompetenzentwicklung im Jugend- und jungen Erwachsenenalter. In: ders. (Hg.): Sozialpädagogische Beschäftigungsförderung. Lebensbewältigung und Kompetenzentwicklung im Jugend- und jungen Erwachsenenalter. Weinheim/München: Juventa. S. 9-118.

Balke, Friedrich 2008: Episteme. In : Kammler, Clemens/Parr, Rolf/Schneider Ulrich J. (Hg.): Foucault Handbuch. Leben-Werk-Wirkung. S. 246-247.

Balzer, Nicole/Ludewig, Katharina 2012: Quellen des Subjekts. Judith Butlers Umdeutungen von Handlungsfähigkeit und Widerstand. In: Ricken, Norbert/Balzer, Nicole (Hg.): Judith Butler: Pädagogische Lektüren. Wiesbaden: SpringerVS. S. 95-124.

Berger, Peter/Luckmann, Thomas 1990: Die gesellschaftliche Konstruktion der Wirklichkeit. Eine Theorie der Wissenssoziologie. Frankfurt a.M.: Fischer.

Bernasconi, Robert 2003: Heidegger und die Dekonstruktion. Strategien im Umgang mit der Metaphysik: Derrida, Nancy, Lacoue-Labarthe und Irigaray. In: Thomä, Dieter (Hg.):

Heidegger Handbuch. Leben-Werke-Wirkung. Stuttgart/Weimar: Verlag J.B. Metzler. S. 440-450.

Bernzen, Christian 2008: Erläuterungen § 13 Art. 1 KJHG. In: Jans/Happe/Saurbier/Maas (Hg.): Kinder- und Jugendhilferecht Kommentar. 3. Auflage. Loseblattsammlung 40. Lieferung. Stuttgart.

Bertelsmann Stiftung (Hg.) 2011: Übergänge mit System. Rahmenkonzept für eine Neuordnung des Übergangs von der Schule in den Beruf. Gütersloh: eigen Verlag.

Berufsbildungsbericht 2012: Bundesministerium für Bildung und Forschung. Referat Grundsatzfragen der beruflichen Bildung. Bonn.

Berufsbildungsbericht 2006: Bundesministerium für Bildung und Forschung. Referat Grundsatzfragen der beruflichen Bildung. Bonn

Birk, Hanne/Neumann, Birgit 2002: Go-Between: Postkoloniale Erzähltheorie. In: Nünning, Ansgar/Nünning, Vera (Hg.) 2002: Neue Ansätze der Erzähltheorie. Trier: Wissenschaftlicher Verlag. S. 115-152.

Bischof, Sascha 2004: Gerechtigkeit – Verantwortung – Gastfreundschaft. Ethik-Ansätze nach Jacques Derrida. Fribourg: Paulusverlag.

Bittlingmayer, Uwe H./Bauer, Ulrich/Ziegler, Holger 2005: Grundlinien einer politischen Soziologie der Ungleichheit und Herrschaft. In: Widersprüche. Zeitschrift für sozialitische Politik im Bildungs-, Gesundheits- und Sozialbereich. Heft 98, Jg. 25, S. 13-28.

Bitzan, Maria/Bolay, Eberhard 2013: Konturen eines kritischen Adressatenbegriffs. In: Graßhoff, Gunther (Hg.): Adressaten, Nutzer, Agency. Akteursbezogene Forschungsperspektiven in der Sozialen Arbeit. Wiesbaden: SpringerVS. S. 35-52.

BMFSFJ – Bundesministerium für Familie, Senioren, Frauen und Jugend 2012: Bundeshaushaltsplan 2012. URL: http://www.bundesfinanzministerium.de/bundeshaushalt2012/pdf/epl17.pdf Zugriff: 04.07.2012.

BMFSFJ – Bundesministerium für Familie, Senioren, Frauen und Jugend 2011: Bundeshaushaltsplan 2011. URL: http://www.bundesfinanzministerium.de/bundeshaushalt2012/pdf/2011/epl17.pdf Zugriff: 04.07.2012.

Bock, Karin/Miethe, Ingrid 2010: Einleitung In: ders. (Hg.): Handbuch qualitative Methoden in der Sozialen Arbeit. Opladen & Farmington Hills: Verlag Barbara Buderich. S. 9-22.

Bohnsack, Ralf/Przyborski, Aglaja/Schäffer, Burkhrad (Hg.) 2010: Das Gruppendiskussionsverfahren in der Forschungspraxis.

Bohnsack, Ralf 2010: Dokumentarische Methode. In: Bock, Karin/Miethe, Ingrid (Hg.): Handbuch Qualitative Methoden in der Sozialen Arbeit. Opladen/Farmington Hills: Verlag Barbara Buderich. S. 247-258.

Bohnsack, Ralf 2007: Rekonstruktive Sozialforschung. Eine Einführung in qualitative Methoden. 6. Auflage. Opladen/Farmington Hills: Verlag Barbara Buderich.

Bortz, Jürgen/Döring, Nicola 2006: Forschungsmethoden und Evaluation für Human- und Sozialwissenschaftler. 4. Auflage. Heidelberg: Springer.

Bourdieu, Pierre/Wacquant, Loic J. D. 2006: Reflexive Anthropologie. Frankfurt am Main: Suhrkamp.

Bourdieu, Pierre 2001: Meditationen. Zur Kritik der scholastischen Vernunft. Frankfurt am Main: Suhrkamp.

Bourdieu, Pierre 1993: Sozialer Sinn. Kritik der theoretischen Vernunft. Frankfurt am Main: Suhrkamp.

Bourdieu, Pierre 1992: Die verborgenen Mechanismen der Macht. Hamburg: VSA.

Bublitz, Hannelore 2003: Diskurs. Bielefeld: transcript.

Bublitz, Hannelore 2001: Differenz und Integration: zur diskursanalytischen Rekonstruktion der Regelstrukturen sozialer Wirklichkeit. In: Keller, Reiner/Hirseland, Andreas/ Schneider, Werner/Viehöver, Willy (Hg.): Handbuch Sozialwissenschaftliche Diskursanalyse. Band 1: Theorien und Methoden. Opladen: Leske + Buderich. S. 225-260.

Bundesagentur für Arbeit 2009: Nationaler Pakt für Ausbildung und Fachkräftenachwuchs. Kriterienkatalog für Ausbildungsreife. URL: http://www.arbeitsagentur.de/zentraler-Content/Veroeffentlichungen/Ausbildung/Kriterienkatalog-zur-Ausbildungsreife.pdf Zugriff: 02.05.2012.

Butler, Judith 2006: Haß spricht. Zur Politik des Performativen. Frankfurt am Main: Suhrkamp.

Butler, Judith 1997: Körper von Gewicht. Frankfurt am Main: Suhrkamp.

Butler, Judith 1993: Kontingente Grundlagen: Der Feminismus und die Frage der „Postmoderne". In: Benhabib, Seyla u.a. (Hg.): Der Streit um die Differenz. Feminismus und Postmoderne in der Gegenwart. Frankfurt a.M.: Suhrkamp. S. 31-58.

Breuer, Karl Hugo 2001: Jugendsozialarbeit in der Zeit nach dem Zweiten Weltkrieg (1945-1965). In: Fülbier, Paul/Münchmeier, Richard (Hg.): Handbuch Jugendsozialarbeit. Geschichte. Grundlagen. Konzepte. Handlungsfelder. Organisation. Band 1. Münster: Votum. S. 47-83.

Chassé, Karl August/Klein, Alexandra/Landhäußer, Sandra/Zander, Margherita: Konstruktionen von Armut zwischen AdressatInnen und moralisierend-punitiven Diskurs. In: Dollinger, Bernd/Schmidt-Semisch (Hg.): Gerechte Ausgrenzung? Wohlfahrtsproduktion und die neue Lust am Strafen. Wiesbaden: VS. S. 227-244.

Celikates, Robin 2009: Kritik als soziale Praxis. Gesellschaftliche Selbstverständigung und kritische Theorie. Frankfurt am Main: Campus.

Dahme, Heinz-Jürgen/Trube, Achim/Wohlfahrt, Norbert 2008: Soziale Arbeit für den aktivierenden Staat. In: Bielefelder Arbeitsgruppe 8 (Hg.): Soziale Arbeit in Gesellschaft. Wiesbaden: VS. S. 268-275.

Deleuze, Gilles 1992: Woran erkennt man den Strukturalismus? Berlin: Merve.

Derrida, Jaques 2009: Positionen. Gespräche mit Henri Ronse, Julia Kristeva, Jean-Louis Houdebine, Guy Scarpetta. 2. Auflage. Wien: Passagen.

Derrida , Jacques 2004: Marx & Sons. Frankfurt am Main: Suhrkamp.

Derrida, Jacques 2001: Limited Inc. Wien: Passagen Verlag.

Derrida, Jacques 1999: Marx & Sons. In: Sprinkler, Michael (Hg.): ghostly demarcations. A Symposium on Jacques Derrida´s Specters of Marx. London/New York: Verso. S. 213-269.

Derrida, Jacques 1995: Marx Gespenster. Der Staat der Schuld, die Trauerarbeit und die neue Internationale. Frankfurt am Main: .Fischer Taschenbuch Verlag.

Derrida, Jacques 1988: Randgänge der Philosophie. Wien: Passagen Verlag.

Derrida, Jacques 1983: Grammatologie. Frankfurt am Main: Suhrkamp.

Derrida, Jacques 1972: Die Schrift und die Differenz. Frankfurt am Main: Suhrkamp.

Dewe, Bernd 2009: Reflexive Sozialarbeit im Spannungsfeld von evidenzbasierter Praxis und demokratischer Rationalität – Plädoyer für die handlungslogische Entfaltung reflexiver Professionalität. In: Becker-Lenz, Roland/Busse, Stefan/Ehlert, Gudrun/Müller,

Silke (Hg.): Professionalität in der Sozialen Arbeit. Standpunkte, Kontroversen, Perspektiven. Wiesbaden: VS. S. 89-112.

Dewe, Bernd/Otto, Hans-Uwe 2011: Professionalität. In: Otto, Hans-Uwe/Thiersch, Hans (Hg.): Handbuch Soziale Arbeit. 4. Auflage. München/Basel: Ernst Reinhardt Verlag. S. 1143-1153.

Dewe, Bernd/Otto, Hans-Uwe 2002: Reflexive Sozialpädagogik. Grundstrukturen eines neuen Typs dienstleistungsorientierten Professionshandelns. In: Thole, Werner (Hg.): Grundriss Sozialer Arbeit. Ein einführendes Handbuch. Opladen: Leske+Buderich. S. 179-198.

Dewe, Bernd/Otto, Hans-Uwe 1996: Zugänge zur Sozialpädagogik. Reflexive Wissenschaftstheorie und kognitive Identität. Weinheim/München: Juventa.

Dollinger, Bernd 2008: Reflexive Sozialpädagogik. Struktur und Wandel sozialpädagogischen Wissens. Wiesbaden: VS.

Dollinger, Bernd 2006: Zur Einleitung: Perspektiven aktivierender Sozialpädagogik. In: Dollinger, Bernd/Raithel, Jürgen (Hg.): Aktivierende Sozialpädagogik. Ein kritisches Glossar. Wiesbaden: VS. S. 7-22

Dresing, Pehl 2012: Praxisbuch. Interview, Transkription & Analyse. Anleitung und Regelsysteme für qualitativ Forschende. 4. Auflage. Marburg: eigen Verlag.

Engelmann, Peter 2013: Dekonstruktion. Jacques Derridas semiotische Wende der Philosophie. Wien: Passagen Verlag.

Engelmann, Peter 1987: Jacques Derrida Randgänge der Philosophie. In: Bernard, Jeff (Hg.): Semiotica Austriaca, Angewandte Semiotik. Wien: ÖGS. S. 96-110.

Evans, Dylan 2002: Wörterbuch der Lacanschen Psychoanalyse. Wien: Turia + Kant.

Fegter, Susann/Langer, Antje 2008: Diskursforschung im Prozess ihrer Etablierung. Tagungsessay: Sprache – Macht – Wirklichkeit: Gegenstand, Methodologie und Methoden der Diskursanalytik. Internationale und interdisziplinäre Tagung zur Diskurstheorie und Diskursforschung (56 Absätze). Forum Qualitative Sozialforschung/Forum: Qualitative Social Research, 9(2), Art 18. URL: http://nbn-resolving.de/urn:nbn:de:0114-fqs0802181

Flick, Sabine 2013: Leben Durcharbeiten. Selbstsorge in entgrenzten Arbeitsverhältnissen. Frankfurt am Main: Campus.

Foucault, Michel 2009: Geometrie des Verfahrens. Frankfurt am Main: Suhrkamp.

Foucault, Michel 2005: Analytik der Macht. Frankfurt am Main: Suhrkamp.

Foucault, Michel 2003: Die Wahrheit und die juristischen Formen. Frankfurt am Main: Suhrkamp.

Foucault, Michel 1996: Der Mensch ist ein Erfahrungstier. Frankfurt am Main: Suhrkamp.

Foucault, Michel 1994: Das Subjekt und die Macht. In Dreyfus, Hubert/Rabinow, Paul (Hg.): Michel Foucault: Jenseits von Strukturalismus und Hermeneutik. Weinheim: Juventa. S. 243-261.

Foucault, Michel 1993: Der sogenannte Linksintellektuelle. In: ders.: Der Staub und die Wolke. Grafenau: Trotzdem. S. 55-73.

Foucault, Michel 1986: Sexualität und Wahrheit. Band 1: Der Wille zum Wissen. Frankfurt am Main: Suhrkamp.

Foucault, Michel 1985: Freiheit und Selbstsorge. Frankfurt am Main: Suhrkamp.

Foucault, Michel 1981: Die Archäologie des Wissens. Frankfurt am Main: Suhrkamp.

Foucault, Michel 1978: Dispositive der Macht. Berlin: Merve.

Fülbier, Paul/Schnapka, Markus 1991: Jugendsozialarbeit im Kinder- und Jugendhilfe-gesetz – Neue Rechtsgrundlage für bewährte Praxis. In: Wiesner, Reinhard/Zarbock, Walter H. (Hg.): Das neue Kinder- und Jugendhilfegesetz (KJHG). Köln, Berlin, Bonn, München: Carl Heymanns. S. 267-286.

Fülbier, Paul/Schaefer, Hans Peter 2001: Jugendsozialarbeit im kommunalen Kontext. In: Fülbier, Paul/Münchmeier, Richard (Hg.): Handbuch Jugendsozialarbeit. Geschichte. Grundlagen. Konzepte. Handlungsfelder. Organisation. Band 1. Münster: Votum. S. 281-294.

Fülbier, Paul 2001: Quantitative Dimensionen der Jugendberufshilfe. In: Fülbier, Paul/Münchmeier, Richard (Hg.): Handbuch Jugendsozialarbeit. Geschichte. Grundlagen. Konzepte. Handlungsfelder. Organisation. Band 1. Münster: Votum. S. 486-503.

Galindo, Jorge 2006: Zwischen Notwendigkeit und Kontingenz. Theoretische Selbstbeob-achtung der Soziologie. Wiesbaden: VS.

Galuske, Michael 2001: Jugendsozialarbeit und Jugendberufshilfe. In: Otto, Hans-Uwe/Thiersch, Hans. Handbuch Sozialarbeit Sozialpädagogik. 2. Auflage. Neuwied: Luchter-hand. S. 885-893.

Galuske, Michael 1999: Jugendsozialarbeit und Jugendberufshilfe. In: Chassé, Karl August/Wensierski, Hans-Jürgen (Hg.): Praxisfelder der Sozialen Arbeit. Weinheim/München: Juventa. S. 62-75.

Gasteiger, Ludwig 2008: Michel Foucaults interpretative Analytik und das unbestimmte Ethos der Kritik. In: Freikamp, Ulrike/Leanza, Matthias/Mende, Janne/Müller, Stefan/Ullrich, Peter/Voß, Heinz-Jürgen (Hg.): Kritik mit Methode? Forschungsmethoden und Gesellschaftskritik. Berlin: Karl Dietz Verlag. S. 33-52.

Glaser, Barney/Strauss, Anselm 1998: Grounded Theory. Strategien qualitativer Sozialfor-schung. Bern: Hans Huber.

Glasze, Georg 2007: Vorschläge zur Operationalisierung der Diskurstheorie von Laclau und Mouffe in einer Triangulation von lexikometrischen und interpretativen Methoden [73 Absätze]. Forum Qualitative Sozialforschung / Forum: Qualitative Social Research, 8(2), Art. 14. URL: http://nbn-resolving.de/urn:nbn:de:0114-fqs0702143. Zugriff: 23.09.2014.

Greimas, Algridas Julien 1971: Strukturale Semantik. Methodologische Untersuchungen. Braunschweig: Vieweg.

Hempel, Carl Gustav/Oppenheim, Paul 1948: Studies in the Logic of Explanation. In: Phi-losophy of Sciences, Vol 15, No. 2, S. 135-175.

Hermanns, Manfred 2005: Aufriss der Geschichte der Jugendsozialarbeit. In: Soziale Arbeit. Jg. 54. H. 7. S. 242-252.

Herschinger, Eva 2014: Zum Verlauf des Forschungsprozesses – linear oder zirkulär? In: Angermüller, Johannes/Nonhoff, Martin/Herschinger, Eca et al. (Hg.): Diskursforschung. Ein interdisziplinäres Handbuch. Band 1: Theorien, Methodologien und Kontroversen. Bielefeld: transcript. S. 628-633.

Hetzel, Andreas/Hetzel, Mechthild 2006: Slavoj Zizek: Psychoanalyse, Idealismus und Populärkultur. In: Moebius, Stephan/Quadflieg, Dirk (Hg.): Kultur. Theorien der Gegen-wart. Wiesbaden: VS. S. 235-245.

Hetzel, Andreas 2004: Das reine Ereignis. Philosophische Reaktionen auf den 11. Septem-ber. In: Lorzen, Matthias N. (Hg.): Narrative des Entsetzen. Würzburg: Verlag Königs-hausen & Neumann, S. 269-286.

Hirschhauer, Stefan 2008: Die Empiriegeladenheit von Theorie und der Erfindungsreichtum der Praxis. In: Kalthoff, Herbert/Hirschauer, Stefan/Lindemann, Gesa (Hg.): Theoretische Empirie. Frankfurt am Main: Suhrkamp. S. 165-187.

Höhne, Thomas 2003: Die Thematische Diskursanalyse – dargestellt am Beispiel von Schulbüchern. In: Keller, Reiner/Hirseland, Andreas/Schneider, Werner et al. (Hg.): Handbuch Sozialwissenschaftliche Diskursanalyse. Band 2: Forschungspraxis. S. 423-454.

IjAB – Fachstelle für Internationale Jugendarbeit der Bundesrepublik Deutschland e.V. 2008: Kinder- und Jugendpolitik. Kinder- und Jugendhilfe in der Bundesrepublik Deutschland. Strukturen. Institutionen. Organisationen. Bonn: eigen Verlag.

Jakob, Gisela 2010: Analyse professionellen Handelns. In: Bock, Karin/Miethe, Ingrid: Handbuch Qualitative Methoden in der Sozialen Arbeit. Opladen/Farmington Hills: Verlag Barbara Buderich. S. 183-192.

Joas, Hans/Knöbl, Wolfgang 2004: Sozialtheorie. Zwanzig einführende Vorlesungen. Frankfurt am Main: Suhrkamp.

Jordan, Erwin/Maykus, Stephan/Stuckstätte, Eva C. 2012: Kinder- und Jugendhilfe. Einführung in Geschichte und Handlungsfelder, Organisationsformen und gesellschaftliche Problemlagen. 3. Auflage. Weinheim/Basel: Beltz Juventa.

Jungblut, Hans-Joachim 1982: Sozialpädagogische Kompetenz in alltäglichen Berufsvollzügen am Beispiel des Jugendamtes. In: Müller, Siegfried/Otto, Hans-Uwe/Peter, Hilmer/Sünker, Heinz (Hg.): Handlungskompetenz in der Sozialarbeit/Sozialpädagogik. Band 1: Interventionsmuster und Praxisanalyse. Band 2: Theoretische Konzepte und gesellschaftliche Strukturen.

Kappeler, Florian 2008: Die Ordnung des Wissens. Was leistet Michel Foucaults Diskursanalyse für eine kritische Gesellschaftstheorie? In: Prokla. Zeitschrift für kritische Sozialwissenschaft. Heft 151, Jg. 38. Münster: Westfälisches Dampfboot. S. 255-270.

Kelle, Udo 2008: Strukturen begrenzter Reichweite und empirisch begründetet Theoriebildung. Überlegungen zum Theoriebezug qualitativer Methodologie. Kalthoff, Herbert/Hirschauer, Stefan/Lindemann, Gesa (Hg.): Theoretische Empirie. Frankfurt am Main: Suhrkamp. S. 312-340.

Keller, Reiner 2011: Diskursforschung. Eine Einführung für SozialwissenschaftlerInnen. 4. Auflage. Wiesbaden: VS.

Keller, Reiner/Hirseland, Andreas/Schneider, Werner/Viehöver, Willy 2006: Zur Aktualität sozialwissenschaftlicher Diskursanalyse – Eine Einführung. In: Ebd. (Hg.): Handbuch Sozialwissenschaftliche Diskursanalyse. Band 1: Theorien und Methoden. 2. Auflage. Wiesbaden: VS. S. 7-30.

Kessl, Fabian/Cremer-Schäfer, Helga/May, Michael/Scherr, Albert 2014: Über den Sinn der Streitbarkeit in Fragen von Kritik und Reflexivität. Eine virtuelle Diskussion. In: Widersprüche. Zeitschrift für sozialistische Politik im Bildungs-, Gesundheits- und Sozialbereich. Heft 132. Jg. 34. S. 11-50.

Kessl, Fabian 2013: Soziale Arbeit in der Transformation des Sozialen. Eine Ortsbestimmung. Wiesbaden: Springer VS.

Kessl, Fabian 2012: Warum eigentlich „kritisch"? Eine Kontextualisierung gegenwärtiger Projekte der Kritik in der Sozialen Arbeit. In: Anhorn, Roland/Bettinger, Frank/Horlacher, Cornelius/Rathgeb, Kerstin (Hg.): Kritik der Sozialen Arbeit – kritische Soziale Arbeit. Wiesbaden: VS. S. 191-206.

Kessl, Fabian/Klein, Alexandra 2010: Das Subjekt in der Wirkungs- und Nutzerforschung. In: Otto, Hans-Uwe/Polutta, Andreas/Ziegler, Holger (Hrsg.): What Works – Welches Wissen braucht die Soziale Arbeit? Zum Konzept evidenzbasierter Praxis (S. 63-82). Opladen & Farmington Hills: Verlag Barbara Buderich.

Kessl, Fabian 2008: „Real ist real und ist nicht real." Notate zu aktuellen Konjunkturen eines kritischen Realismus. In: Widersprüche. Zeitschrift für sozialistische Politik im Bildungs-, Gesundheits- und Sozialbereich. 28 Jahrgang. Heft 108. S. 53-70.

Kessl, Fabian: Der Gebrauch der eigenen Kräfte: eine Gouvernementalität Sozialer Arbeit. Weinheim: Juventa.

Klatetzki, Thomas 1993: Wissen, was man tut. Professionalität als organisationskulturelles System. Eine ethnographische Interpretation. Bielefeld: KT-Verlag.

Kuckartz, Udo 2010: Einführung in die computergestützte Analyse qualitativer Daten. Wiesbaden: VS.

Kutscher, Nadia 2003: Die Gruppendiskussion. In: Otto, Hans-Uwe/Oelerich, Gertrud/Micheel, Heinz-Günter: Empirische Forschung und Soziale Arbeit. München/Unterschleißheim: Luchterhand. S. 383-392.

Kromrey, Helmut 2002: Emprirische Sozialforschung. 10. Auflage. Opladen: Leske + Buderich.

Lacan, Jaques 1991: Schriften II. Weinheim/Berlin: Juventa.

Landschaftsverband Westfalen-Lippe 2011: Jugendsozialarbeit. Handlungsfeld der Jugendhilfe im Übergang Schule – Beruf. Grundlagen, Arbeitsfelder, Beispiele. Münster. URL: http://www.lwl.org/LWL/Jugend/Landesjugendamt/LJA/jufoe/983524538/mat   Zugriff: 03.07.2012

Langer, Antje 2010: Transkribieren – Grundlagen und Regeln. In: Friebertshäuser, Barbara/Langer, Antje/Prengel; Annedore (Hg.): Handbuch Qualitative Forschungsmethoden in der Erziehungswissenschaft. 3. Auflage. Weinheim/München: Juventa. S. 515-526.

Langer, Antje/Wrana, Daniel 2005: Diskursverstrickung und diskursive Kämpfe – Nationalsozialismus und Erwachsenenbildung. Methodologische Fragen zur Analyse diskursiver Praktiken. URL: http://www.blauhaus.org/texte/langerwrana_verstrickungenkaempfe.pdf Zugriff: 30.10.2014.

Latour, Bruno 2010: Eine neue Soziologie für eine neue Gesellschaft. Frankfurt am Main: Suhrkamp.

Lessenich, Stephan 2008: Die Neuerfindung des Sozialen. Der Sozialstaat im flexiblen Kapitalismus. Bielefeld: transcript.

Lévi-Strauss, Claude 1976: Das Rohe und das Gekochte. Mythologica. Band I. Frankfurt am Main: Suhrkamp.

Lücke, Bärbel 2002: Semiotik und Dissemination. Von A.J. Greimas zu Jacques Derrida. Eine erzähltheoretische Analyse anhand von Elfriede Jelinks „Prosa" „Oh Wildnis, oh Schutz vor ihr". Würzburg: Königshausen & Neumann.

Machart, Oliver 2013a: Das unmögliche Objekt. Frankfurt am Main: Suhrkamp.

Machart, Oliver 2013b: Die Prekarisierungsgesellschaft. Prekäre Proteste. Politik und Ökonomie im Zeichen der Prekarisierung. Bielefeld: transcript.

Machart, Oliver 2013c (Hg.): Facetten der Prekarisierungsgesellschaft. Prekäre Verhältnisse. Sozialwissenschaftliche Perspektiven auf die Prekarisierung von Arbeit und Leben. Bielefeld: transcript.

Machart, Oliver 2010: Die politische Differenz. Frankfurt am Main: Suhrkamp.

Mackert, Jürgen 2006: Ohnmächtiger Staat? Über die sozialen Mechanismen staatlichen Handelns. Wiesbaden: VS-Verlag.

Maier Reinhard, Christine/Ryter Krebs, Barbara/Wrana, Daniel 2012: Lesarten im Professionalisierungsprozess. Eine empirische Analyse der Verstehensprozesse in Lernberatungsgesprächen. In: Wrana, Daniel/Maier Reinhard, Christine (Hg.): Professionalisierung in Lernberatungsgesprächen. Theoretische Grundlagen und empirische Untersuchung. Opladen: Barbara Buderich. S. 69-160.

Maier Reinhard, Christine 2008: Widerton zu einem professionellen ästhetischen Lehr-Lernbegriff. Eine Rekonstruktion thematisch-semantischer Strukturen aus Lernberatungsgesprächen in der Primarlehrerausbildung. In: Reinhard, Christiane Maier/Wrana, Daniel (Hg.): Autonomie und Struktur in Selbstlernarchitekturen. Empirische Untersuchungen zur Dynamik von Selbstlernprozessen. Opladen und Farmington Hills: Budrich UniPress Ltd. S. 249-310.

Maingueneau, Dominique 2012: Äußerungsszene und Subjektivität. In: Keller, Reiner/Schneider, Werner/Viehöver, Willy (Hg.): Diskurs – Macht – Subjekt. Theorie und Empirie von Subjektivierung in der Diskursforschung. Wiesbaden: VS-Verlag. S. 165-190.

MAIS – Ministerium für Integration und Soziales NRW 2012: Neues Übergangssystem Schule – Beruf in NRW. Zusammenstellung der Instrumente und Angebote. URL: http://www.berufsorientierung-nrw.de/cms/upload/Gesamtkonzept_USB_20120131.pdf Zugriff: 01.12.2012

Marx, Karl 1982: Der achtzehnte Brumaire des Louis Bonaparte (1852) In: Marx, Karl/Engels, Friedrich: Werke, Band 8. Berlin.

Mazzini, Silvia 2011: Wahrheit als Macht. Gianni Vattimo und die (politische) Aufgabe des Denkens. In: Zibaldone. Zeitschrift für italienische Kultur der Gegenwart. No. 51. Tübingen: Stauffenberg Verlag. S. 111-126.

Micheel, Heinz-Günter 2010: Quantitative empirische Sozialforschung. München: Reinhardt UTB.

Micheel, Heinz-Günter 2008: Empirische Forschung und Soziale Arbeit. In Bielefelder Arbeitsgruppe 8 (Hg): Soziale Arbeit in Gesellschaft. Wiesbaden: VS Verlag. S. 121-128.

Miethe, Ingrid/Bock, Karin 2010: Einleitung. In: Bock, Karin/Miethe, Ingrid: Handbuch qualitative Methoden in der Sozialen Arbeit. Opladen & Farmington Hills: Verlag Barbara Buderich. S. 9-23.

Moebius, Stephan/Reckwitz, Andreas (Hg.) 2008: Poststrukturalistische Sozialwissenschaften. Frankfurt am Main: Suhrkamp.

Mührel, Eric/Birgmeier, Bernd (Hg.) 2014: Perspektiven sozialpädagogischer Forschung. Methodologien – Arbeitsfeldbezüge – Forschungspraxen. Wiesbaden: SpringerVS.

Naumann, Sascha/Sandermann, Philipp 2008: Hellsichtige Blindheit. Zur vermeintlichen sozialwissenschaftlichen Wende der sozialpädagogischen Theorie. In Widersprüche. Zeitschrift für sozialistische Politik im Bildungs-, Gesundheits- und Sozialbereich. 28 Jahrgang. Heft 108. S. 11-30.

Neckel, Sighard/Sutterlüty, Ferdinand 2005: Negative Klassifikationen – Konflikte um die symbolische Ordnung sozialer Ungleichheit. In: Heitmeyer, Wilhelm/Imbusch, Peter (Hrsg.): Integrationspotenziale einer modernen Gesellschaft. Wiesbaden: VS Verlag. S. 409-428.

Negri, Antonio 1999: The Specter´s Smile. In: Sprinker, Michael (Hg.): ghostly demarcations. A Symposium on Jacques Derrida´s Specters of Marx. London/New York: Verso.
S. 17-15.

Nemitz, Rolf 2014a: Das Unbewusste ist der Diskurs den Anderen. URL: http://lacan-ent-
ziffern.de/anderer/das-unbewusste-ist-der-diskurs-des-anderen/ Zugriff: 20.10.2014.

Nemitz 2014b: Einführung in Lacan, am Beispiel des Films Samurai Fiction. URL: http://
lacan-entziffern.de/objekt-a/nakanosaito-samurai-fiction/ Zugriff: 20.10.2014.

Nemitz, Rolf 2014c: Der Andere als Ort des Sprechens oder Mit wem spricht Jasmine?
URL: http://lacan-entziffern.de/anderer/mit-wem-spricht-jasmine/ Zugriff: 20.10.2014.

Nemitz, Rolf 2014d: Signifikantenkettenhemd. URL: http://lacan-entziffern.de/signifikant/
kettenhemd/ Zugriff: 21.10.2014.

Nentwig-Gesemann, Iris 2010: Das Gruppendiskussionsverfahren. In: Bock, Karin/Miethe,
Ingrid (Hg.): Handbuch Qualitative Methoden in der Sozialen Arbeit. Opladen/Farming-
ton Hills: Verlag Barbara Buderich. S. 259-268.

Niemeyer, Christian 2003: Sozialpädagogik als Wissenschaft und Pädagogik. Grundlagen,
Kontroversen, Perspektiven. Weinheim/München: Juventa.

Nünning, Ansgar/Nünning, Vera (Hg.) 2002: Neue Ansätze der Erzähltheorie. Trier: Wissenschaftlicher Verlag.

Nünning, Ansgar 2012: Von der strukturalistischen Narratologie zur „postklassischen" Er-
zähltheorie: ein Überblick über neue Ansätze und Entwicklungstendenzen. In: Nünning,
Ansgar/Nünning, Vera (Hg.): Neue Ansätze der Erzähltheorie. Trier: Wissenschaftlicher
Verlag. S. 1-33.

Oelerich, Gertrud/Otto, Hans-Uwe (Hg.) 2011: Empirische Forschung und Soziale Arbeit.
Ein Studienbuch. Wiesbaden: VS.

Opitz, Sven 2014: Reale. In: Wrana, Daniel/Ziem, Alexander/Reisigl, Martin et al. (Hg.):
DiskursNetz. Wörterbuch der interdisziplinären Diskursforschung. Frankfurt am Main:
Suhrkamp. S. 322.

Opp, Karl-Dieter 2005: Methodologie der Sozialwissenschaften. Einführung in Probleme
ihrer Theoriebildung und praktischen Anwendung. 6. Auflage. Wiesbaden: VS.

Otto, H.U., Ziegler, H. 2008: Der Capabilities-Ansatz als neue Orientierung in der Erziehungswissenschaft. In: ebd: Capabilities – Handlungsbefähigung und Verwirklichungschancen in der Erziehungswissenschaft. Wiesebaden: VS. S. 9-16.

Oevermann, Ulrich 2001a: Zur Analyse der Struktur von sozialen Deutungsmustern (1973).
In: Sozialer Sinn. 2. Jg. Heft 1. S. 3-34.

Oevermann, Ulrich 2001b: Die Struktur sozialer Deutungsmuster – Versuch einer Aktualisierung. In: Sozialer Sinn. 2. Jg. Heft 1. S. 35-81.

Oevermann, Ulrich 1983: Zur Sache. Die Bedeutung von Adornos methodologischem
Selbstverständnis für die Begründung einer materialen soziologischen Strukturanalyse.
In: Habermas, Jürgen/von Friedburg, Ludwig (Hg.): Adorno-Konferenz 1983. Frankfurt
am Main: Suhrkamp. S. 234-289.

Overmann, Ulrich/Allert, Tilman/Konau, Elisabeth/Krambeck, Jürgen 1979: Die Methodologie einer „objektiven Hermeneutik" und ihre allgemeine forschungslogische Bedeutung in den Sozialwissenschaften. In: Soeffner, Hans-Georg (Hg.): Interpretative Verfahren in den Sozial- und Textwissenschaften. Stuttgart: Metzler. S. 652-344.

Poser, Hans 2012: Wissenschaftstheorie. Eine philosophische Einführung. Stuttgart: Re-
clam.

Pötter, N. 2004: Bedeutung von Erwerbsarbeit bei sozial benachteiligten Jugendlichen – Acht Einzelfallstudien – Dissertation zur Erlangung des Doktorgrades an der Fakultät für Soziologie der Universität Bielefeld. Unveröffentlicht.

Proksch, Roland 2001: § 13 SBG VIII – Die zentrale rechtliche Grundlage für Jugendsozialarbeit. In: Fülbier, Paul/Münchmeier, Richard (Hg.): Handbuch Jugendsozialarbeit. Geschichte. Grundlagen. Konzepte. Handlungsfelder. Organisation. Band 1. Münster: Votum. S. 213-235.

Rahn, P. 2005: Übergänge zur Erwerbstätigkeit. Bewältigungsstrategien Jugendlicher in benachteiligten Lebenslagen. Wiesbaden: VS.

Rauschenbach, Thomas/Thole, Werne (Hg.)1998: Sozialpädagogische Forschung. Weinheim: Juventa.

Reckwitz, Andreas 2000: Die Transformation der Kulturtheorien. Zur Entwicklung eines Theorieprogramms. Weilerswist: Velbrück Wissenschaft.

Reh, Sabine 2003: Berufsbiographische Texte ostdeutscher Lehrer und Lehrerinnen als „Bekenntnisse". Interpretationen und methodologische Überlegungen zur erziehungswissenschaftlichen Biographieforschung. Bad Heilbrunn: Klinkhardt.

de Sassure, Ferdinand 1967: Grundfragen der allgemeinen Sprachwissenschaften. Berlin: de Gruyter.

Schefold, Werner 2012: Sozialpädagogische Forschung. Stand und Perspektiven. In Thole, Werner (Hg.): Grundriss Sozialer Arbeit. 4. Auflage. Wiesbaden: SpringerVS. S. 1123-1144.

Scherr, A. 2012: Hauptsache irgendeine Arbeit? Die Bedeutung von Ausbildung und Erwerbsarbeit für bildungsbenachteiligte Jugendliche. In: Mansel, J., Speck, K. (Hrsg.) Jugend und Arbeit. Empirische Bestandsaufnahme und Analysen. Weinheim/Basel: Beltz Juventa. S. 63-78.

Scheu, René 2008: Das schwache Subjekt. Zum Denken von Pier Aldo Rovatti. Wien: Turia + Kant.

Schimank, Uwe 2006: Handeln und Strukturen: Einführung in die akteurstheoretische Soziologie. Weinheim: Juventa.

Schmid, Michael 2006: Die Logik mechanistischer Erklärungen. Wiesbaden: VS-Verlag.

Schnell, Rainer/Hill, Paul B./Esser, Elke 2011: Methoden der empirischen Sozialforschung. 9. Auflage. München: Oldenbourg Wissenschaftsverlag.

Schnurr, Stefan 2003: Vignette in quantitativen und qualitativen Forschungsdesigns. In: Otto, Hans-Uwe/Oelerich, Gertrud/Micheel, Heinz-Günter: Empirische Forschung und Soziale Arbeit. München/Unterschleißheim: Luchterhand. S. 393-400.

Schulz, Armin 2012: Erzähltheorie in mediävistischer Perspektive. Berlin/Boston: De Gruyter.

Schütz, Alfred 2004: Der sinnhafte Aufbau der sozialen Welt. Eine Einleitung in die verstehende Soziologie. Konstanz: UVK.

Silverman, Hugh J. 2004: Über „Being postmodern": Zizeks tückisches Subjekt. In: Vogt, Erik M./Silvermann, Hugh J. (Hg.): Über Zizek. Perspektiven und Kritiken. Wien: Turia + Kant.

Sommerfeld, Peter 2011: Sozialpädagogische Forschung. In: Otto, Hans-Uwe/Thiersch, Hans (Hg.): Handbuch Soziale Arbeit. 4. Auflage. München/Basel: Reinhardt. S. 1462-1475.

Stuckstätte, Eva Chistina 2011: Übergang Schule – Beruf: Soziale Arbeit mit benachteiligten Jugendlichen. In: Bieker, Rudolf/Floerecke, Peter (Hg.): Träger, Arbeitsfelder und Zielgruppen der Sozialen Arbeit. Stuttgart: Kohlhammer. S. 175-190.

Tellmann, Ute 2014: Imaginäre: In: Wrana, Daniel/Ziem, Alexander/Reisigl, Martin et al. (Hg.): DiskursNetz. Wörterbuch der interdisziplinären Diskursforschung. Frankfurt am Main: Suhrkamp. S. 191.

Thaler, Tilman 2013: Methodologie sozialpädagogischer Forschung. Wiesbaden: SpringerVS.

Thole, Werner/Cloos, Peter/Köngeter, Stefan/Müller, Burkhard 2011: Ethnographie der Performativität pädagogischen Handelns. Zu den Möglichkeiten, die Konstitutionsbedingungen sozialpädagogischer Handlungsfelder zu erkunden. In: Oelerich, Getrud/Otto, Hans-Uwe (Hg.): Empirische Forschung und Soziale Arbeit: Ein Studienbuch. Wiesbaden: VS Verlag für Sozialwissenschaften. S. 115-136.

Thole, Werner/Küster-Schapfl, Ernst-Uwe 1997: Sozialpädagogische Profis. Beruflicher Habitus, Wissen und Können von PädagogInnen in der außerschulischen Kinder- und Jugendarbeit. Opladen: Leske – Buderich.

Tschamler, Herbert 1996: Wissenschaftstheorie. Eine Einführung für Pädagogen. Bad Heilbrunn: Verlag Julius Klinkhardt.

Wabnitz, Reinhard J. 2009: Grundkurs Kinder- und Jugendhilfe recht für die Soziale Arbeit. 2. Auflage. München/Basel: Reinhardt Verlag.

Wedl, Juliette 2014: Grenzgänge – Diskursanalyse im Verhältnis zu anderen Forschungsperspektiven. In: Angermüller, Johannes/Nonhoff, Martin/Herschinger, Eca et al. (Hg.): Diskursforschung. Ein interdisziplinäres Handbuch. Band 1: Theorien, Methodologien und Kontroversen. Bielfeld: transcript. S. 507-510.

Wittgenstein, Ludwig 2003: Philosophische Untersuchungen. Frankfurt a.M.: Suhrkamp.

Wrana, Daniel 2014a: Diskursanalyse jenseits von Hermeneutik und Strukturalismus. In: Angermüller, Johannes/Nonhoff, Martin/Herschinger, Eca et al. (Hg.): Diskursforschung. Ein interdisziplinäres Handbuch. Band 1: Theorien, Methodologien und Kontroversen. Bielfeld: transcript. S. 511-536.

Wrana, Daniel 2014b: Zum Analysieren als diskursive Praxis. In: Angermüller, Johannes/Nonhoff, Martin/Herschinger, Eca et al. (Hg.): Diskursforschung. Ein interdisziplinäres Handbuch. Band 1: Theorien, Methodologien und Kontroversen. Bielfeld: transcript. S. 634-644.

Wrana, Daniel 2012a: Machtanalytische Studien zur Weiterbildung. In: Schäffer, Burkhard/Dörner, Olaf: Handbuch Qualitative Erwachsenen- und Weiterbildungsforschung. Opladen, Berlin, Toronto: Verlag Barbara Buderich. S. 101-113.

Wrana, Daniel 2012: Theoretische und methodologische Grundlagen der Analyse diskursiver Praktiken. In: Wrana, Daniel/Maier Reinhard, Christiane (Hg.): Professionalisierung in Lernberatungsgesprächen. Theoretische Grundlagen und empirische Untersuchungen. Opladen: Barbara Buderich. S. 195-214.

Wrana, Daniel/Langer, Antje 2007: An den Rändern der Diskurse. Jenseits der Unterscheidung diskursiver und nicht-diskursiver Praktiken (62 Absätze). Forum Qualitative Sozialforschung/Forum: Qualitative Social Reasearch, 8(2), Art. 20. URL: http://nbn-resolving.de/urn:nbn:de:0114-fqs0702206 Zugriff: 13.06.2014.

Wrana 2006: Das Subjekt schreiben. Reflexive Praktiken und Subjektivierung in der Weiterbildung; eine Diskursanalyse. Baltmannsweiler: Schneider-Verl. Hohengehren.

Viehöver, Willy 2012: „Menschen lesbarer machen": Narration, Diskurs, Referenz. In: Arnold, Markus/Dressel, Gert/Viehöver, Willy (Hg.): Erzählungen im öffentlichen. Über die Wirkung narrativer Diskurse. Wiesbaden: Springer VS. S. 65-134.

Viehöver, Willy 2003: Die Wissenschaft und die Wiederverzauberung des sublunaren Raumes. Der Klimadiskurs im Licht der narrativen Diskursanalyse. In Keller, Reiner/Hirseland, Andreas, Scheider, Werner et al. (Hg.): Handbuch Sozialwissenschaftliche Diskursanalyse. Band 2. Forschungspraxis. Opladen: Leske * Buderich. S. 233-267.

Wabnitz, Reinhard J. 2009: Grundkurs Kinder- und Jugendhilfe recht für die Soziale Arbeit. 2. Auflage. München/Basel: Reinhardt Verlag.

Widmer, Peter 2009: Subversion des Begehrens. Eine Einführung in Jacques Lacans Werk. Wien/Berlin: Truia + Kant.

Wilson, Julie/While, Alison E. 1998: Methodological issues surrounding the use of vignettes in qualitative research. In: Journal of Interprofessional care. Vol. 12, No. 1. S. 79-86.

Ziegler, Holger/Böllert, Karin 2011: Gerechtigkeit und Soziale Arbeit – Einige Anmerkungen zur Debatte um Normativität. In: Soziale Passagen. Journal für Empirie und Theorie Sozialer Arbeit. Jg. 3, Heft 2. S. 165-174.

Ziegler, Holger 2008: Kleine Verteidigung ontologischer Theorien in der Sozialen Arbeit. In: Widersprüche. Zeitschrift für sozialistische Politik im Bildungs-, Gesundheits- und Sozialbereich. 28 Jahrgang. Heft 108. S. 43-52.

Zizek, Slavoj 2014: Willkommen in der Wüste des Realen. 2 Auflage. Wien: Passagen.

Zizek, Slavoj/Laclau, Ernesto/Butler, Judith 2013: Kontingenz Hegemonie Universalität. Aktuelle Dialoge zu Linken. Wien/Berlin: Turia + Kant.

Zizek, Slavoj 2010: Die Tücke des Subjekts. Frankfurt a.M.: Suhrkamp.

Zizek, Slavoj 2008a: The Plague of Fantasies. London/New York: Verso.

Zizek, Slavoj 2008b: Lacan – Eine Einführung. Frankfurt am Main: Fischer.

Zizek, Slavoj 2008c: Der Ärger mit dem Realen. Trouble with the Real. Wien: Sonderzahl.

Zizek, Slavoj 2008d: Denn sie wissen nicht was sie tun: genießen als ein politischer Faktor. Wien: Passagen.

Zizek, Slavoj 2006: Parallaxe. Frankfurt a.M.: Suhrkamp.

Zizek, Slavoj 2005: Die politische Suspension des Ethischen. Frankfurt a.M.: Suhrkamp.

Zizek, Slavoj 2003: Ein Plädoyer für die Intoleranz. Wien: Passagen.

Zizek, Slavoj 1999a: Liebe deinen Nächsten? Nein, danke! Die Sackgasse des Sozialen in der Postmoderne. Berlin: Verlag Volk und Welt GmbH.

Zizek, Slavoj 1999b: Sehr innig und nicht zu rasch. Zwei Essays über sexuelle Differenz als philosophische Kategorie. Wien: Turia + Kant.

Zizek, Slavoj 1998: Das Unbehagen im Subjekt. Wien: Passagen.

Zizek, Slavoj 1996a: Die Metastasen des Genießens: Sechs erotisch-politische Versuche. Wie: Passagen.

Zizek, Slavoj 1996b: Der nie aufgehende Rest. Ein Versuch über Schelling und diedamit zusammenhängenden Gegenstände. Wien: Passagen.

Zizek, Slavoj 1992a: Der erhabenste aller Hysteriker. Psychoanalyse und die Philosophie des deutschen Idealismus. 2. Auflage. Wien: Passagen.

Zizek, Slavoj 1992b: Mehr-Genießen. Lacan in der Popkultur. Wien: Turia + Kant.

Zizek, Slavoj 1989: The Sublime Object of Ideology. London/New York: Verso.

MIX
Papier aus verantwortungsvollen Quellen
Paper from responsible sources
FSC® C105338

If you have any concerns about our products,
you can contact us on
ProductSafety@springernature.com

In case Publisher is established outside the EU,
the EU authorized representative is:
Springer Nature Customer Service Center GmbH
Europaplatz 3, 69115 Heidelberg, Germany

Printed by Libri Plureos GmbH
in Hamburg, Germany